中国证券职业操盘实训教材

操盘学

主力行为揭秘

修订版

上册

伍朝辉／著

SPM
南方出版传媒
广东经济出版社
·广州·

图书在版编目（CIP）数据

操盘学．上册，主力行为揭秘 / 伍朝辉著．—广州：广东经济出版社，2019.1（2023.3 重印）

ISBN 978-7-5454-6346-0

Ⅰ.①操… Ⅱ.①伍… Ⅲ.①股票交易－基本知识 Ⅳ.① F830.91

中国版本图书馆 CIP 数据核字（2018）第 162249 号

责任编辑：罗振文　周伊凌

责任技编：陆俊帆

操盘学．上册，主力行为揭秘

CAOPANXUE SHANGCE ZHULI XINGWEI JIEMI

出 版 人：李　鹏

出版发行：广东经济出版社（广州市水荫路 11 号 11 ～ 12 楼）

印　　刷：佛山市迎高彩印有限公司

（佛山市顺德区陈村镇广隆工业区兴业七路 9 号）

开　　本：787 毫米 ×1092 毫米　1/16　　**印　　张：**17

版　　次：2019 年 1 月第 1 版　　**印　　次：**2023 年 3 月第 2 次

书　　号：ISBN 978-7-5454-6346-0　　**字　　数：**318 千字

定　　价：88.00 元

发行电话：（020）87393830　　编辑邮箱：gdjjcbstg@163.com

广东经济出版社常年法律顾问：胡志海律师　　法务电话：（020）37603025

如发现印装质量问题，请与本社联系，本社负责调换。

序 言

PREFACE

明师之恩，诚为过于天地，重于父母多矣。每个生命的绽放必有贵人指点、恩人帮扶、亲人支持，在我的生命里就有这样一个人，他造就了我今天的自信、坚定和在证券投资上获得的一切光环，他就是我的恩师伍朝辉先生。早在2000年，我就开始参与证券交易，更严格地说是炒股。历经6年的盈亏浮沉之后，我在朋友的引荐下结识了恩师，从此才真正建立起了和证券市场的连接，实现了从一名散户向职业操盘手的成功转型。

对于一直从事传统行业的我来说，向资本市场的转型可谓举步维艰，我必须要不断地学习和更新自己的知识系统，毕竟每个人自己的认知界限就是他发展的瓶颈。在跟随恩师学习职业操盘的8年时间里，他根据我的状态为我做了全面规划，从心理学到营销学，从财务管理到企业运营，从资本运作到项目统筹……虽然每一次都是全新的挑战，但是每一次我都要求自己做到卓越，因为最好的感恩在于不辜负。8年的时间，铸造了一个崭新的自我。如今，我和我们江氏操盘团队的受众已经达到了数百万人，尽管过程艰辛，但是有一个信念在支撑着我：对恩师再造之恩的传承。

传承是一种继承、一种自信、一种认同，它承载着一种责任、延续着一种情怀、彰显着一种精神！因为传承，才得以让前人宝贵的知识不被蒙尘，才能起到前人栽树、后人乘凉的作用。十几年来，我见证了恩师身边走出一位又一位优秀的操盘手，他们有的成为私募大佬，有的成为游资高手，不仅在财富上发生了数量级的变化，最重要的是人生变得富足、生命得以绽放。而《操盘学》这套书就是每一位职业操盘手生涯的开始。

2009年《操盘学》刚出版的时候我非常不理解：恩师不辞辛苦地编撰书稿，将他多年来积累下来的“财富再造”的经验一个字一个字地表达出来，得到的稿酬还不足我们一个项目的零头。直到我开始为人师才有所感悟：证券市场中，得道者寡，失道者众，唯有渡人者才是真正地渡己。

非常荣幸能够提前阅览《操盘学》修订版的书稿，并应出版社的邀请讲述我和恩师的故事，以及这本书对我的帮助。修订版在原版的基础上做了很大的改变，更系统、宏观地介绍了整个操盘系统的构建，最重要的是在细节上做了更深度的解析。《操盘学》的焦点就是“资金”，不只是在于捕捉市场资金的异动，同时也强调了要根据自己资金量大小制订不同的操盘策略。修订后的《操盘学》带入了点、线、面的思维，从大盘环境的变化到仓位的管理都进行了深入的剖析。对操盘手来说，最精彩的就是盘口，这是看懂博弈、识别人性的一面镜子。

我和我们江氏操盘团队在恩师的指点之下逐渐成熟，我们愿意同恩师一起担当起投资者教育行业的传道、授业、解惑之责，为社会培养更多的理性交易者和更多的职业操盘手。无论是《操盘学》还是我们江氏操盘的体系课程，均容纳了美国金融中心华尔街、上海金融区陆家嘴历经多年的实战操作方法，在上百位实盘大师交易经验的基础上总结了系列针对A股市场的实战课程，而《操盘学》就是我们江氏操盘体系中资金运作的核心和灵魂。

从2015年至今，在中美贸易战等国际因素导致的动荡不安的外部环境下，在实体经济持续低迷的走势下，A股市场适合普通投资者的交易机会少之又少，而且因为缺少学习和对证券市场的认识不足，不懂得如何把握交易机会、什么时候该空仓等待，以致一批又一批的投资者蒙受了大额损失。所以我决定，在2019年分享43场证券投资课程，总时长超过130天，我希望和更多投资者分享投资理念，希望能够像当年恩师对我的启示一样启示众人。读者可以通过我的微信公众号“投教第一人江海”获取开课信息。《操盘学》就是走进我们整个操盘体系的第一扇大门。

江海

2018年11月2日

（江海，江氏操盘创始人，中国投资者教育联盟发起人，中国投教第一人，中国职业操盘手培训导师，中和应泰联合创始人，中国管理科学院特约研究员）

前　言

FOREWORDS

关于《操盘学》修订版的几点说明

广东经济出版社投资理财编辑室　罗振文

中国证券职业操盘实训教程《操盘学》自2008年1月策划、2009年1月出版以来，至今已有十年。在这十年的操盘教学、项目运作和互动答疑中，我们深深地感受到了读者对它的喜爱之情，也深切感受到了它对读者的切实帮助、解惑和启迪作用。对此我们感到无比的欣慰，也常常感到惴惴不安。为什么这么说呢？令人欣慰的是，这部教材能够给读者带来实实在在的帮助，启迪智慧，创造财富。令人不安的是它还有不少瑕疵，也有些地方和时代发展的步伐产生了距离。这些地方需要继续修正和补强，以满足读者的需求。基于这样的因由，我们在这部教材出版十周年之际，进行了一次规模比较大的修订。这次修订，主要有以下改动：

（1）对原书的结构做了比较大的调整。比如上册，将原书的副标题“基础盘口语言训练”改为“主力行为揭秘”。因为这样修改更能贴切地反映上册内容的实质。上册中涉及的开盘方式、收盘技术、盘口走势经典特征，等等，都是实实在在的主力行为。因而，这一改动，更能准确地概括上册的核心内容。同时也是给读者更为明确的指向，让他们更加准确地认识到这本书的真正价值。又比如中册，将原来的“实战技术交易系统训练”改为“经典做盘定式”。这样改是为了更加切合职业操盘手实战训练的需要。同时我们对中册的内容做了大幅度的调整，删除了原书第二章、第四章，并对原书的第一章和第三章做了大修改。新增了建仓定式、拉升定式、出货定式和成本决策体系等内容。这些内容对职业操盘手来说，是须知须会的核心技能训练要旨，对于广大投资者来说则是不可或缺的应知应会。再比如下册，也做了较大幅度的修改，将原书的"实战盈利管理训练"改为"项目运作方略"。为什么要这样修改呢？因为，对于操盘手来说，项目运作是他们的终极诉求，这样修改正是满足这一诉求的反映。在具体内容上，我们做了大幅度的删减和增补。删除了均线交易系统的相关论述，增加了跨周期套利的技术训练内容，以满足操盘手项目运作的实际需要。

（2）新增的内容比较多，主要体现在以下方面。一是实用性很强的公式，比如空间位置高低识别的公式、主力成本估算的公式、跨周期套利的公式等。还有给出源码，方便读者自行编程。二是实用性很强的内容，比如前收盘价对今开盘价的直接影响、主力机构成本线对短线套利的应用法则、跨周期套利的核心窍门等。所有这些新增的内容，都是本着满足职业操盘手实战训练需要而精心设计的。相信对广大读者大有裨益。

（3）更换了原书所有的图谱，新增了最新的实战图例。

（4）收录了伍朝辉总裁关于操盘学的核心论述，以供读者学习、研究、参考。

（5）其他一些细节性的技术修改和一些文字上的订正。

总之，多年来我们在操盘实训教学中发现大多数受训的投资者缺少系统化的、与时俱进的学习资料，因此，特地将《操盘学》第一版加以修订改版，编辑成为修订版，供培训学习使用。与修订版对应的配套教材，一是《操盘学》图解版，二是《操盘学》案例版，三是《操盘学》习题集。这三种配套教材，都属于职业操盘手和金融交易员基础训练班的指定教材，特此说明。凡是有志于参加学习培训的投资者，可申请加入腾讯QQ群了解详情，号码是167599369。欢迎大家关注我们的微信公众号：fulicaopan！

2018年7月18日

《操盘学》原书第1版策划手记

广东经济出版社投资理财编辑室　罗振文

一、为什么要策划出版《操盘学》

如果你要全面、系统地学习操盘技术，百度一下，很难查找到比较合适的教材。虽然网络上关于操盘的文章已经不少，市场上关于操盘的书籍也不少，但是，真正实用的、系统的、全面的讲述证券操盘技术的著述却不多。为了筹建证券操盘学院这所网络学院，我准备了很长时间，其中的艰辛，难与君说。光是配备教材这一项，就耗费了很多时间和精力，但还是很难找到合适的，甚至可以说很难寻觅到像样的适用的教材。于是长叹息，唉……

2008年某月的某一天，和朝晖（私募）投资管理机构管理人暨国内顶级职业操盘手伍朝辉先生喝下午茶，聊及此事，相对无语。稍后，伍总说，此事很少有人愿意涉足，因为个中工作量之巨大和写作的艰辛，非常人所能承受。我问他，假如我们策划一套证券操盘技术实训教材，名字就叫《操盘学》，并由你来执笔，你觉得如何？伍总当时直摇头。

为什么？

难啊！

这是一件非常人所能想象的事情。

但是，我坚持认为，这是一件史无前例的大事，是利在当代、功在千秋的创举！

它是前无古人的，是中外证券史上堪称开天辟地的壮举，于投资者而言，功德无量。

于是，我反复游说伍总，从独创《操盘学》的现实意义、将来在证券史上的历史地位、对投资者的影响和对机构的震撼力，诸如此类的宏大意义和深远影响，连珠炮似地说了一通。最后，我十分郑重地说，就这么定了，伍总，你一定要创作《操盘学》，这是即将影响一代人乃至N代人的光荣任务，要圆满地完成它，就非你莫属了！你义不容辞！

伍总思索再三，欣然应允。

于是，我们就这样敲定了书名。

在伍总长达数月的伏案挥笔，反复推敲，数易其稿之后，我们才有了今天的这套中国证券职业操盘实训教材《操盘学》。个中的辛劳，真是一言难尽啊!

二、《操盘学》究竟是什么

关于《操盘学》，究竟要写点什么呢?首先是它的定位。我把它定位为培养投资者职业素养和专业水准的实训教材。这里的关键词是职业素养、专业水准!这是全书写作的出发点，也是架构全书的基点。关于这个问题，我和伍总的意见是很吻合的，是绝对一致的。我们的愿望是通过这一套实训教材，训练投资者尤其是中小投资者的职业素养，提升自己的专业水准，在风险奇高的证券市场上立于不败之地。这也是我们策划出版这套教材的初衷。

于是，我们约定，这套《操盘学》必须凸显以下几个方面的内容:

必须将盘口即时交易的分笔成交量进行详细的技术分析，使读者可以从目标个股的分笔成交量分析中解读到主力资金的操盘意图。

必须将盘口即时价格走势与大盘当日走势相结合进行详细的分析，使读者通过这种对比分析发现目标个股的操盘技术特征，以便制订自己的操盘对策。

必须将资金管理策略与大盘趋势环境相结合进行详细的解读，使读者通过这种解读，结合自身实际逐步建立起自己的交易管理系统和资金管理系统。

最为重要的一点，是必须系统、深入浅出地讲解职业投资者必须具备的职业操盘方法、职业投资思维模式，帮助他们建立职业操盘的交易模型，以便形成职业操盘的思维模式，逐步养成良好的职业素养，切实提高投资水平。

现在，《操盘学》已经顺利完成了，在付梓之际，回顾之前定下的写作目标，我感到十分欣慰。因为，伍总在十分繁忙的机构管理事务之余，牺牲了无数的休息时间，几乎完美地达成了我们预定的写作目标。

三、《操盘学》出版的意义

从某种意义上，可以这样说，《操盘学》是一部在中外证券史上具有划时代意义的鸿篇巨制，它独创了国内首部证券职业操盘实训教材，它是前无古人、史无前例的。它的策划和出版，必将对证券市场上林林总总的投资行为和各色各样的投资者产生积极而深远的影响。而且，这种影响很快就可以让人切实地感受得到。

具体来说，中国证券职业操盘实训教材《操盘学》全面、系统地解剖了主力机构鲜为人知的操盘行为，使投资者对主力机构有了更为深刻的具体、细致的认知，这些价值连城的解剖必将影响投资者的操盘行为，直接或间接地触动整个市场的神经。

更细致一步来说，中国证券职业操盘实训教材《操盘学》深度分析了股价涨跌背后的核心奥秘，鞭辟入里，简明实用，对投资者尤其是中小投资者的日常操作直接产生作用，帮助他们学好技术，创造财富，改变命运。这是伍总最大的心愿，也是最功德无量、最无私的奉献。

总而言之，中国证券职业操盘实训教材《操盘学》是不同寻常、意义非凡的，它的出版，必将引起市场的注目！它的影响是深远的，是难于估量的！

四、怎样阅读和使用《操盘学》

《操盘学》在写作上体现了实训教材的特色，语言朴素平实，言简意赅，直指要义。在阅读的时候，建议对照软件，注意比照学习，才能收到最佳效果。

全书的架构，共分为三大板块，分别从股价盘口动态信息、技术交易系统和实战操盘策略三大重要内容来进行详细讲解。读者可以根据自身的实际需要，选择优先阅读的章节。

上册是初级盘口语言信息训练教学课程，讲解最基础的盘口实战语言信息，以及通过这些信息所反映的股价技术及资金运作特征。

中册是中级实战技术交易系统训练教学课程，主要讲解实战买卖进出的技术系统与技术要点，通过对技术系统中特定的买卖信号进行优化并跟踪操作。

下册是高级操盘策略训练教学课程，讲解实战资金管理、技术交易系统的建仓与仓位控制管理、大盘环境与操盘策略，并重点讲解了针对不同市况环境下的仓位管理与风险防范措施。

难忘的2008年即将过去，在这辞旧迎新的时刻，能够推出这部重磅的职业操盘实训教材，既感到欣慰，又感到责任重大。正如作者伍朝辉总裁所言，“在本书出来之后，我希望有更多的投资专家和大师们出来做这样的工作。不遗余力，全国奔走，教育和引导各地的中小投资者不断成长。而不是冷眼旁观，看着更多的股民变成‘赌民’，看着更多人在盲目投资中财富缩水，甚至倾家荡产”。我们竭诚欢迎有志之士加盟我们的团队，做好中国证券职业操盘实训教材《操盘学》的宣传推广工作。

2008年12月18日

关于操盘学的几点看法

伍朝辉

操盘，是一门学问吗？

十年前，我没有这个概念。我在初学炒股技术的时候，只想通过跟踪股票价格的波动趋势来寻找和把握技术性投资的买点和卖点。

一百多年前，国际股市的大投机家们把图表技术分析方法看作“巫术”，认为这是世界上最不靠谱的投资分析方法。但是，自从有了江恩、葛兰维、威廉姆斯、道琼斯等大师们的出现，世人改变了对“图表技术分析”的看法。

图表技术分析方法传到亚洲，在日本得到进一步的理解和发挥。自从K线图形在日本出现后，亚洲的投资哲学智慧和东方文化充分融合并贯穿其中，这几乎是一个奇迹。而经典的“酒田战法”将K线分析技术提升到一个百年传承的最高境界。

尽管如此，大师们的杰出成就均还只是停留在图表技术分析方法的片面立场。

多年来，笔者发现，在汗牛充栋、浩如烟海的技术分析类著作中，绝大部分只是片面讲解技术形态、技术指标和个人炒股心得技巧。从某种程度上而言，这些著作仅仅片面地指导了投资者对价格趋势跟踪的分析方法，极少真正有作者能够从资金的运作特征来结合技术图表进行综合性解读。

在笔者看来，资金是市场的主体，是推动市场价格趋势运行方向的最终动力。对资金运作特征的分析和理解，是所有技术分析方法的基础和前提条件。

资金，绝非单纯对成交量和换手率指标进行技术性分析这么简单。

对资金的研究和分析才是股市投资最核心的部分！

现在，我们可以来解答开头提到的问题。

操盘，是一门学问吗？

是的，操盘是一门极为严谨的科学投资学问。

笔者给予“操盘”的定义是，具备严格的投资纪律和科学的资金分配管理方案，有计划、有预谋地对目标品种进行技术性买进和卖出的操作行为。

表现在临盘实战中，职业操盘手必须能够通过盘口资金进出的表现方式和大盘环境，准确地判断目标投资品种的资金运行特征、价格趋势发展目标及其资金主力的基本操盘思路，并依据这一分析判断，有计划、有预谋地果断做出技术性买进和卖出的操盘决策。

这就是操盘！

大家需要注意这些关键词：

严格的投资纪律、科学的资金分配管理方案、有计划、有预谋、目标品种、技术性买进和卖出。

这是一个职业操盘手必须要做到的最基本操盘准则！

按照这些操盘准则所实施的“操作行为”，我们可以称之为“职业操盘”。

那么，什么是操盘学？

基于上述对操盘的定义和理解，我们可以定义操盘学是一门教育和指导投资者以职业操盘的方法和思维进行技术性投资的学科。

操盘学以资金运作特征和图表技术分析方法为基础，对基础盘口语言的解读、交易系统的技术优化、盘口形态趋势与大盘环境趋势的对比，以及资金管理和盈利管理系统的建立等方面进行模块化、系统化和专业化讲解，指导并引导投资者树立正确的职业化操盘思维，建立科学、规范的职业交易管理系统。

操盘学全书共分为上、中、下三册。其中，上册是初级盘口语言信息训练教学课程，讲解最基础的盘口实战语言信息，以及通过这些信息所反映的股价技术及资金运作特征。

中册是中级实战技术交易系统训练教学课程，主要讲解实战买卖进出的技术系统与技术要点，通过对技术系统中特定的买卖信号进行优化并跟踪操作。

下册则是高级操盘策略训练教学课程，讲解实战资金管理、技术交易系统的建仓与仓位控制管理、大盘环境与操盘策略，并重点讲解了针对不同市况环境下的仓位管理与风险防范措施。

操盘学的目的不是去培养一大批股神！

而是希望培养一代又一代具有职业操盘能力和职业操盘思维的投资者！

关于操盘学的社会意义

伍朝辉

所谓工欲善其事，必先利其器，即指一个人在从事任何一个职业之前，大都是必先接受专业、系统的技能训练，再去从事相关的工作。从投资的角度而言，即便是投资开一家小小的餐馆，投资者首先要对自身的技术、产品、品牌进行初步定位，并在投资规模、店铺选址、经营策略及财务核算等方面作出综合评估，然后才决定项目是否上马。

股票交易市场在国外两百多年的发展过程中，一直是一个风险程度极高的投机性资本市场。我国股市经过三十余年来的发展，已经具备相当大的规模，但其高风险的市场特征仍是股市运行的内在本质。在高风险的运行环境之下，我国有上亿股民在没有接受任何专业技能训练与基础知识学习的情况下，怀揣着单纯的赚钱梦想盲目介入这个风险极高的市场。

这样的行为造成的直接后果是：经过2006—2008年一个完整的牛熊市大循环后，70%~80%的股民亏损了70%~80%的本金。股市投资演变为“股市赌博”，除结局令人惋惜之外，还为社会的繁荣安定带来了极大的隐患。

那么股票的“买卖”是一门学科吗？从事股市投资也需要先培训后上岗吗？答案是肯定的。不仅是股票的交易，还有外汇、期货的买卖，虽然看起来都只是一个买和卖的动作，但是隐藏在背后的是一个关于资金管理与运用的专业化的系统工程，这就是“操盘”！而与此相对应的是一系列的由操盘技能与操盘基础知识组成的庞大教育体系，即“操盘学”。

操盘是一门学科吗？

答案是肯定的。通过对世界证券两百多年的发展轨迹的研究与分析，在总结相关同类学科研究成果的基础上，我们认为在临盘实战中，根据价值分析的方法选择目标性品种，综合宏观经济和经济周期等因素，并结合技术图形分析，判断大盘所处环境，科学地分配资金，进行建仓和仓位管理，再通过对盘口资金进出的表现方式和大盘环境的分析，准确地判断目标投资品种的资金运行特征、价格趋势走向及资金主力的基本操盘思路，按照严格的投资纪律和科学的资金分配方案，进行技术性买进和卖出，这一过程就是“操盘”。

基于上述对操盘的定义和理解，我们可以认为操盘学是一门以资金管理与运用为研究对象，指导投资者对目标股票成功地进行技术性买进和卖出的投资学科。

操盘学表现在实际教育与应用阶段的具体特征如下：

（1）以资金管理与运用为对象，通过资金流向，研究并掌握股价涨跌规律。

（2）研究并掌握如何选择股票、如何判断大盘、如何进行资金管理、如何进行风险控制、如何分析主力机构的行为、如何判断目标品种的资金运行特征和价格发展趋势、如何进行技术性的买卖。

（3）强调实战技能学习，以提高投资者盈利能力为终极目标。

（4）培养对象是职业操盘手、高级操盘师和专业投资者。

操盘学的社会意义表现在以下几个方面：

（1）有利于中国股市的风险教育。

所谓“股市有风险，入市需谨慎”，其风险就在于投资者没有经过系统的学习和训练而盲目入市。如果投资者在入市前能接受操盘学的系统教育和实战训练，其规避风险的意识和能力将大大增强。

（2）满足证券公司、基金公司等专业机构对操盘人才的需求。

从我国证券发展史来看，每经历一轮牛熊市，证券公司都面临一次重新洗牌。在重组中，谁拥有一批具有丰富实战经验的操盘人才，谁能够给客户提供实战性的指导意见（注意：不是推荐买卖股票），谁就能在竞争中最终胜出。

（3）配合证券行业协会催生我国“操盘师”职业的诞生。

持证上岗是国家各行业协会对从业人员的基本要求，因此，职业操盘师也应该经过证券行业协会的考核认证，才能上岗从业。而“操盘学”的理论学习和实战培训，则为行业协会的考核认证提供了依据。

（4）满足投资者需求并提升其获利能力。

纵观世界股市，在股票市场成熟的发达国家，个人投资者一般占总市值的10%左右，其他均为基金、私募等。而中国股市个人投资者在总市值中所占比例超过50%。因此教育和培训投资者，提升其获利能力，促进中国股市理性、健康、和谐发展，已刻不容缓。

（5）为证券业相关学科的完善提供补充和参考。

操盘学是一门关于股票投资过程中资金管理与运用的学科，是最具投资实战性的学科。资金的管理与运用是操盘学的核心，而实战性是这门学科最根本的特征。值得特别指出的是，“操盘学”所指的“资金管理与运用”并非单指日常短线投资交易，而是指通过价值挖掘与图形技术分析手段，结合盘面资金的进出流量，科学、合理地管理与运用资金，系统化地规避来自市场的不确定性投资风险。因此，它对现有的以培养评估证券价值和组合投资、规避风险的技能为主的相关学科的完善，提供了有益的补充和参考。

职业操盘手与股神的差异

伍朝辉

每个学炒股的人，都必须先明白你学炒股的目标与方向是什么。你是要成为职业操盘手，还是要成为股神？或者你只是想在股市里玩玩，弄点生活费？

据我所知，很多人学炒股的想法比较单纯，他们既不是要成为什么职业操盘手，也没有妄想成为股神。他们只是想用自己那点小资金去股市里换点面值大一些的钞票出来，也就是说，想让自己的资金升值。结果可想而知，90%以上在股市里亏钱的就是这些同胞们。可怜了！

一个人亏了钱，就总想从亏钱的地方把本钱搞回来。结果是越搞越深，已经陷进去不能自拔了。这就像一个去澳门赌博的人，亏得倾家荡产，之后，流落在澳门想死的心都有。大三巴再美丽的景色也无法吸引他了，在他眼里，这世上的一切已经变得空乏无味、毫无意义。

但是，我可以告诉同志们的是，所有的“股神”都是从这个阶段里杀出来的。在职业操盘手群体里，也有一部分人是从这个阶段走出来的，但大部分人则非也。

那么，职业操盘手与股神之间究竟有哪些不同？

我们先来谈股神。股神是什么人呢？在我看来，股神是拥有非常优秀炒股技术的高手，其炒股胜率在80%以上，按三局博弈结果显示，股神的基本结果应该会“两胜一平”。所以说，股神其实就是炒股高手！2006—2007年，股市大涨。很多人成为“股神”。2008年股市大跌，“股神”们全不见了，说不定已经在家开档口卖猪肉去了。每一轮股市涨跌的周期循环均会出现这些结果，很正常。

从资金管理的角度来说，股神打点的资金可大可小。起初是自己那点小资金，后来有些炒股名气，就开始为朋友理财，资金量会适当大一些。在这个打点大资金的过程中，操作起来不一定顺手，但也不妨碍他的赚钱旅途。一旦赚到一定量的钞票，股神就会去享受生活，不一定全职炒股了。

我们再来看看职业操盘手。职业操盘手是什么人呢？

首先，职业操盘手绝对不是股神！也不是普通的小股民。

职业操盘手是一群专业化操作资金、管理资金、运用资金进行资本项目策划运作的高级资本管理人员。在职业操盘手的眼里，所谓的炒股技术全被他们踩在脚下，所谓的价值投资理论全是用来让更多人买单的噱头。职业操盘手只是负责根据资金量的大小、项目运作计划周期的长短、项目最终的目标来决定自己的盈利。

职业操盘手分为以下三个层次：

第一个层次，资金操作阶段。根据总部下达的指令，分管部分轻量级资金，并按要求操作这批资金，在日常盘面中进行有计划的交易。

第二个层次，资金管理阶段。根据总部的项目规划，分管部分重量级资金，并按要求负责这个项目的实施，资金布局管理，对下级操盘手下达交易指令，随时进行目标项目的图形技术修正等。

第三个层次，资本管理阶段。管理集团体系的庞大资金群，对客户负责。策划、组织和实施重大资本项目的运作，并根据项目运作规划，指导并管理下属一级项目管理员的日常运作，监控下属二级操盘手的具体实施进度与图形技术修正。同时，及时化解来自市场、政策和客户等各方面的风险与潜在风险。

在职业操盘手群体里，向第二层次和第三层次进发是许多人的梦想。相当一部分人进入了第二层次。这个层次的年收入是可想而知的。只有极少数人进入了第三层次。第三层次的赚钱速度是你无法用目前的大脑去想象的。

通过上面的描述，我们会发现，职业操盘手与股神之间的本质区别果然太大了。

股神来自民间，属于江湖高手，是一些游侠式的人物，有些英雄传奇色彩。

而职业操盘手呢，则完全是正统的资金操作高手、资金管理高手与资本管理高手。职业操盘手具有组织性，有正规的管理、正规的操作规程。所有的图形技术都是自己画出来的，所有的投资理念是自己策划出来的，所有的资本重组资本并购都出自自己的手。

股神与职业操盘手在日常的盘面交易中，属于交易的对手，是“猫捉老鼠”游戏互换身份的双方。

对职业操盘手而言，猎杀一大批所谓的股神简直就是人生的一大乐趣。

对股神而言，抓住一两只所谓的大黑马并锁定庄家简直就是赚钱的最高境界。

另外，很多媒体把巴菲特称为“股神”，其实这是错误的说法。

在我看来，巴菲特既非股神，也不是职业操盘手，而是投资大师。巴菲特在成长之初确实想成为股神，但之后，随着资金规模的增大，慢慢就有了些职业操盘手的感觉。后来的事实是，巴菲特一直致力投资，他把资金投入有价值的成长性较好的企业。一个人管理的资金达到上千万亿美金的程度，已经不能用“股神”“职业操盘手”“资本管理高手”这些形容凡人的词汇来称谓他了。因此，我在此称他为“投资大师”。这个世界，只有智者才能成为大师！

开盘了，我们面对花花绿绿的电脑屏幕，看着个股数字的涨涨跌跌。在这些表象的背后，有多少不为人知的故事正在上演，有多少幕后的项目正在紧锣密鼓地实施。

对于千千万万学炒股的小股民来说，确实要知道学习炒股技术的目的是什么。

即便我们无法成为股神，也没有成长为职业操盘手的潜质，但我们学习炒股技术的目的就是保护自己，让自己安全一些、再安全一些、更安全一些！

最后，我跟同志们讲讲2009年出版的新作品《操盘学》。

《操盘学》创作目的很明确，就是为培养职业操盘手服务的。立志成为职业操盘手的同志们，可以去翻一翻，这跟《道破股市天机》系列丛书给大家的感觉是不一样的。《道破股市天机》系列总有一种促使大家去炒股成为股神的感觉，把所有的炒股技术都简化了，所以语言结构非常简单，甚至重复。《道破股市天机》系列有大量的图谱，目的是让读者去记住它们。因为股价涨跌千变万化都离不开这些运行规律。

《操盘学》就不一样了，非常系统化地讲了资金进出的特点、盘口大单的操作特点、交易系统与策略优化、风险与盈利控制原则、个股与大盘之间的逆流顺流关系，等等。

因此，这部作品还未上市就已经获得来自全国各地读者的订购，也获得各地证券营业部的青睐，受欢迎的程度超出了我的预计。

从这个角度而言，要想成为职业操盘手或者想了解职业操盘手的还是大有人在！

操盘并不等同于炒股

伍朝辉

把操盘与炒股混为一谈，这是许多股民朋友思想认识上的误区。

在我看来，操盘绝不等于炒股。

而炒股，也并非是操盘！

在《职业操盘手与股神的差异》一文中，已经详细说明了职业操盘手与股神之间的本质区别。基于这一点，我们已经可以发现操盘与炒股之间的巨大差异。

单纯从词意上来看，炒股是一个非专业的广义性词汇。炒，带有极强的投机性质。同时，炒，还暗含“赌”的味道。由此可以看到，炒股，实在是一个投机性极强的非专业、非职业性盲目进行股票买卖的交易行为！这是我对炒股的定义，也是多年来从事股市投资经验的总结。

朋友们一定会产生困惑，如果说，炒股行为已经暗含“赌”的味道，且投机性极强，那么，操盘与炒股之间的本质区别究竟有哪些？

首先，我们来研究一下，什么是操盘？

操盘，其中的“操”字，有操作和操纵的意思。“操”与“炒”虽然都是动词。但“操”与“炒”在动作与性质上有着明显的区别。

操盘，是一项通过严格组织、策划、调研、布局而实施的整体协调性资金管理与资本运作行为。操盘，是在资本运作的同时，具有极强的项目投资意识的项目投资行为。操盘，没有“赌”的味道，也较少“投机”性质。因而，操盘是一项目的性极强的投资行为。

上面这一段解释，既是对操盘的定义，也说明了操盘与炒股之间的区别。

根据操盘的定义，操盘在实际运用过程，也分为三个层次，分别如下：

第一层次，资金操作面。由职业操盘手根据总部下达的指令，分管部分轻量级资金，并按要求操作这批资金，在日常盘面中进行有计划的交易。

第二层次，资金管理面。由项目经理根据总部的项目规划，分管部分重量级资金，并按要求负责这个项目的实施，资金布局管理，对下级操盘手下达交易指令，随时进行目标项目的图形技术修正等。

第三层次，资本管理面。由资本管理人直接管理集团体系的庞大资金群，对客户负责。策划、组织、指挥和实施重大资本项目的运作，并根据项目运作规划，指导并管理下属一级项目管理员的日常运作，监控下属二级操盘手的具体实施进度与图形技术修正。同时，及时化解来自市场、政策和客户等各方面的风险与潜在风险。

操盘在第一层次时，仅仅是资金操作与日常交易的主要工作，受到上级的严格管理。

操盘在第二层次时，已经可以管理重量级资金，并对项目实施资金布局、技术修正，管理下级操盘手。在这一层面，项目经理就是我们经常看到的基金经理们的工作角色。

操盘在第三层次时，这是一个资本运作管理的层面，也是一个通过一二级市场的互动全盘调控项目资本运作全过程。因此，第三层次是具备极强水平的资本管理运营层次。

在实际运作过程中，操盘的严谨性充分体现在日常管理、项目策划、资金布局、技术修正、风险防范、利润设计管理等诸多工作细节之中。因此，操盘岂是“炒股”二字所能承载或等同的?

目 录

CONTENTS

第一章　从前收盘价看主力行为

第四章 从量峰看主力做盘陷阱

第六章　主力五档买卖盘深度解析

附 录

第一章
从前收盘价看主力行为

本章学习重点内容

一、深刻理解前收盘价的重要性，领会它作为开盘参照基准的核心内涵

二、认真领会拉高收盘和压低收盘的做盘实质，理解它们背后的真实内涵

三、正确理解突击拉高产生的根本原因，及时评估它对当天和未来走势的影响

四、学会分析反手压低产生的根本原因，深刻理解它对当天和未来走势的影响

五、掌握各种经典的收盘定式，结合前收盘价的结构特征领会主力的操盘意图

第一节

SECTION 1

研究前收盘价的重要意义

一、前收盘价的表达

（1）前收盘价的函数在通达信股票行情软件里，表示为：

DYNAINFO(3) 或者 ref(c,1)。

（2）关于收盘价的公式表达。根据前收盘价的阴阳属性，有以下四种表达方式，逐一列举出来，供各位读者朋友参考：

第一种：今收大于昨收，并收阳线，即c>ref(c,1) and c>o。

第二种：今收大于昨收，但收阴线，即c>ref(c,1) and c<o。

第三种：今收小于昨收，但收阳线，即c<ref(c,1) and c>o。

第四种：今收小于昨收，并收阴线，即c<ref(c,1) and c<o。

（3）前收盘价的标注方法。在主图上画一条虚线标注，方便看盘的时候快速识别。用公式表示如下：

前收盘价：DYNAINFO(3),DOTLINE,COLORBROWN。

二、研究前收盘价的意义

为什么要研究前收盘价，并把它放在《操盘学》修订版开篇最重要的位置上呢？这是因为，前收盘价是一切分析周期起始的参照基准，是研究主力行为的切入点。研究前收盘价具有十分重要的技术意义和市场意义，不可不察也。

概括地说，研究前收盘价的重要意义有以下几点：

（1）做到有的放矢，有针对性地制订当下的交易计划。

（2）分类型设计交易方案，根据不同的做盘属性制订相应的策略。

（3）全面掌握主力的做盘进程，有针对性地实施资金管理方案。

（4）领会主力的操盘意图，临盘不乱不惊，从容应对。

（5）精准出击，根据盘面实时量能结构变化修正操盘计划。

（6）根据主力的操盘意图识别套利机会，化解投资风险。

三、本节知识要点与思考练习题图解

【思考练习题】

（1）什么是今收大于昨收，并收阳线？答案参见图001。

（2）什么是今收大于昨收，但收阴线？答案参见图002。

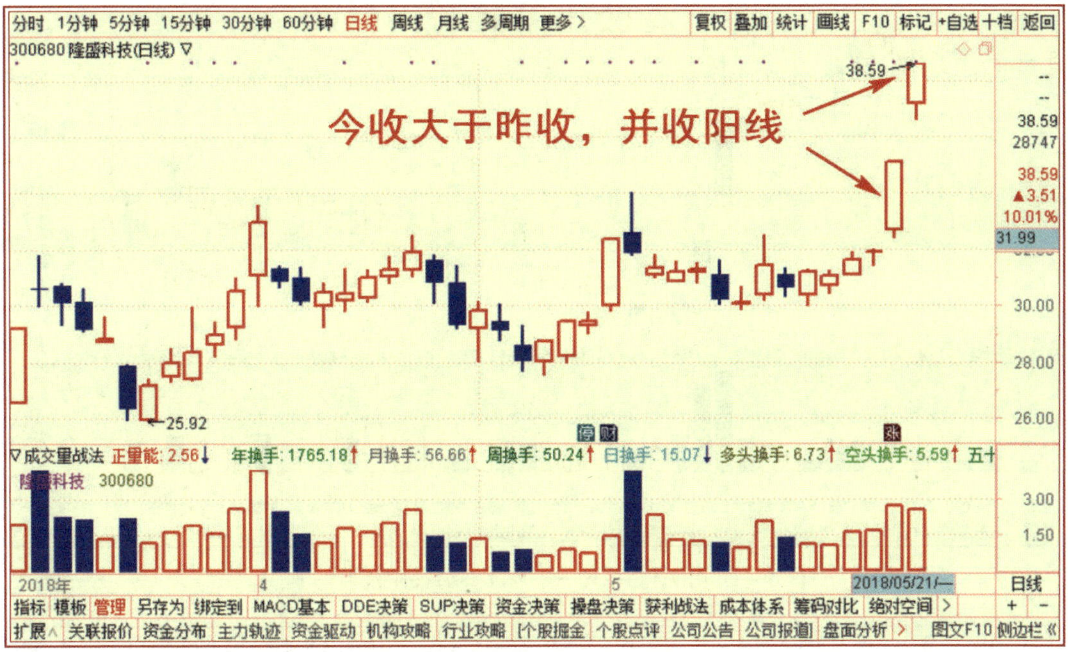

图001　今收大于昨收，并收阳线

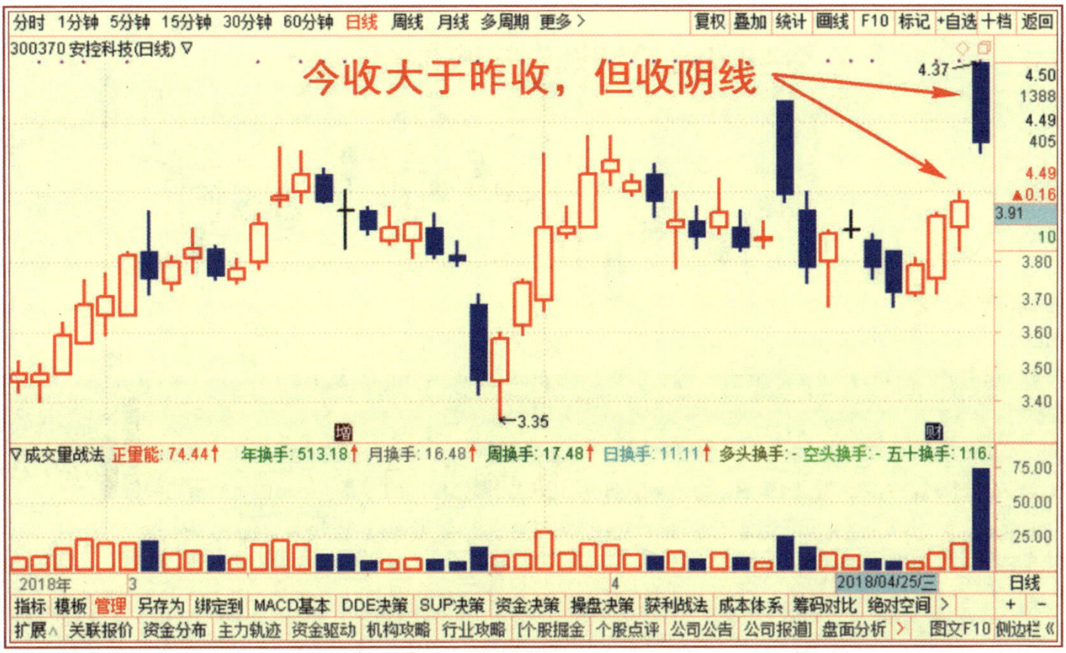

图002　今收大于昨收，但收阴线

（3）什么是今收小于昨收，但收阳线？答案参见图003。

（4）什么是今收小于昨收，并收阴线？答案参见图004。

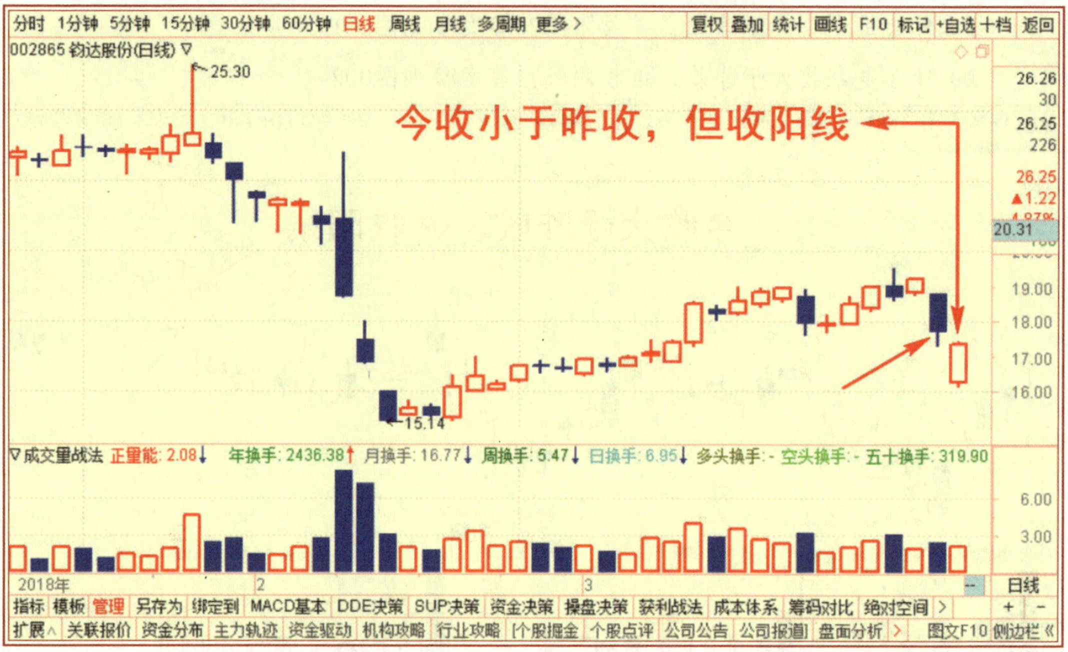

图003　今收小于昨收，但收阳线

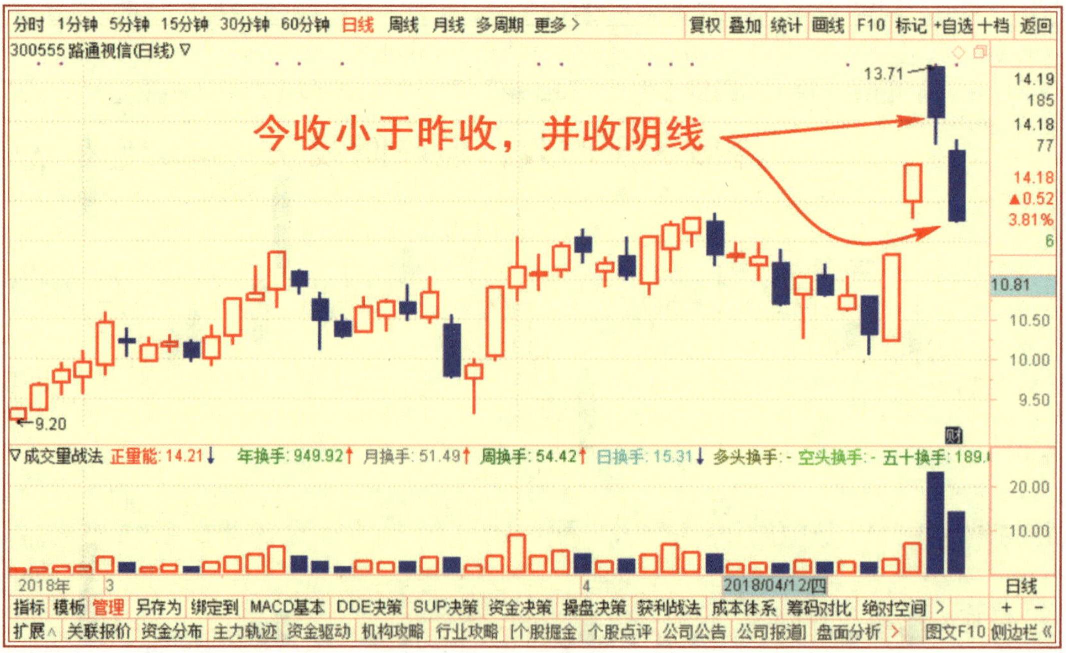

图004　今收小于昨收，并收阴线

第二节
SECTION 2

关于前收盘价的分析方法

一、关于时间周期和空间位置

（1）时间周期的级别划分。

研究前收盘价的时候，首先要确定研究的时间周期，其次是要确定当前价格的空间位置，再次是要辨别它的多空属性，最后分析它对新的开盘价将会产生的重要影响。

关于时间周期，可以把日线周期作为参照基准，也就是将日线周期划分为基准周期，然后按照时间的长度来划分，通常可以划分为以下不同的时间级别。

基准级别：日线级别。

大一级A：周线级别。

大二级B：月线级别。

大三级C：季线级别。

大四级D：年线级别。

日线级别是我们日常观察分析、实战应用的基本级别。

小一级a：小时级别。

小二级b：刻钟级别。

小三级c：分钟级别。

小四级d：秒钟级别。

在这里，习惯上把刻钟级别归于分钟级别，这是大多数投资者的习惯用法。但是，对于职业操盘手来说，这个级别是不能忽略、不可忽视、十分重要的。我们常说的一刻也不能停，就是指这个级别。因此，本书保留刻钟级别的划分方法。

至于秒钟级别，通常适用于期货交易。

（2）基于时间周期级别的空间位置。

务必记住：脱离了时间周期级别去谈论空间位置和多空属性，那是毫无实战价值的。基于这样的理念，我们在做任何一次技术分析的时候，都要先明确所要分析的时间周期，只有确定了时间周期之后，对多空属性的分析才具有实战价值，才能用于指导操盘实践。

至于空间位置的分析，可以从两个方面来进行：

一是绝对空间位置；

二是相对空间位置。

二、绝对空间位置的核心内涵

绝对空间位置的划分，是以上市以来的最低价作为基准，计算它的涨跌幅度。计算出来的涨跌幅度，称为绝对涨跌幅度。计算的公式如下。

（1）设计思路：绝对涨幅 =（史上最高价 − 史上最低价）/ 史上最低价。

（2）相关公式：绝对涨幅=100*((HHV(H,0)) − (LLV(L,0))) / (LLV(L,0)),NODRAW。

我们可以根据这个公式的得数判断当前价格的空间位置。

三、空间位置高低的划分标准

关于空间位置高低的划分，操盘界并没有统一的标准。为了教学讲解的方便，我们设计两种划分的方法。一种是以绝对涨幅来划分的绝对空间位置，另一种是以相对涨幅来划分的相对空间位置。先说说绝对空间位置的划分。假设一轮行情的拉升幅度是100%的话，那么，绝对空间位置的划分可以设计为三个档次，分别是低位区域、中位区域和高位区域。

一般而言，可以参考以下划分标准来辨认空间位置的高低：

（1）低位区域，拉升的幅度在30%以下。

（2）中位区域，拉升的幅度在30%以上60%以下。

（3）高位区域，拉升的幅度在60%以上100%以下。

四、绝对涨幅空间计算公式

以历史上的绝对低点作为计算起点，那么可以计算出绝对拉升涨度（也可以叫拉升绝对幅度），用来观察绝对空间位置的高低。计算的公式如下：

绝对拉升涨度 = 历史最低点 × 拉升百分比。

比如低位区域的相关公式编写如下：

```
高点:REFDATE(CONST(REF(HHV(H,0),0)),DATE),DOTLINE;
低点:REFDATE(CONST(REF(LLV(L,0),0)),DATE),DOTLINE;
GD:=CONST(FINDHIGH(H,0,高点*10,1));
```

```
DD:=CONST(FINDLOW(L,0,低点*10,1));
GT:=CONST(BARSLAST(GD=H))+1;
DT:=CONST(BARSLAST(DD=L))+1;
拉升起点:=REFDATE(CONST(REF(LLV(L,0),0)),DATE)*1.0,DOTLINE;
拉升10%:=拉升起点*1.1,DOTLINE;
拉升20%:=拉升10%*1.1,DOTLINE;
拉升30%:=拉升20%*1.1,DOTLINE;
DRAWTEXT(CURRBARSCOUNT=DT,拉升起点,'拉升起点'),COLORGRAY;
DRAWTEXT(CURRBARSCOUNT=DT,拉升10%,'拉升10%'),COLORGRAY;
DRAWTEXT(CURRBARSCOUNT=DT,拉升20%,'拉升20%'),COLORGRAY;
DRAWTEXT(CURRBARSCOUNT=DT,拉升30%,'拉升30%'),COLORGRAY;
{竖线表示统计起点位置}
上限:=CONST(HHV(H,0));
下限:=CONST(LLV(L,0));
STICKLINE(CURRBARSCOUNT=DT,上限,下限,1,0),COLORMAGENTA;
STICKLINE(CURRBARSCOUNT=GT,上限,下限,1,0),COLORGRAY;
```

利用这个主图公式，我们就可以很快捷地判断出当前价格所处的空间位置。

五、前收盘价的空间位置高低

关于前收盘价的位置，前面我们说过，可以用绝对涨幅加以划分，举例如下：

（1）低位区域，拉升的幅度在30%以下。

（2）中位区域，拉升的幅度在30%以上60%以下。

（3）高位区域，拉升的幅度在60%以上100%以下。

六、本节知识要点与思考练习题图解

【思考练习题】

（1）什么是时间周期级别？不同的级别如何切换？答案参见图005。

（2）什么是绝对涨幅空间？如何识别不同的空间位置？答案参见图006。

（3）什么是绝对空间位置的低位？划分标准是什么？答案参见图007。

（4）什么是绝对空间位置的中位？划分标准是什么？答案参见图008。

（5）什么是绝对空间位置的高位？划分标准是什么？答案参见图009。

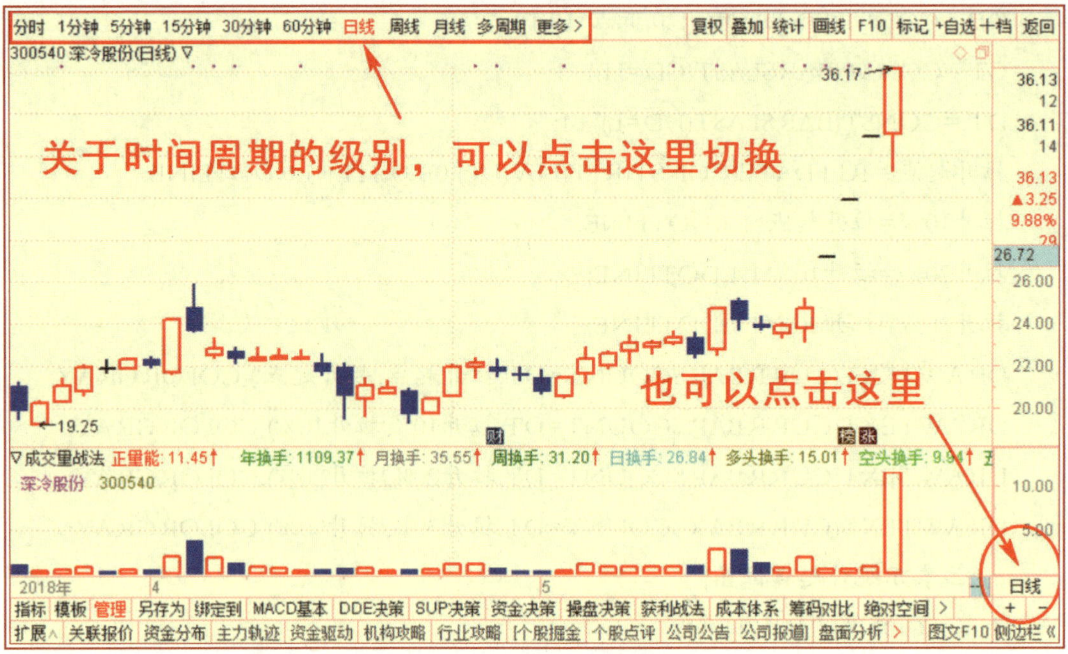

图005　时间周期不同级别的切换方法

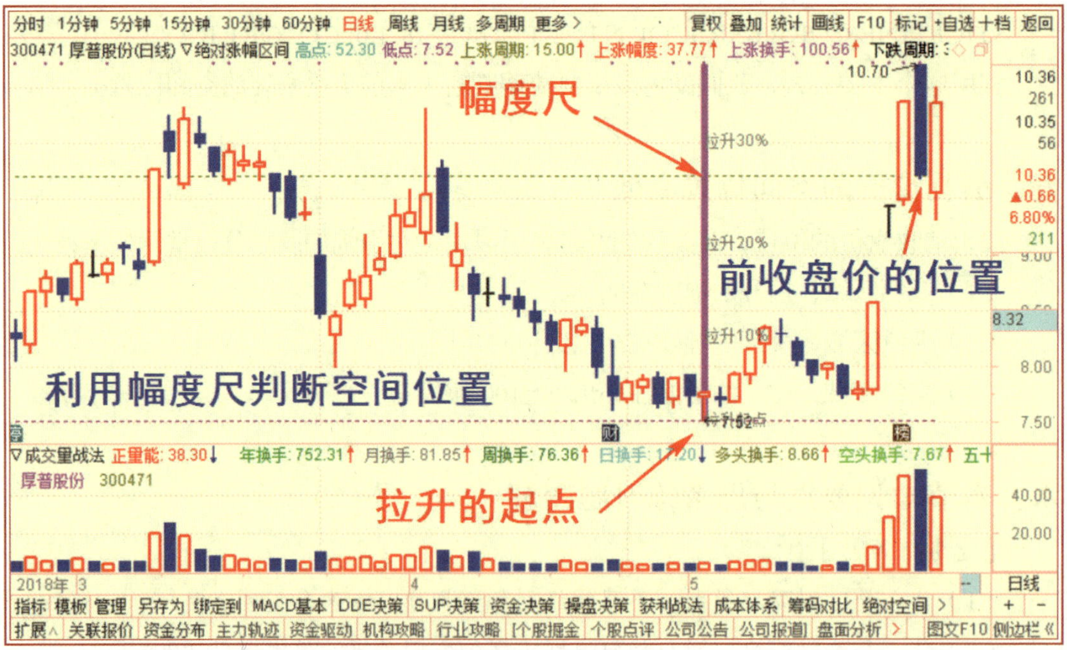

图006　利用幅度尺辨别空间位置的高低

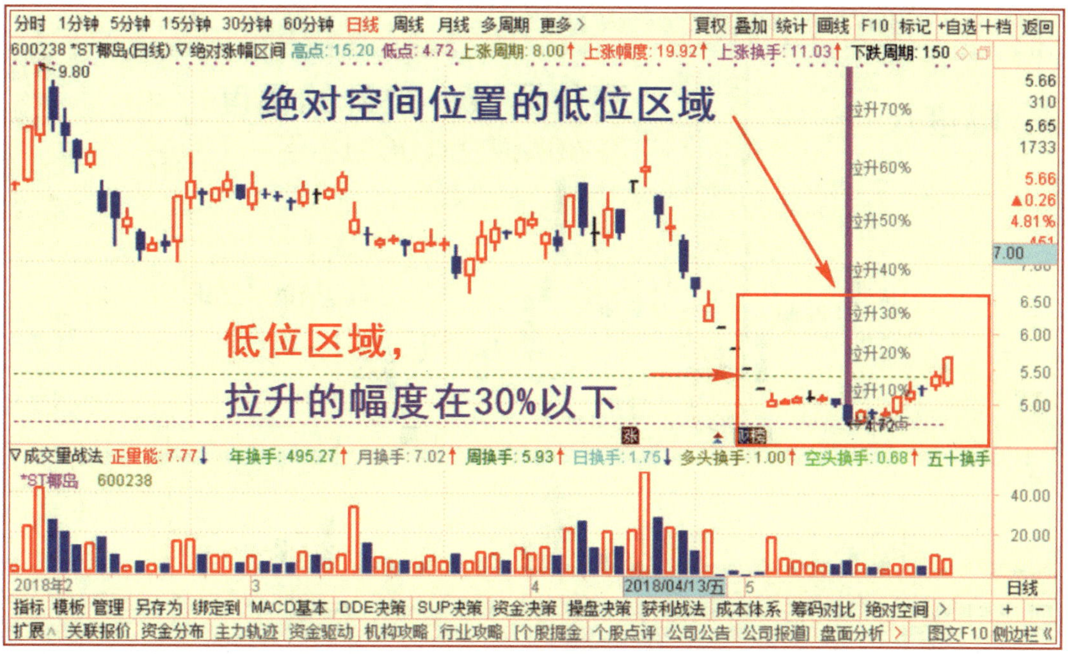

图007　绝对空间位置的低位区域

图008　绝对空间位置的中位区域

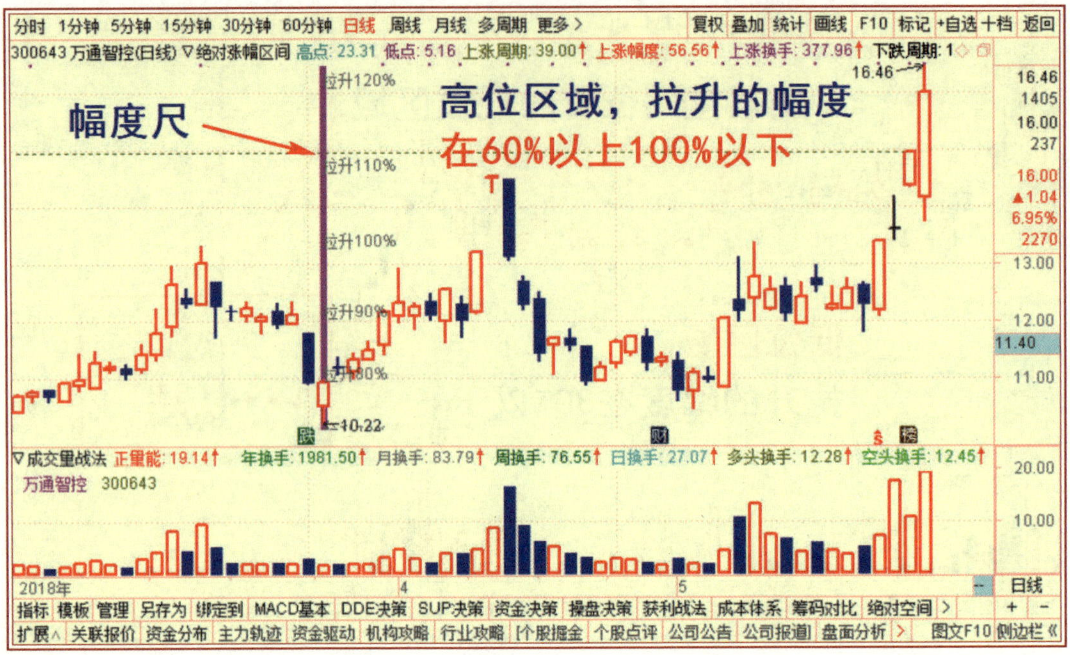

图009　绝对空间位置的高位区域

第三节
SECTION 3

关于前收盘价的形成机理

一、前收盘价的形成机理

（1）前收盘价形成机理的类别。根据做盘的逻辑，前收盘价的形成机理主要分为拉高收盘和压低收盘两种。根据做盘的需要，操盘手经常会在做盘的时候突击拉高，以达到某种做盘目的。

（2）突击拉高。所谓突击拉高，是指股价因在当天交易中某个极短的时间段内出现大量资金买进而迅速上涨，而股价在上涨之前没有受到任何利好消息的刺激，也没有其他上涨的征兆，这种上涨特征称为“突击拉高”。通常情况下，突击拉高这一技术特征较易出现在以下时间段：

第一种：13：30—14：00。

第二种：14：00—14：30。

第三种：14：30—15：00。

在职业操盘领域，通常把13：30之后出现的突击拉高特征称为“拉高收盘”。

二、突击拉高的内在特质

前面我们提到，突击拉高是股价因在当天交易中某个极短的时间段内出现大量资金买进而迅速上涨。这句话揭示了突击拉高的内在特质，即：

（1）做盘时间较短。

（2）运作资金量大。

（3）大量买进筹码。

（4）价格迅速上涨。

这种内在特质揭示了两个做盘的秘密：

（1）价格在极短的时间内迅速上涨是由大量资金短时间内买进引起的。

（2）盘口这种走势十分醒目地彰显了主力机构（简称主力）的做盘计划和运作底牌。

因而，我们可以借助研究这种技术图形，深度解读主力操盘行为的核心机密。

三、本节知识要点与思考练习题图解

【思考练习题】

（1）突击拉高的第一时间段是什么？盘面有什么特点？答案参见图010。

（2）突击拉高的第二时间段是什么？盘面有什么特点？答案参见图011。

（3）突击拉高的第三时间段是什么？盘面有什么特点？答案参见图012。

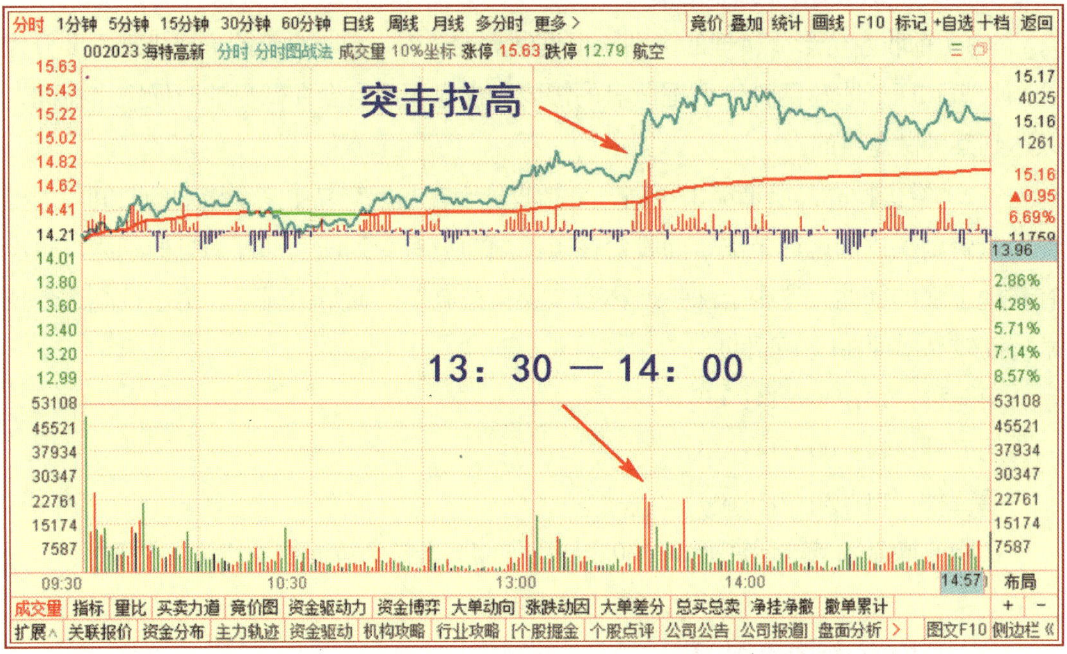

图010　突击拉高的第一时间段

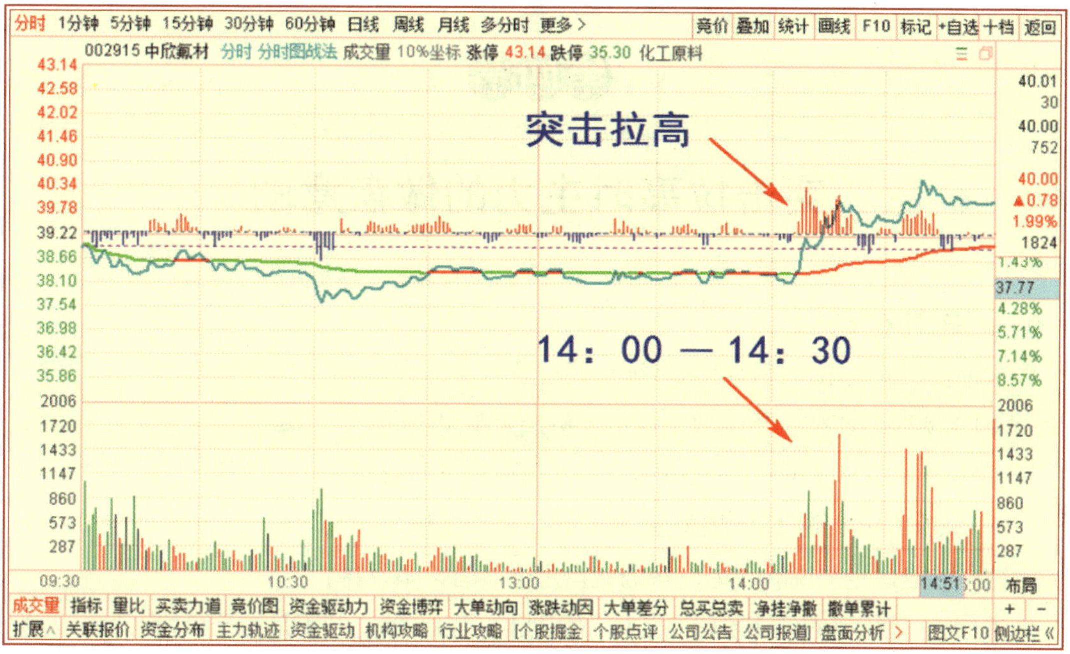

图011　突击拉高的第二时间段

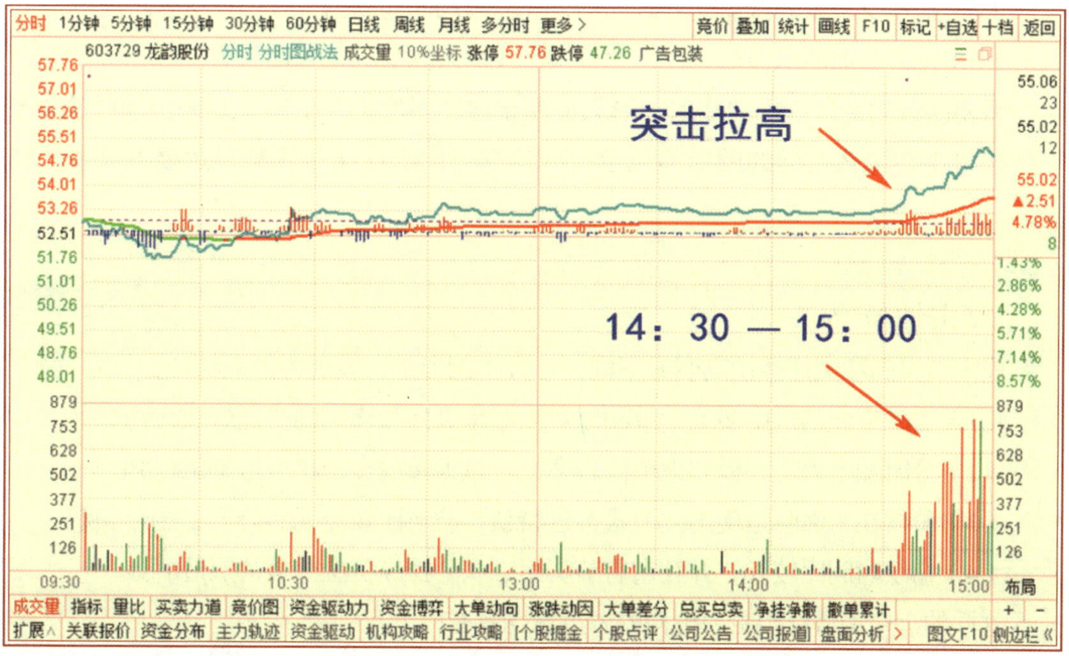

图012　突击拉高的第三时间段

第四节

SECTION 4

突击拉高时主力的做盘意图

一、试探性拉高

这种类型的突击拉高在技术特征上表现为以下几个方面：

（1）实时量能结构是由数笔巨量大单或大单呈纵向放大组成。

（2）量柱比较孤立、缺乏横向密集并持续延展的形状。

（3）价格在上涨时呈现出跳跃式特点，成交价格间隔大。

这样的盘口走势说明主力机构的做盘意图具有以下几种：

（1）这是行情的预演阶段，是以试探性拉高为主的，并不是主升阶段。

（2）试探性拉高的目的主要是侦察盘面筹码的稳定性，测试筹码是否容易松动。

（3）给自己未来的做盘计划做铺垫，唤醒市场的注意力，吸引投资者跟风。

（4）拉升之前的积极造势，为次日操盘或后续操盘打下基础。

需要注意的是，这样的技术图形只适用于空转多的上升阶段。如果当前股价处于下跌趋势中，那么这样的图形不属于拉升语言，而会在次日或数日后展开杀跌出货动作。

二、攻击性拉高

攻击性拉高和试探性拉高明显不同，在技术图形上，表现为以下特征：

（1）实时量能结构由多笔大单和巨量大单呈纵向和横向同步延展放大组成。

（2）分时图上表现为横向大单比较多，巨量大单成交密集，堆砌感很强。

（3）价格在上涨时呈现出波浪式推进特征，波形比较流畅、舒展，图形美观。

（4）持续时间比较长，并且富有节奏感，人为操纵资金投放的痕迹明显。

这样的盘口走势说明主力机构的做盘意图具有以下几种：

（1）这是行情的主升阶段，是以发动攻击性拉高为主的，而不仅仅是预演。

（2）攻击性拉高的目的是为了展开一轮短中线波段上涨行情，以打开盈利空间。

（3）技术图形上表现为盘中持续性放量，说明主力投入大，资金持续向上拓展。

需要注意的是，这样的技术图形往往出现在充分蓄势之后，主力通过这种快速的攻击性拉高，逼空价格，走势犀利，几乎不给市场广大投资者以低成本买进的机会。

三、虚假性拉高

虚假性拉高是一种十分常见的做盘手段。在技术图形上和攻击性拉高有很相似的地方，极具有欺骗性，如果不注意甄别，容易上当受骗。因此，需要仔细辨认它的特征。

（1）可以把拉升的时间段分开来辨认。在第一段拉升中，多笔大单和巨量大单都是呈现为纵向和横向同步放大，这是和攻击性拉高很类似的地方，也是最迷惑人的地方。

（2）但是，在随后的第二段拉升中，主力开始耍滑头，投机取巧的做盘手法登场了。在技术图形上，表现为成交量明显萎缩的特征。这时候巨量大单和大单开始快速消失，伴随而来的是中小单增多，并且主导价格后续的拉升行情。

那么，投资者看盘的时候，如何识别这样的技术陷阱呢？

识别的关键环节是观察和分析拉升的时候盘口量柱的变化情形。主力机构在第一波攻击性拉高之后，接着在盘中迅速构筑第二波“虚假性拉高”的技术特征，其目的是诱使广大投资者以较高成本价格买进，垫高他们的持仓成本，而主力机构则在暗中出货。因此，凡是出现这种虚假性拉高，我们可以断定股价将在次日或者在未来数日内见顶回落，行情将会出现多转空，并促使趋势向下逆转。

四、本节知识要点与思考练习题图解

【思考练习题】

（1）试探性拉高的量能结构有何特点？答案参见图013。

（2）攻击性拉高的量能结构有何特点？答案参见图014。

（3）虚假性拉高的量能结构有何特点？答案参见图015。

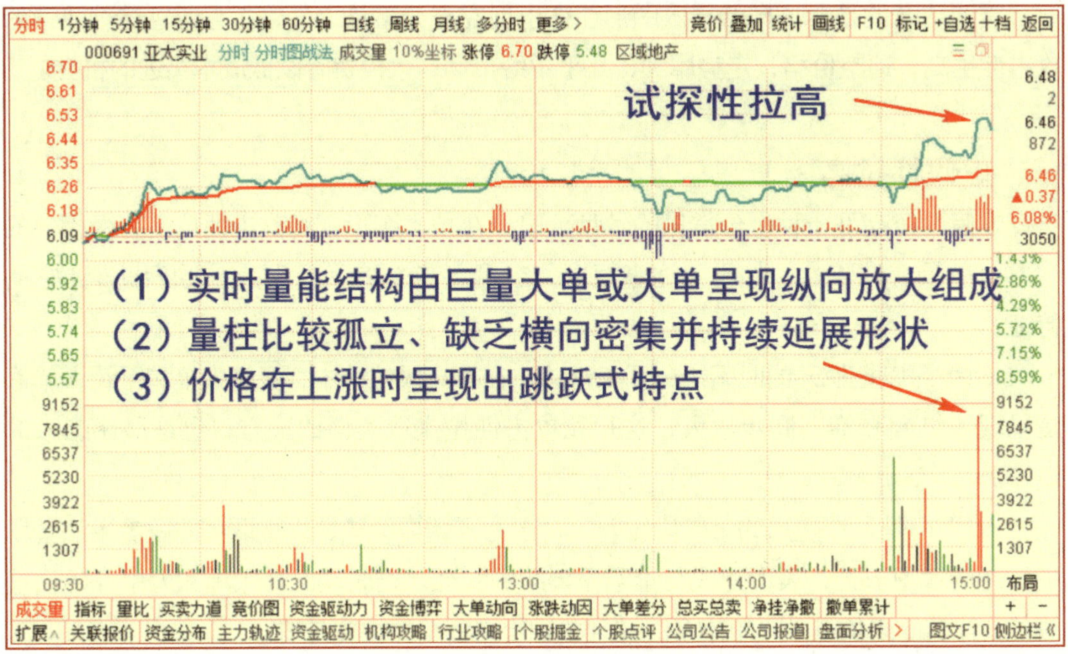

图013　试探性拉高量能结构的特点

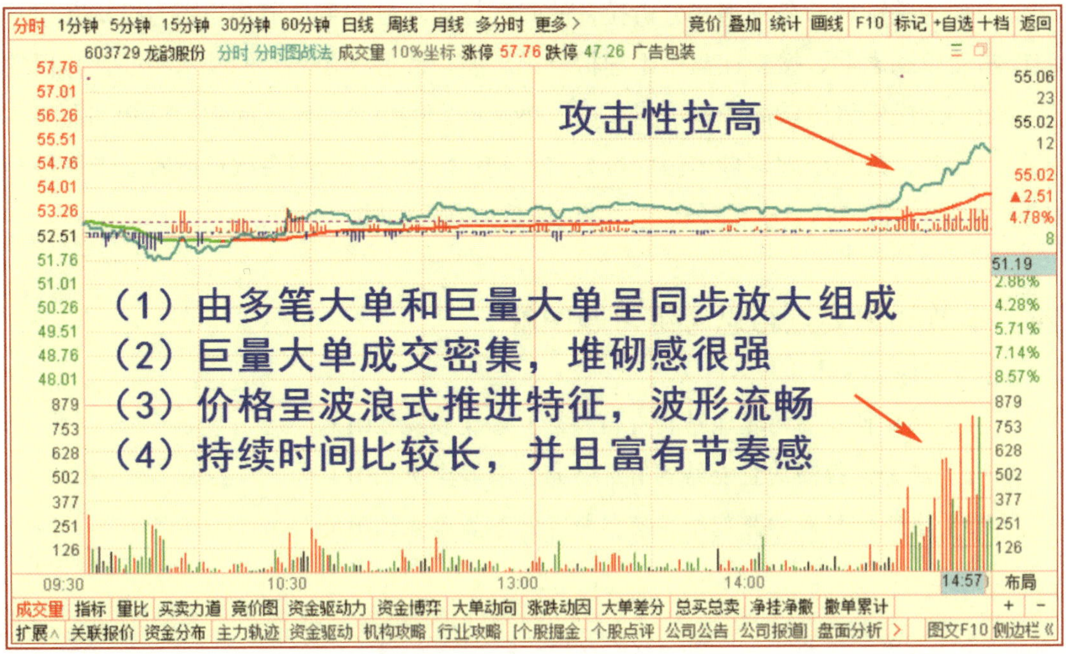

图014　攻击性拉高量能结构的特点

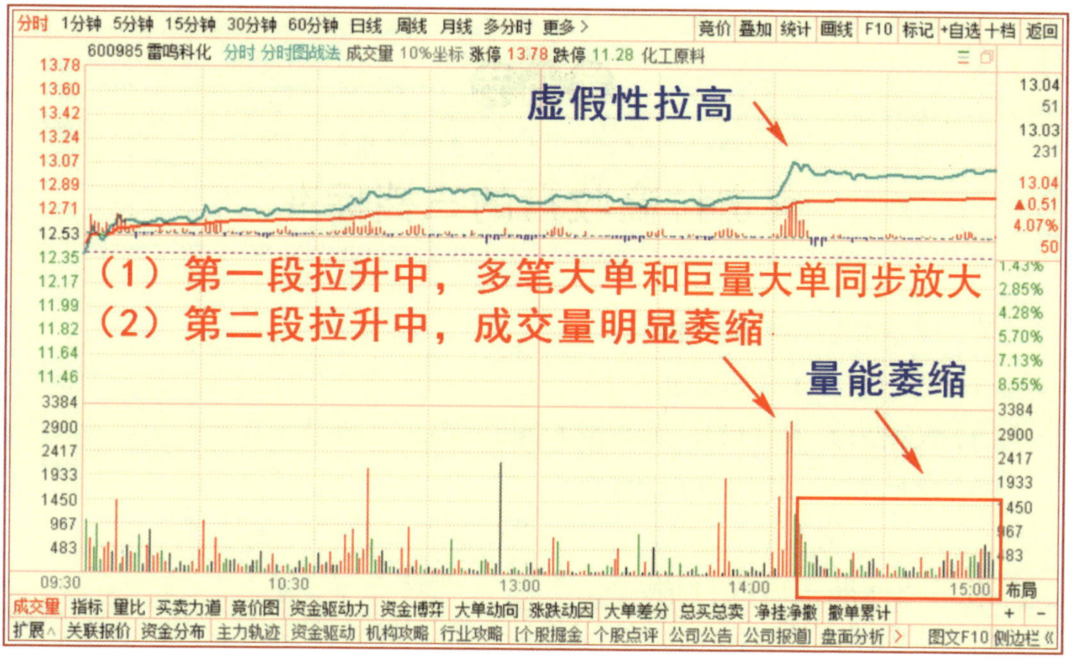

图015　虚假性拉高量能结构的特点

第五节
SECTION 5

突击拉高收盘的三档标准

一、第一档标准：普通行情

（1）拉升幅度：1%~3%之间。

（2）量能结构：量能松散，缺乏密集性放大特征。

（3）拉升状态：呈现跳跃式上涨特征。

二、第二档标准：短线行情

（1）拉升幅度：3%~5%之间。

（2）量能结构：量能密集，但出现由大变小的特征。

（3）拉升状态：呈现波浪式上涨特征，第二段上涨缺乏量的配合。

三、第三档标准：波段行情

（1）拉升幅度：5%以上。

（2）量能结构：量能密集，呈现由小变大的特征。

（3）拉升状态：呈现波浪式上涨特征，量价结构健康。

四、本节知识要点与思考练习题图解

【思考练习题】

（1）普通行情突击拉高的量能结构有什么特点？答案参见图016。

（2）短线行情突击拉高的量能结构有什么特点？答案参见图017。

（3）波段行情突击拉高的量能结构有什么特点？答案参见图018。

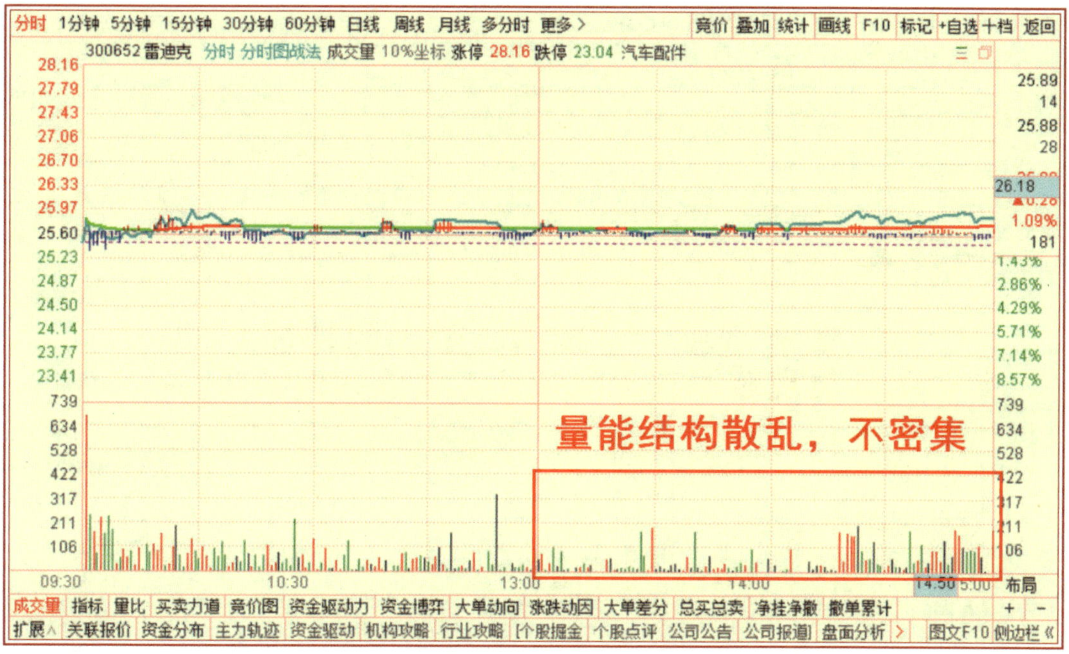

图016　普通行情突击拉高的量能结构

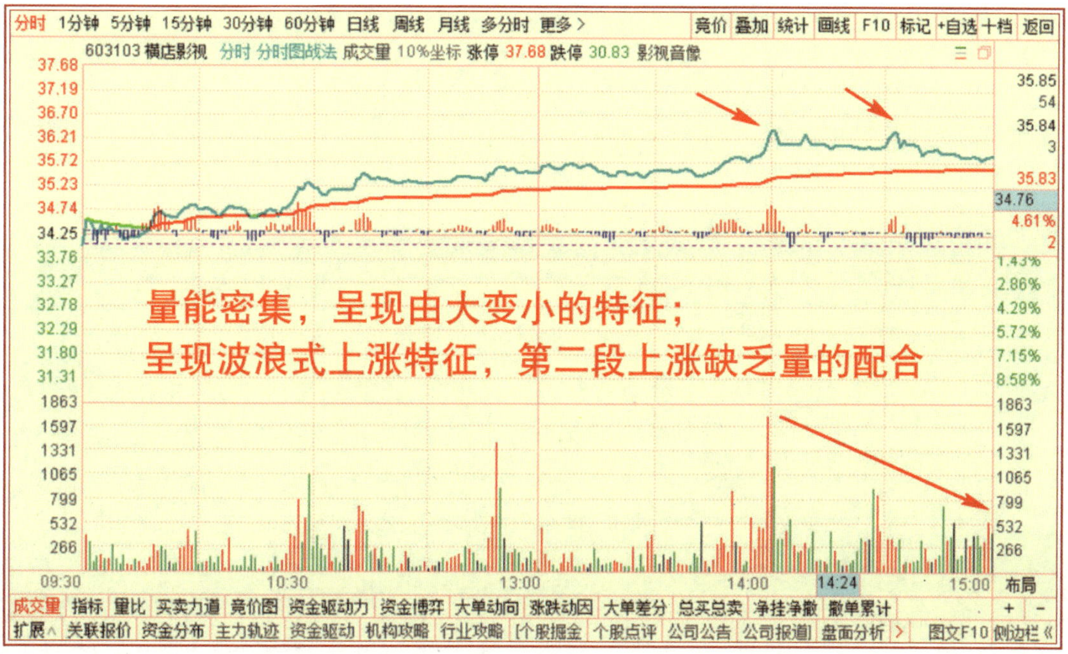

图017　短线行情突击拉高的量能结构

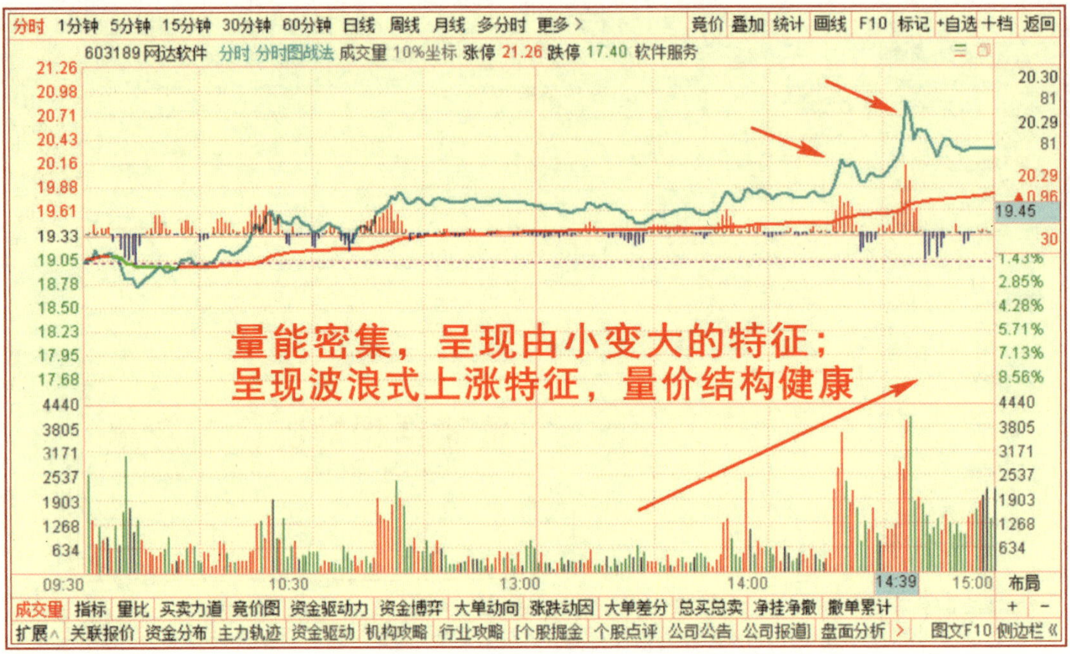

图018　波段行情突击拉高的量能结构

第六节

SECTION 6

突击拉高收盘对价格走势的影响

一、突击拉高收盘对次日股价走势的影响

根据多年实战中对主力行为的总结，我们发现：

（1）试探性拉高，次日往往以低开高走居多。

（2）攻击性拉高，次日往往以高开高走居多。

（3）虚假性拉高，次日往往以高开低走居多。

二、突击拉高收盘对未来数日股价走势的影响

具体而言，有以下几个要点：

（1）试探性拉高在后续行情中，多以反复筑底或震荡盘跌为主。

（2）攻击性拉高在后续行情中，多以波段性上涨或强势整理为主。

（3）虚假性拉高在后续行情中，多以见顶回落的震荡盘跌为主。

三、突击拉高收盘对投资者心理的影响

突击拉高收盘的做盘行为通常在13：30之后的交易时间段出现，由于这个时间段投资者身心通常已经较为疲惫，因此，他们对盘面的敏感程度已经降低。主力的做盘行为在当时状态下对投资者的影响一般不如次日。原因在于大部分投资者习惯于盘后选股，他们在复盘的时候尤其会对当日以大阳K线报收、涨幅居前的个股特别关注，这些个股是盘后选股时的首要选择对象。从投资心理的角度而言，大多数投资者喜欢跟风追涨，因此，对于尾盘放量上涨的个股关注度较高，容易在次日开盘后实施跟风性买进行为。正是这样的原因，主力利用自身的优势，在突击拉高收盘这一做盘技术上下足功夫，以达到预期的操盘目的。从实战效果来看，由于突击拉高收盘容易对投资者在心理上产生积极追价买进的推动作用，无论主力采用三个操盘意图中的哪一种，均较易达到预期目的。

四、本节知识要点与思考练习题图解

【思考练习题】

（1）试探性拉高对次日股价走势有何影响？答案参见图019和图020。

（2）攻击性拉高对次日股价走势有何影响？答案参见图021和图022。

（3）虚假性拉高对次日股价走势有何影响？答案参见图023和图024。

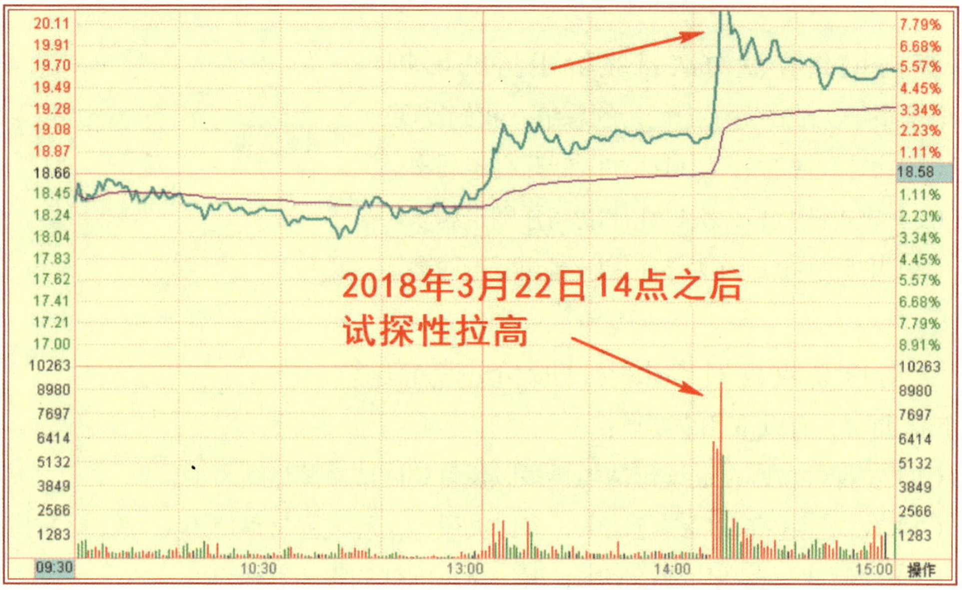

图019　试探性拉高对次日股价走势的影响（a）

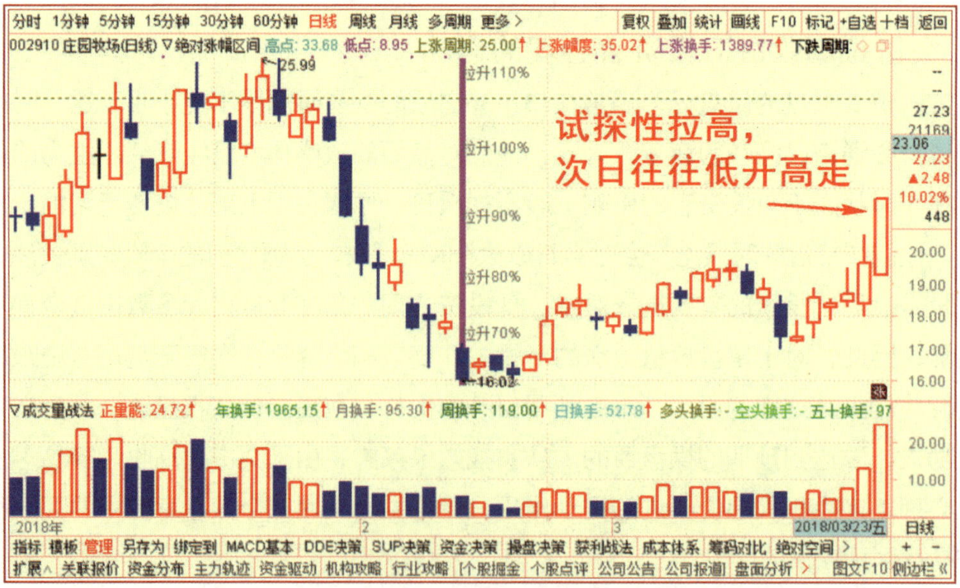

图020　试探性拉高对次日股价走势的影响（b）

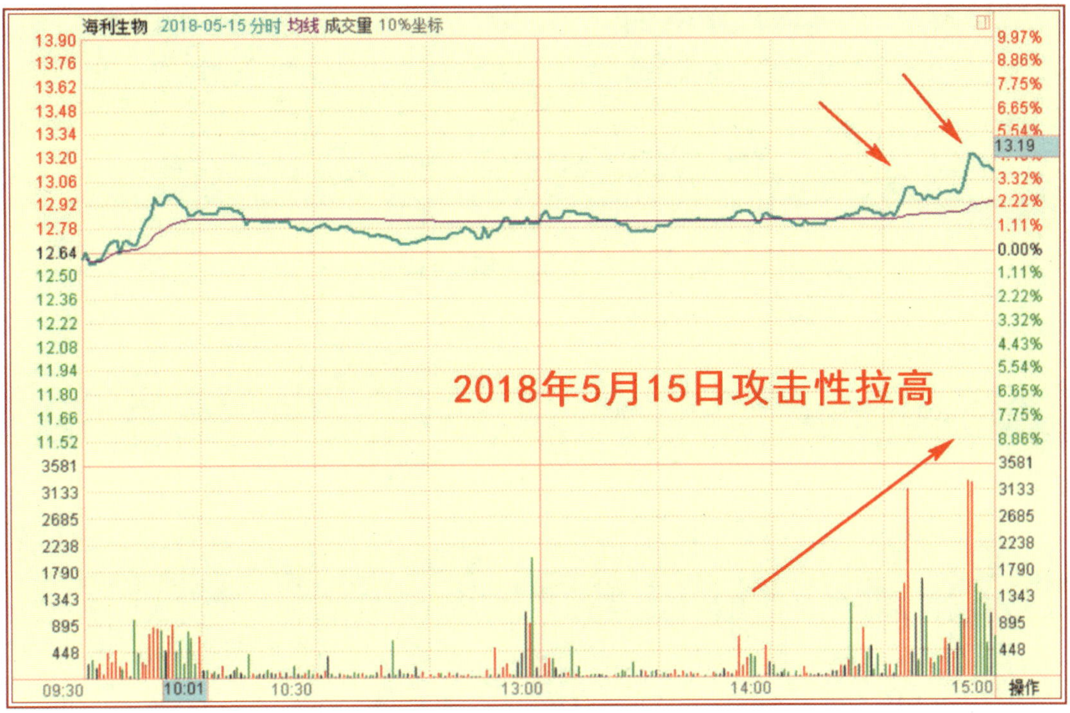

图021　攻击性拉高对次日股价走势的影响（a）

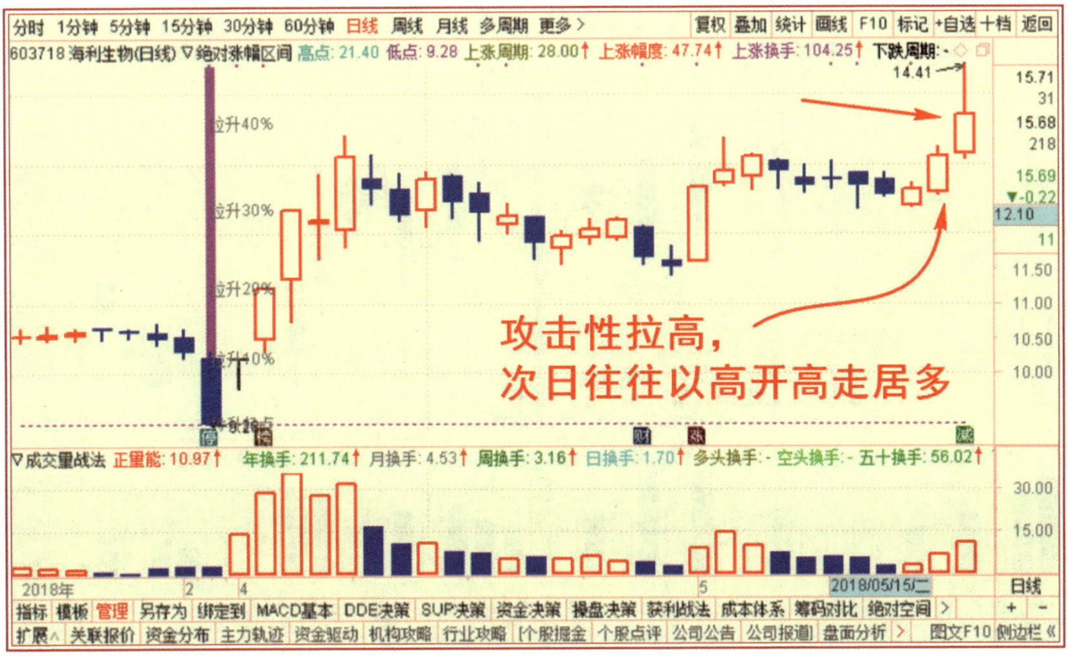

图022　攻击性拉高对次日股价走势的影响（b）

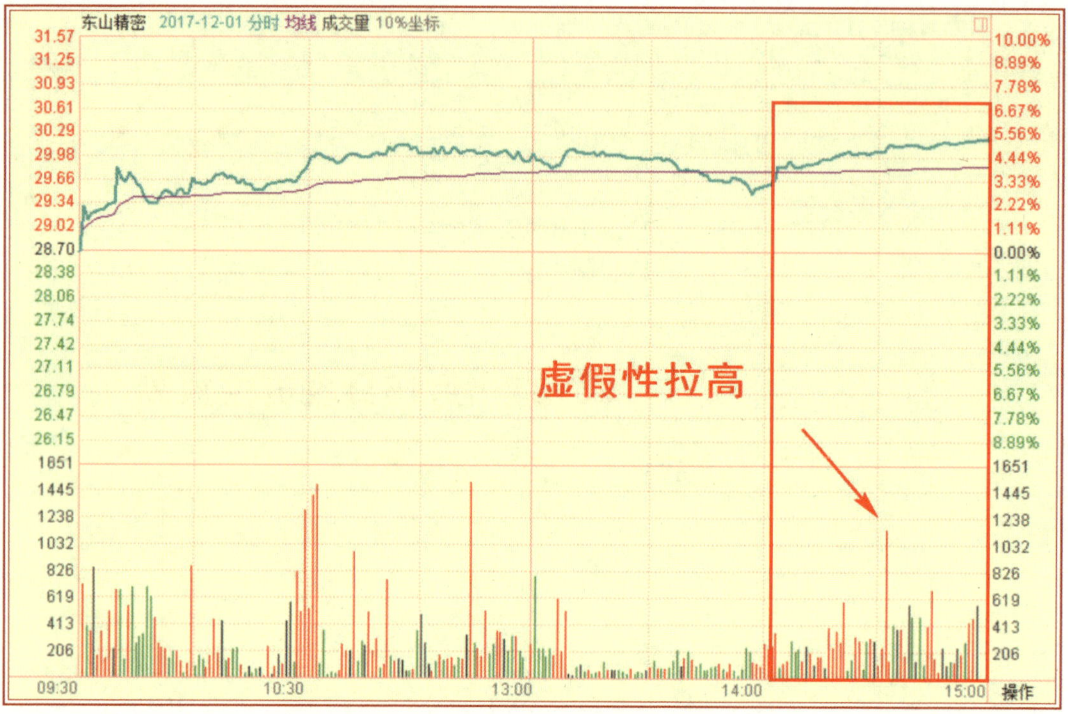

图023　虚假性拉高对次日股价走势的影响（a）

图024　虚假性拉高对次日股价走势的影响（b）

第七节
SECTION 7
突击拉高收盘与主力做盘计划

一、突击拉高收盘是主力的预谋

对主力机构而言，这原本就是操盘计划中的一个环节，其宗旨是按照既定的操盘计划和发展方向，有计划、有目的、有预谋、有节奏地一步步实施股价操纵行为。

（1）试探性拉高。经过这一做盘动作之后，主力机构较易判断盘面筹码的稳定度，以及投资者的心理反应。同时，也测试舆论对股价的反应，为下一步操盘计划做准备。

（2）攻击性拉高。经过这一做盘动作之后，主力机构将在次日继续发动更为猛烈的拉升行情，以进一步提高场外投资者跟风买进的成本，同时迅速打开盈利空间，为后续出货做准备。

（3）虚假性拉高。经过这一做盘动作之后，主力机构将在短期内对股价做出反复震荡盘升的姿势，从而边拉边出、暗中悄悄出货。如果市场环境配合的话，主力机构认为时机成熟时，就会疯狂做空，以形成典型的头部特征。

二、怎样发现突击拉高收盘蕴含的套利机会

所有的套利机会均来自对盘面技术特征的内在本质的根本性的深刻认识。

突击拉高收盘的背后存在主力机构的三种操盘意图，因而通过盘面的技术表现形式对行情的本质进行细致解读和研判，可以尽最大可能地挖掘其中蕴含的套利机会。

（1）耐心等待。如果当日盘中表现的实时量能结构变化属于试探性突击拉高收盘特征，说明主力尚有进一步的操盘动作，这时候应静静等待套利机会的到来。

（2）积极跟进。如果当日盘中表现的实时量能结构变化属于攻击性突击拉高收盘特征，说明主力已经展开了主攻行动，套利机会已经显现，应当坚决、果断地及时跟进，如果未能及时发现，也可以在次日开盘时果断出击。

（3）保持观望。如果当日盘面的实时量能结构变化出现先大后小技术特征，表明这是虚假性突击拉高收盘，说明主力已经在盘中实施出货计划，行情发展趋势将会逆转向下，多转空的走势正在进行中，这时候应当保持观望，千万不可轻举妄动。

三、怎样识别突击拉高收盘揭示的投资陷阱

并不是所有的突击拉高收盘都是获利机会，有相当一部分属于陷阱。

识别陷阱的方法，主要有以下几种：

（1）观察当前股价所在的空间位置。

（2）观察整体走势的绝对幅度和相对幅度。

（3）分析当下盘口分时量柱结构和波形结构。

（4）结合主力操盘行为，识别他们的做盘意图。

四、职业操盘手面对突击拉高收盘应采取的做盘对策

职业操盘手和大众投资者的身份不同，因此，面对突击拉高收盘的对策也是不同的。

（1）积极潜伏。前面已经讲过：如果当日盘中表现的实时量能结构变化属于试探性突击拉高收盘特征，说明主力尚有进一步的操盘动作，大众投资者应静静等待套利机会的到来。但是，作为职业操盘手，此时就不应旁观等待，而是要积极投入资金，及时潜伏，大胆布局。此时不出手更待何时？原因很简单，不言自明。

（2）主动协同。前面已经讲过：如果当日盘中表现的实时量能结构变化属于攻击性突击拉高收盘特征，说明主力已经展开了主攻行动，操盘机会已经显现，大众投资者次日开盘时应果断出击。而对于职业操盘手来说，立即行动是最佳选择，立即投入资金，顺着行情的发展方向协同作战，主力推高股价，同时也是为随后套利打下坚实基础。

（3）积极筹划。前面已经讲过：如果当日盘面表现的实时量能结构变化出现先大后小的技术特征，表明这是虚假性突击拉高收盘，说明主力已经在盘中实施出货计划，行情发展趋势将会逆转向下，这预示着原来的主力机构操盘计划即将完成，职业操盘手接下来应当积极筹划，选择合适的时机建立跟进计划。

五、本节知识要点与思考练习题图解

【思考练习题】

（1）怎样识别突击拉高收盘蕴含的投资机会？答案参见图025和图026。

（2）怎样识别突击拉高收盘潜在的投资风险？答案参见图027和图028。

图025 突击拉高收盘蕴含的投资机会（a）

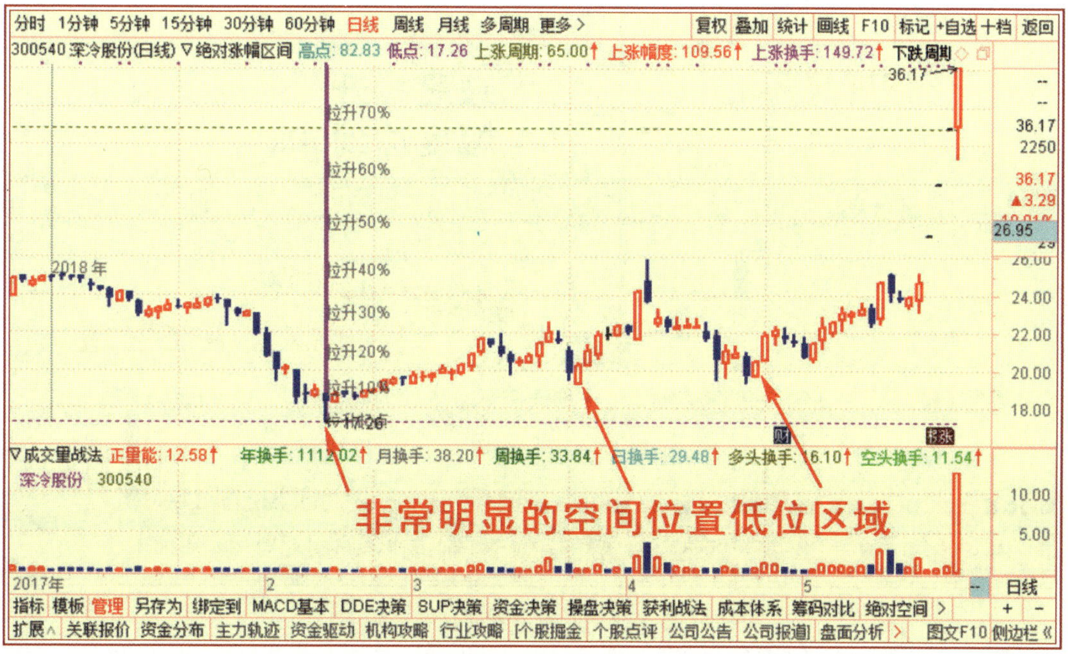

图026 突击拉高收盘蕴含的投资机会（b）

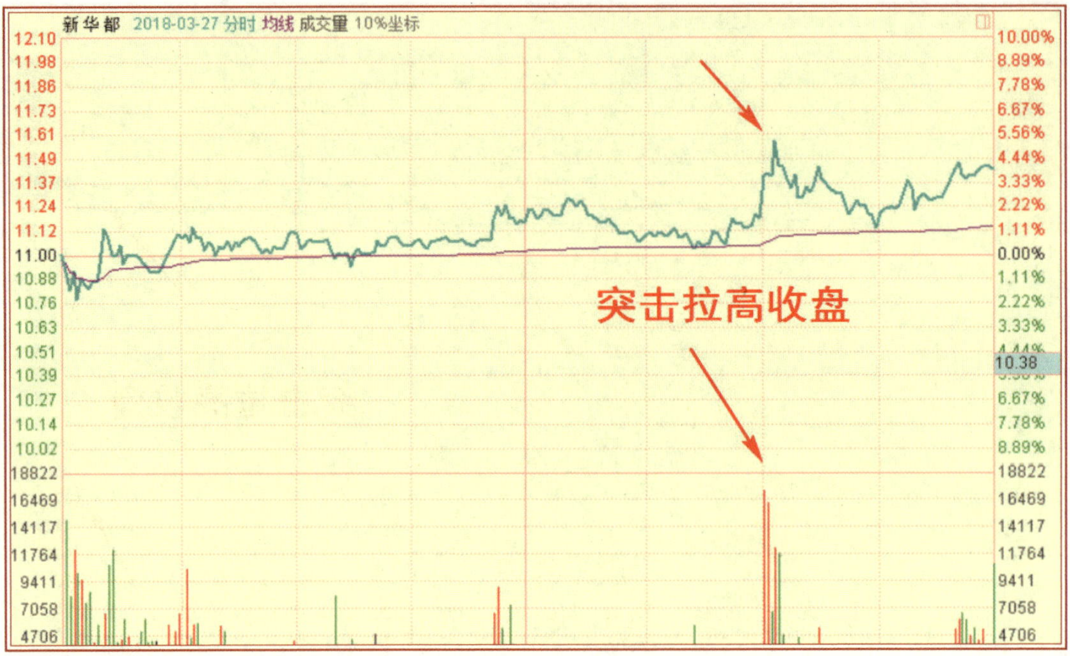

图027　突击拉高收盘潜在的投资风险（a）

图028　突击拉高收盘潜在的投资风险（b）

第八节

SECTION 8

反手压低和压低收盘的核心内涵

一、反手压低和压低收盘的基本含义

（1）反手压低的基本含义。反手压低是指股价因在当天交易中的某个时间段内受到主力的持续打压而逐波盘跌。股价下跌之前没有任何负面消息出现，下跌过程中也没有任何利空消息出现，技术图形上没有任何导致下跌的征兆，因而把这种下跌特征称为反手压低。

（2）压低收盘的基本含义。在职业操盘领域，为了沟通方便，通常把下午13：30之后出现的反手压低技术特征称为压低收盘。

二、反手压低出现的时间段

通常情况下，反手压低较易出现在以下时间段：

第一种：13：30—14：00。

第二种：14：00—14：30。

第三种：14：30—15：00。

三、反手压低的形成机理

反手压低在技术图形上的经典特征是：

第一：持续时间较短。

第二：动用的筹码多。

第三：卖出的力度大。

第四：价格逐波盘跌。

所有在实时交易过程中出现的反手压低行为，都是有计划、有目的、有预谋的，是主力机构整体操盘方案的重要环节，是主力机构计划性操盘的结果！

四、本节知识要点与思考练习题图解

【思考练习题】

（1）反手压低的第一时间段是什么？盘面有什么特点？答案参见图029。

（2）反手压低的第二时间段是什么？盘面有什么特点？答案参见图030。

（3）反手压低的第三时间段是什么？盘面有什么特点？答案参见图031。

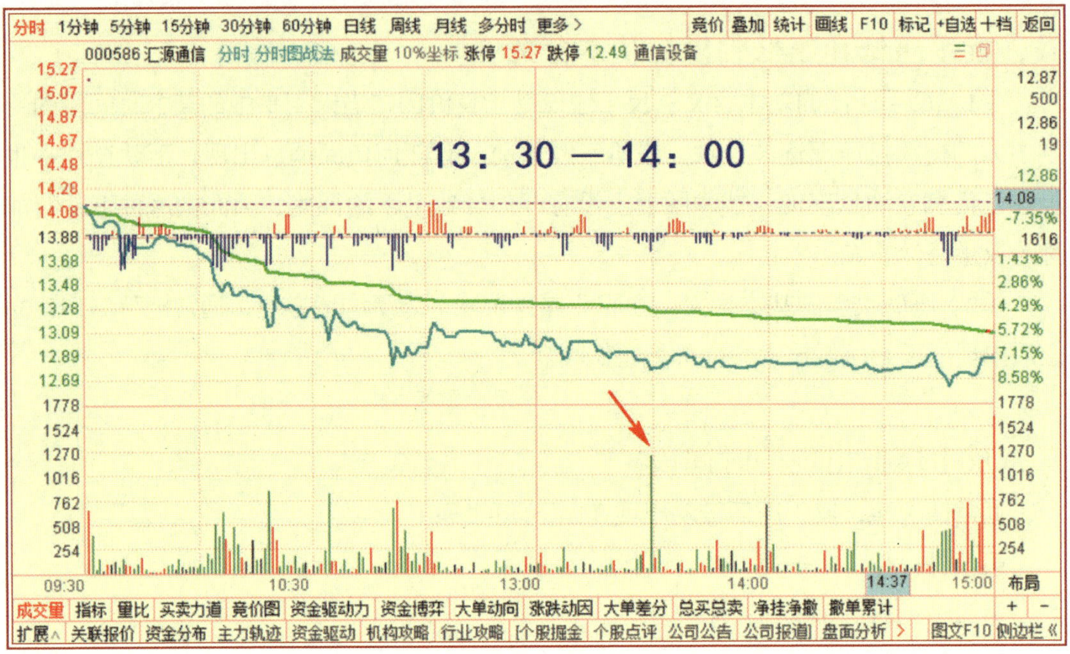

图029　反手压低第一时间段盘面特征

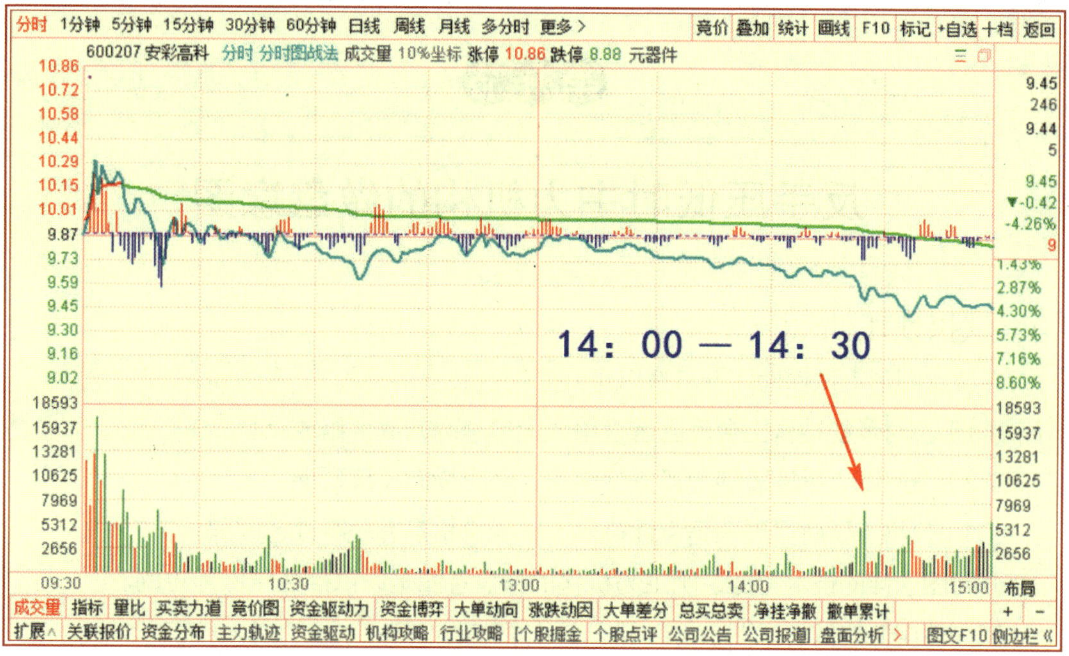

图030 反手压低第二时间段盘面特征

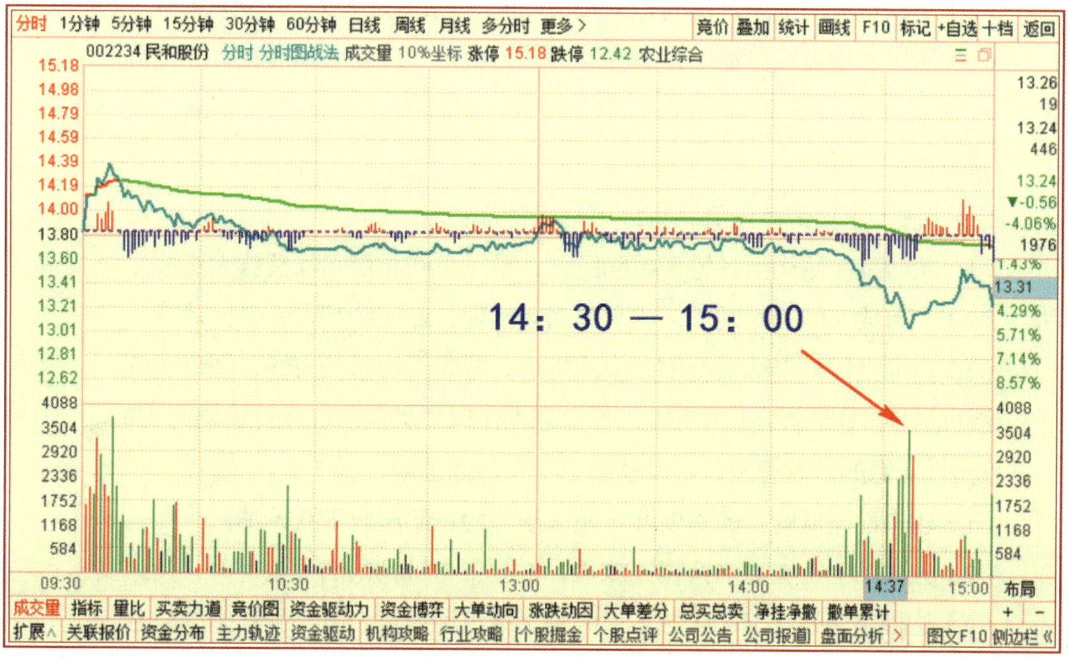

图031 反手压低第三时间段盘面特征

第九节
SECTION 9
反手压低时主力机构的做盘意图

一、试探性压低

在技术图形上试探性压低具有以下几个特征：

（1）实时量能结构由数笔巨量大单或大单呈纵向放大组成。

（2）分时图上量柱表现为孤立性突出，缺乏横向持续延展。

（3）价格下跌时呈现为垂直性跳水，成交价格具有跳跃性，间隔大。

分时图这样的技术特征说明主力机构的操盘意图是以试探性压低为主的。

试探性压低的做盘意图，可以从以下几个方面理解：

（1）主力机构的目的是侦察盘面筹码的稳定性，为后续做盘做好准备。

（2）下跌走势的预演，目的是引起市场的注意，吸引抄底资金进场接盘。

（3）激发恐慌性抛盘涌出，清洗浮筹，为次日操盘或后续操盘打下基础。

二、攻击性压低

在技术图形上攻击性压低具有以下几个特征：

（1）实时量能结构由多笔大单和巨量大单呈纵向和横向延展放大组成。

（2）大单成交间隔时间短，成交单密集出现，成交密度大，量柱紧凑。

（3）盘面上价格走势呈现出波浪式推进，分时图线条较流畅，图形美观。

这样的技术图形说明主力机构的操盘意图是以发动攻击性压低价格为主的。

攻击性压低的做盘意图，可以从以下几个方面理解：

（1）攻击性压低的目的是展开一轮以出货为主的波段下跌行情。

（2）分时图上出现盘中持续性放量，说明主力机构抛出大量筹码，持续卖出。

（3）这种快速的攻击性压低，目的是不给市场投资者以高价卖出的机会。

三、虚假性压低

在技术图形上虚假性压低具有以下几个特征：

（1）和攻击性压低一样，虚假性压低的技术图形在第一段下跌过程中是由多笔大单和巨量大单呈纵向和横向放大组成。这是最具有迷惑性的地方，需要仔细辨认。

（2）但是，虚假性压低在随后的第二段下跌过程中，成交量呈现萎缩的特征。

（3）巨量大单和大单开始快速消失，中小单增多，并主导持续盘跌行情。

这样的技术图形说明这是虚假性压低，是明显的投资陷阱。

虚假性压低的做盘意图，可以从以下几个方面理解：

（1）通过第一波攻击性压低之后，在盘中迅速构筑第二波“虚假性压低”，诱使投资者产生恐慌情绪，纷纷“割肉”，以更低的价格恐慌地卖出。

（2）主力机构刻意制造这样的技术图形，目的是在下跌途中暗中建仓吸筹。

这种虚假性压低，属于主力机构建仓阶段惯用的骗筹码手段，这样做盘的结果必然会导致股价将在次日或者未来数日内见底反弹，并促使空转多，趋势向上发生逆转。

四、本节知识要点与思考练习题图解

【思考练习题】

（1）试探性压低的量能结构有何特点？答案参见图032。

（2）攻击性压低的量能结构有何特点？答案参见图033。

（3）虚假性压低的量能结构有何特点？答案参见图034。

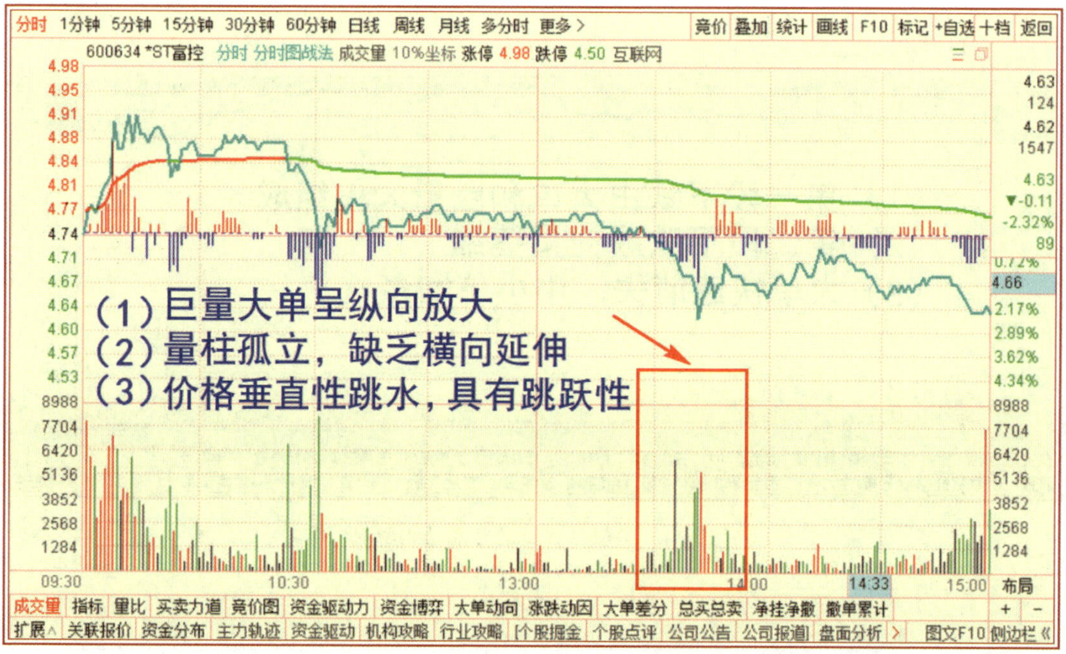

图032 试探性压低的量能结构特点

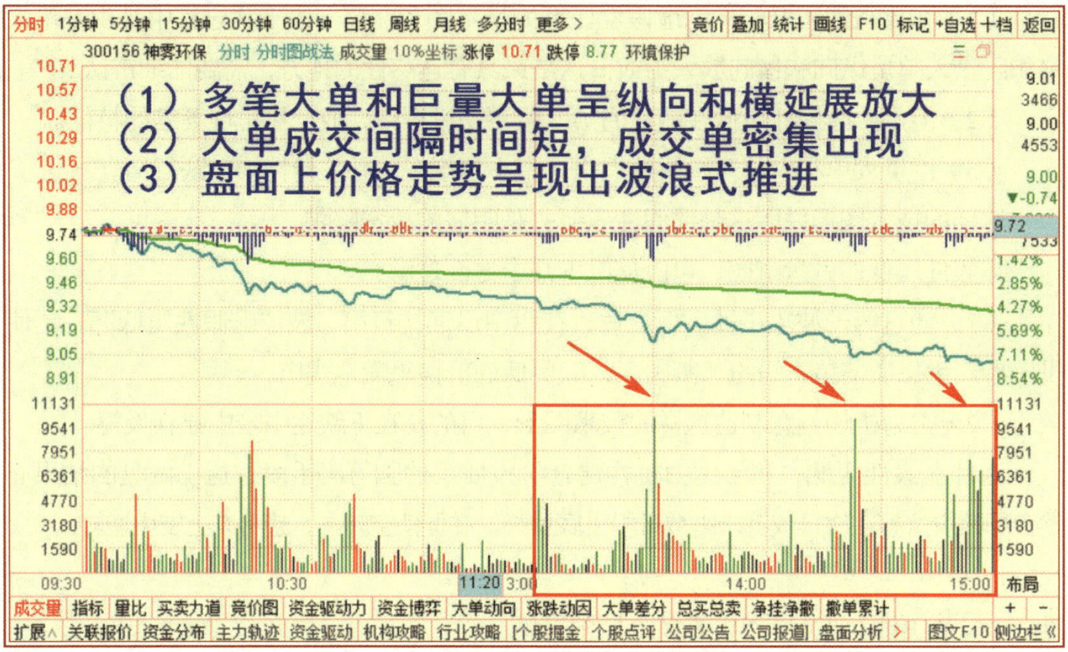

图033　攻击性压低的量能结构特点

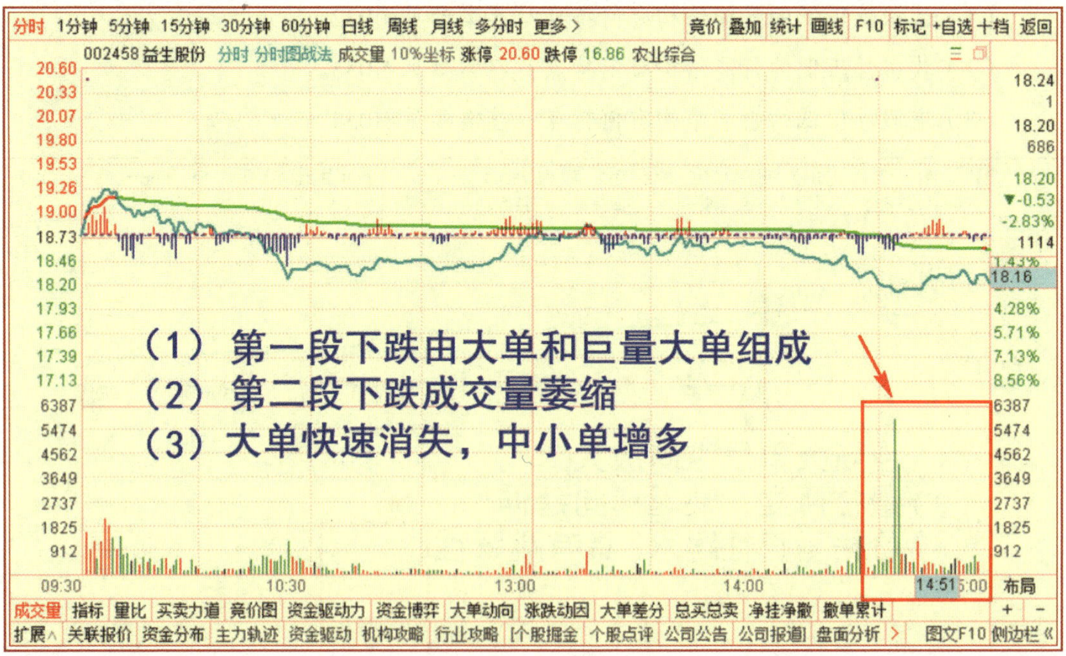

图034　虚假性压低的量能结构特点

第十节

SECTION 10

反手压低的三档标准

一、第一档标准：试盘行情

（1）下跌幅度：1%~3%之间。

（2）量能结构：量能松散，缺乏密集性放大特征。

（3）下跌状态：呈现跳跃式垂直性下跌特征。

二、第二档标准：诱空行情

（1）下跌幅度：3%~5%之间。

（2）量能结构：量能密集，但出现由大变小特征。

（3）下跌状态：呈现波浪式下跌特征，第二段上涨缺乏量的配合。

三、第三档标准：出货行情

（1）下跌幅度：5%以上。

（2）量能结构：量能密集，呈现由小变大的特征。

（3）下跌状态：呈现波浪式下跌特征，呈现量增价跌的典型熊市结构。

四、本节知识要点与思考练习题图解

【思考练习题】

（1）试盘行情的反手压低量能结构有什么特点？答案参见图035。

（2）诱空行情的反手压低量能结构有什么特点？答案参见图036。

（3）出货行情的反手压低量能结构有什么特点？答案参见图037。

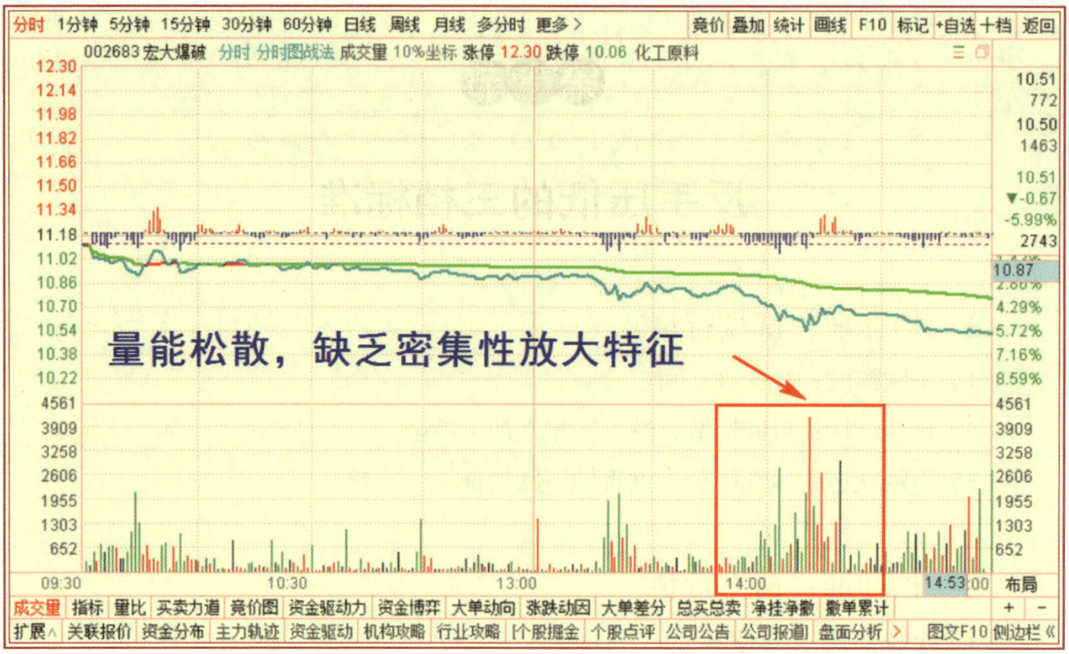

图035　试盘行情的反手压低量能结构特点

图036　诱空行情的反手压低量能结构特点

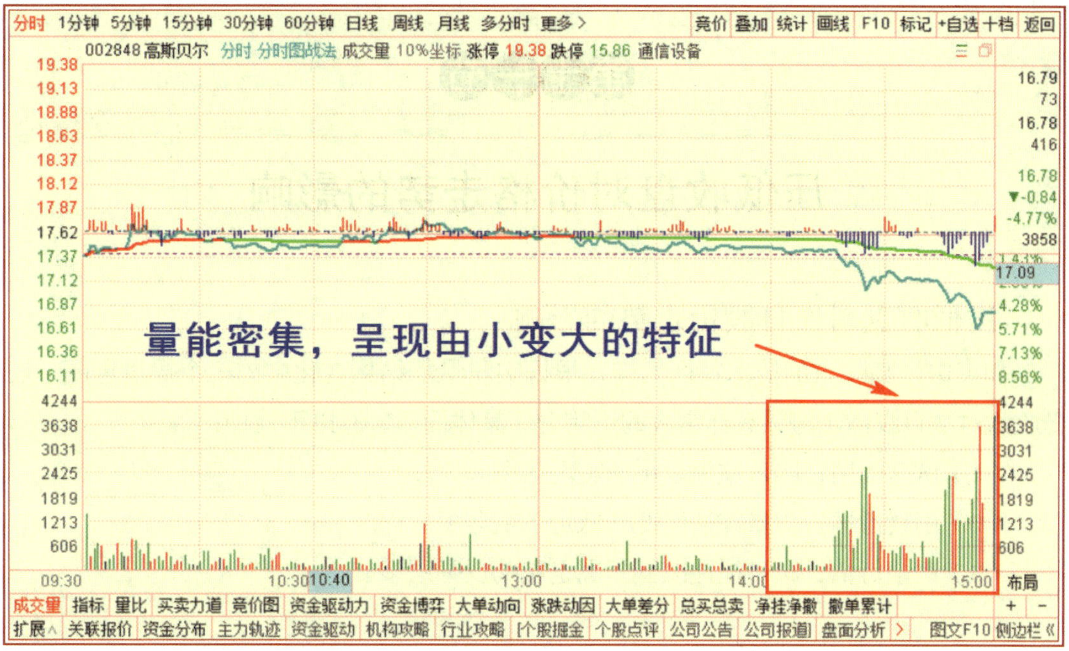

图037 出货行情的反手压低量能结构特点

第十一节
SECTION 11
压低收盘对价格走势的影响

一、压低收盘对次日股价走势的影响

和突击拉高收盘的技术特征一样，根据实时量能结构变化中的三个操盘意图，压低收盘对次日股价走势具有非常大的影响力。具体而言，有以下几种：

（1）试探行情，次日往往以平衡震荡居多。

（2）出货行情，次日往往以低开低走下跌居多。

（3）诱空行情，次日往往以低开高走震荡反弹居多。

二、压低收盘对未来数日股价走势的影响

根据实时量能结构变化中的三个操盘意图，通过比较和统计发现，不同性质的操盘意图，其结果趋势有着巨大的区别。具体而言，有以下几种情况：

（1）试探性压低在后续行情中，大多以反复筑底或震荡盘升为主。

（2）攻击性压低在后续行情中，大多以波段性下跌为主。

（3）虚假性压低在后续行情中，大多以触底反弹的震荡盘升为主。

三、压低收盘对投资者心理的影响

压低收盘通常在13：30之后的交易时间段出现，这一时间段投资者身心较为疲惫，警觉能力降低，风险防范能力较弱。因此，当压低收盘技术特征出现时，投资者的恐慌反应往往不如次日来得强烈。原因在于大部分投资者习惯于盘后研判股价技术趋势，尤其当日以大阴K线报收、跌幅居前的个股是盘后研究的重点。因此，尾盘放量下跌的个股，对投资者的心理影响较大，投资者容易在次日开盘后实施恐慌性卖出行为。

四、本节知识要点与思考练习题图解

【思考练习题】

（1）试探性压低对次日股价走势有何影响？答案参见图038和图039。

（2）攻击性压低对次日股价走势有何影响？答案参见图040和图041。

（3）虚假性压低对次日股价走势有何影响？答案参见图042和图043。

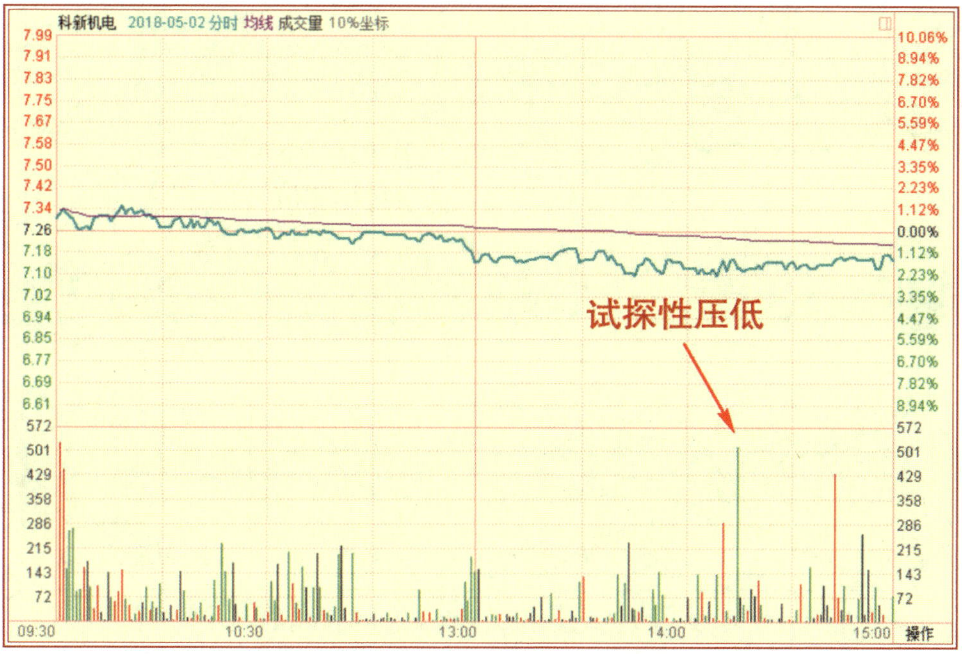

图038　试探性压低对次日股价走势的影响（a）

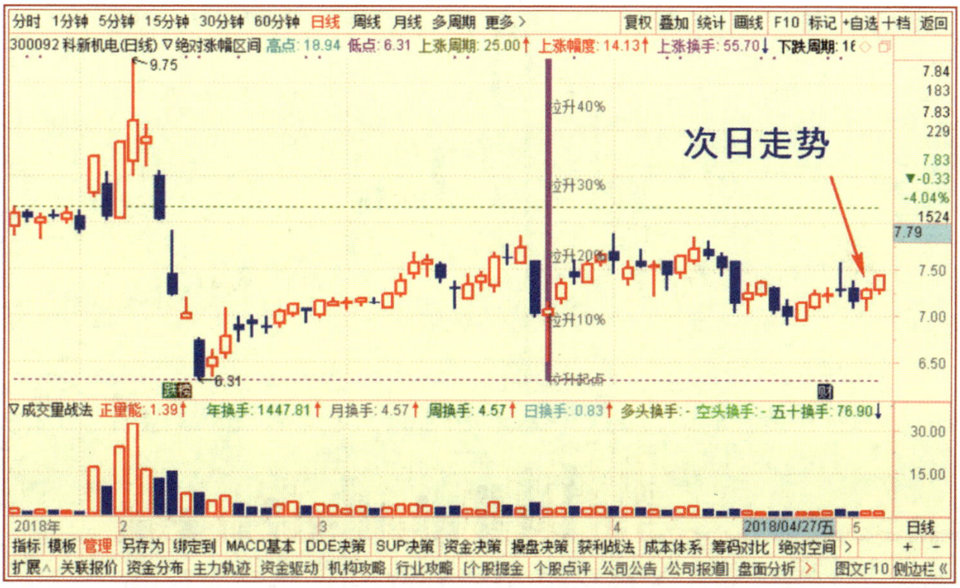

图039　试探性压低对次日股价走势的影响（b）

图040　攻击性压低对次日股价走势的影响（a）

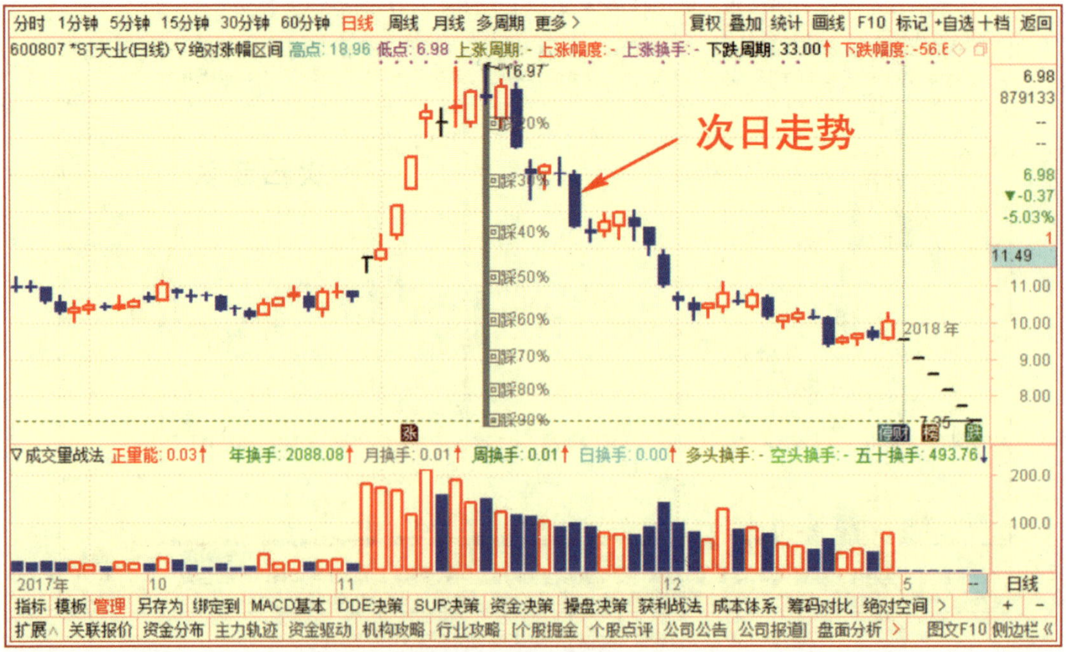

图041　攻击性压低对次日股价走势的影响（b）

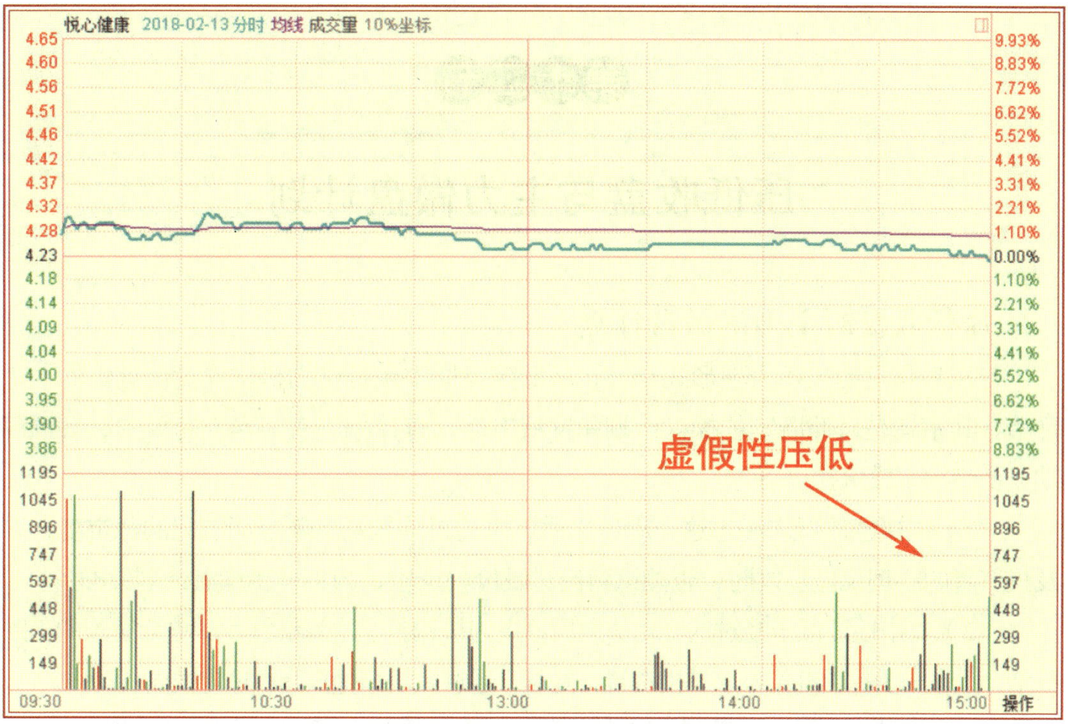

图042　虚假性压低对次日股价走势的影响（a）

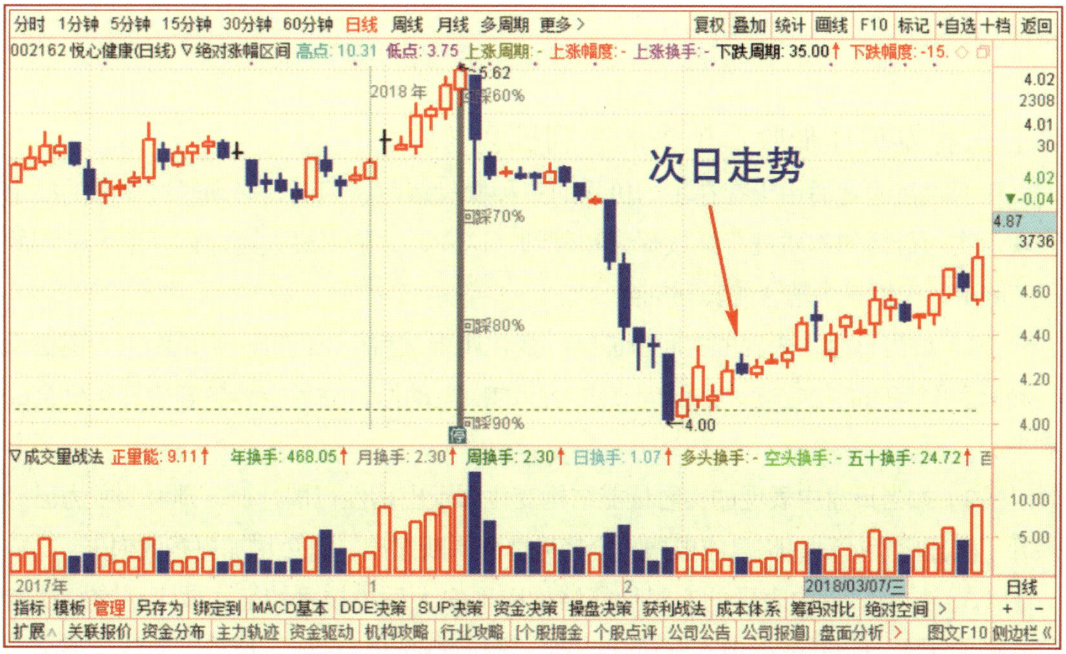

图043　虚假性压低对次日股价走势的影响（b）

第十二节

SECTION 12

压低收盘与主力做盘计划

一、压低收盘时主力的做盘计划

与拉高收盘的技术表现形式一样，压低收盘原本也是主力机构操盘计划中的一个环节，其宗旨是按照既定的操盘计划和发展方向，有计划、有节奏、有目的、有预谋地一步步实施股价操纵行为。

（1）试探性压低。经过这一动作之后，主力机构较易判断盘面筹码的稳定度，以及投资者的心理反应。同时，也测试舆论对股价的反应，为下一步操盘计划做准备。

（2）攻击性压低。经过这一动作之后，主力机构将在次日继续发动更为猛烈的下跌行情，以进一步在更高价格套牢投资者，同时，通过大规模抛售而迅速完成出货动作。

（3）虚假性压低。经过这一动作之后，主力机构将在短期内达到诱空的目的，而暗中悄悄建仓吸筹。主力机构认为时机成熟时，积极做多，以形成典型的底部反转特征。

二、怎样发现压低收盘蕴含的套利机会

压低收盘的背后由于存在主力机构的三种操盘意图，因而，必须通过盘面的技术表现形式对行情的本质进行细致解读和研判，这样，才能尽最大可能避开主力设下的投资陷阱，挖掘其中蕴含的套利机会。

（1）如当日盘中表现的实时量能结构变化属于试盘行情特征，则说明主力还在反复测试盘面筹码的稳定度，后续尚有进一步的操盘动作，临盘应静静等待套利机会的到来。

（2）如当日盘中表现的实时量能结构变化属于出货性行情特征，则说明主力已经展开了疯狂出货行动，临盘应根据股价趋势情况果断抛出，以免增加更多的损失。

（3）如当日盘中表现的实时量能结构出现先大后小技术特征，属于诱空行情特征，则说明主力已经在盘中实施建仓计划，股价底部即将形成，行情发展趋势将会向上发生逆转。因而，操盘机会即将来临，临盘应随时考虑入场建仓。

三、怎样识别压低收盘揭示的投资陷阱

并不是所有的压低收盘都是低吸建仓机会，有相当一部分属于陷阱。

识别陷阱的方法，主要有以下几种：

（1）观察当前股价所在的空间位置。

（2）观察整体走势的绝对幅度和相对幅度。

（3）分析当下盘口分时量柱结构和波形结构。

（4）结合主力操盘行为，识别他们的做盘意图。

四、职业操盘手面对压低收盘应采取的做盘对策

（1）当日盘中表现的实时量能结构变化，出现试盘行情特征，说明主力还在反复测试盘面筹码的稳定度，临盘应静静等待机会的到来。

（2）当日盘中表现的实时量能结构变化，出现出货性行情特征，说明主力已经展开了疯狂出货行动，临盘应根据股价趋势情况果断抛出，以免增加更多的损失。

（3）当日盘中表现的实时量能结构变化，出现先大后小的诱空行情特征，说明主力已经在盘中实施建仓计划，股价底部即将形成，行情发展趋势将会向上发生逆转。因而，操盘机会即将来临，临盘应随时考虑入场建仓。

五、本节知识要点与思考练习题图解

【思考练习题】

（1）怎样识别压低收盘蕴含的投资机会？答案参见图044和图045。

（2）怎样识别压低收盘潜在的投资风险？答案参见图046和图047。

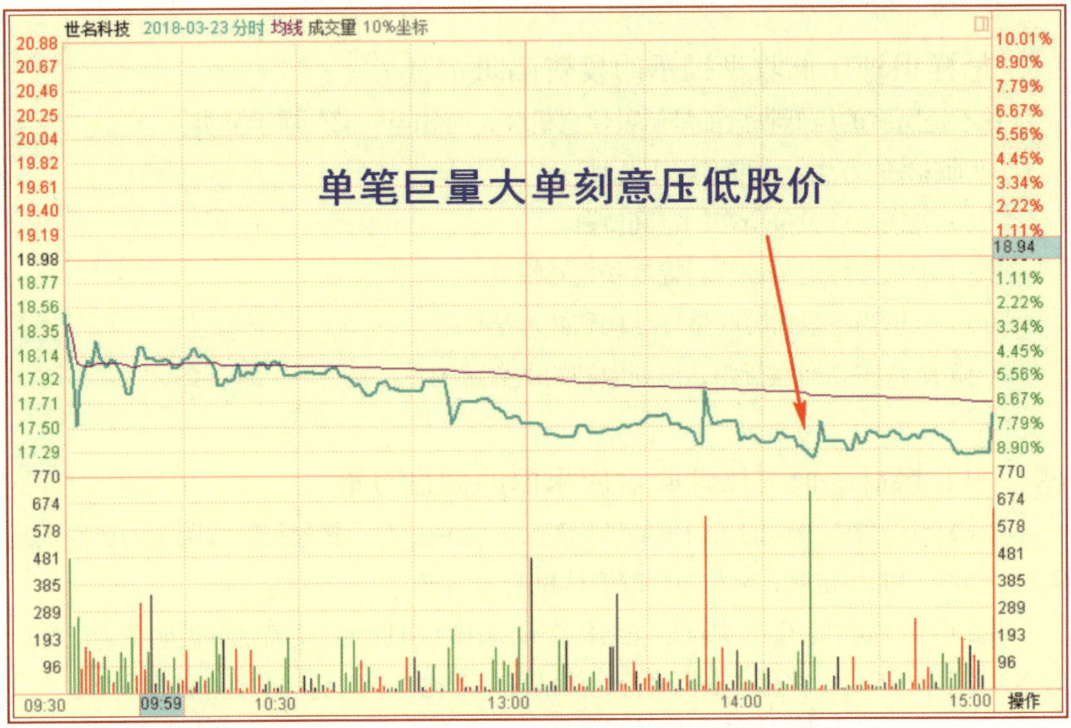

图044　识别压低收盘蕴含的投资机会（a）

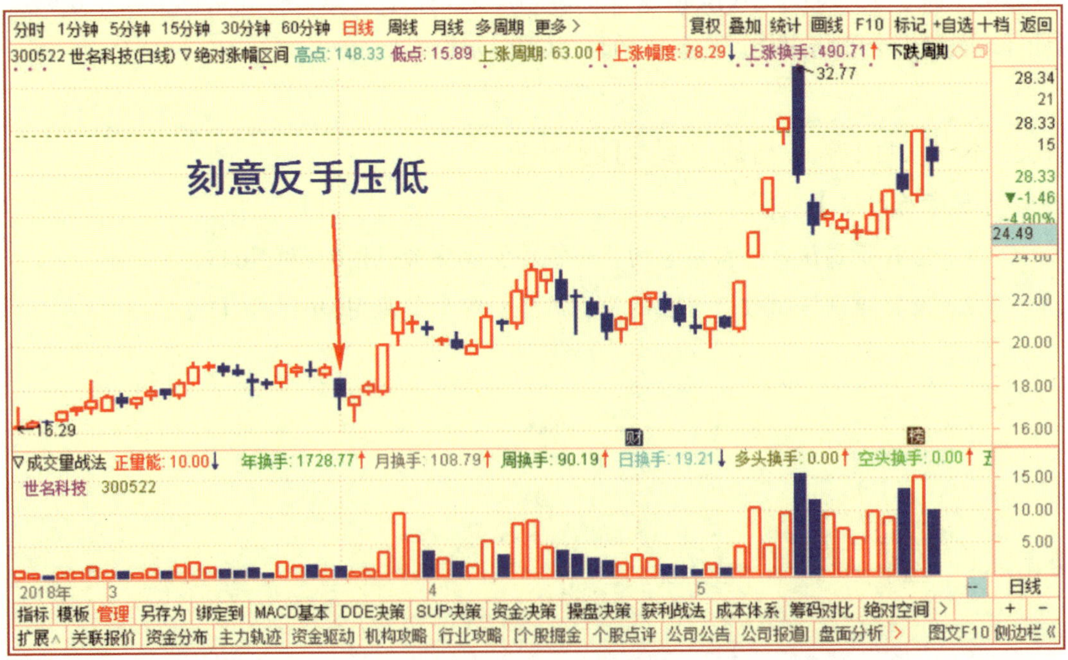

图045　识别压低收盘蕴含的投资机会（b）

图046　识别压低收盘潜在的投资风险（a）

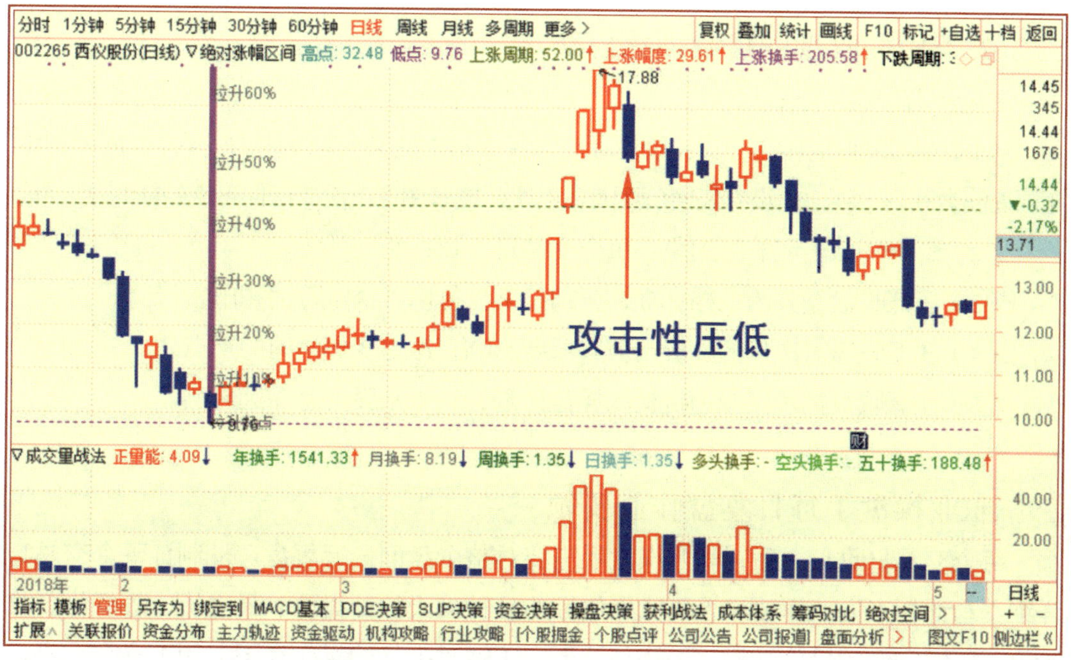

图047　识别压低收盘潜在的投资风险（b）

第十三节

SECTION 13

前收盘价识别方法自我训练

一、关于拉高收盘的自我训练思路

主要内容总结如下：

（1）突击拉高的核心要义：股价因在当天交易中的某个极短的时间段内出现大量资金买进而迅速上涨。在上涨之前没有受到任何利好消息的刺激，也没有其他上涨的征兆。

（2）突击拉高出现的时间段：每个交易日的13：30之后。

（3）突击拉高收盘划分为三档标准，分别是普通行情、短线行情和波段行情。

（4）突击拉高收盘对次日的开盘价有重要影响，这是我们学习的重点。

（5）突击拉高收盘揭示了主力机构的操盘计划，对未来股价有深远影响。

二、关于压低收盘的自我训练思路

主要内容总结如下：

（1）反手压低的核心要义：股价因在当天交易中的某个时间段内受到主力的持续打压而逐波盘跌。下跌之前没有任何负面消息出现，技术图形上没有任何下跌的征兆。

（2）反手压低出现的时间段：每个交易日的13：30之后。

（3）压低收盘划分为三档标准，分别是试盘行情、诱空行情和出货行情。

（4）压低收盘对次日的股价走势有重要影响，这是我们学习的重点。

（5）压低收盘揭示了主力机构的操盘计划，对未来股价有深远影响。

三、职业操盘手每日复盘作业要领

每个交易日收盘之后，职业操盘手需要对整个盘面进行复盘。从制订下个交易日详细交易计划来说，需要深入研究操作标的品种当天的开盘价、最高价、最低价、收盘价，研究它们的量价结构、量峰与波形，了解对手盘的操作意图，为下一个交易日做好充分的准备。

对于广大投资者来说，这个环节也是必不可少的。请各位读者在学习了本节内容之后，从现在开始，立即做好复盘工作。

技术性复盘时，可以就以下各项内容深入研究：

（1）当天集合竞价图、当天开盘价、当天开盘金额、当天开盘换手率。

（2）当天最高价、当天最低价、当天收盘价。

（3）当天绝对波幅、当天相对涨幅、当天实体涨幅。

（4）当天上影线长度、当天下影线长度。

（5）当天波形结构、当天量峰结构。

（6）当天成交明细、当天分价表。

至于复盘作业的具体做法，限于篇幅，就不作展开了。有兴趣的读者可以加入我们的学习园地“学操盘俱乐部”，一起探讨，切磋技术，交流心得，共同提高。

四、关于前收盘价的实战分析案例详解

第一步：分析它所在的空间位置，是低位、中位还是高位。

第二步：分析它的形成过程，是突击拉高收盘还是压低收盘。

第三步：分析它的技术图形、K线结构和分时图量能结构。

第四步：分析它所蕴含的主力机构操盘计划和做盘意图。

第五步：分析它对次日股价走势和未来一段时间内价格走势的影响。

第五步：分析它可能带来的套利机会和潜在的投资风险。

第六步：确定该品种是否具有操作价值，如果有，请制订操盘方案。

五、迅速提升读盘水平的自我训练方法

职业操盘手需要具有极高的读盘水平，对盘面做出迅速的反应，并能及时做出正确的决策。怎样才能迅速提升自己的读盘水平呢？根据我们多年来训练职业操盘手的实践经验得知，下面的方法切实有效，建议各位积极效法，持之以恒，坚持下去，必有所成。

具体方法是：

第一步：每日收盘后，找到换手率排名榜。

第二步：把换手率前100名的品种浏览一遍。

第三步：按照突击拉高收盘和压低收盘的技术特征，各选取3只股票。

第四步：逐一截图分析最近两天的实际走势，保存下来，存档备查。

第五步：每周休息日复习一次，对照一周实际走势，找出不足之处。

第六步：写下自己的心得体会，并在随后的操作中反复对比、验证。

六、本节知识要点与思考练习题图解

【思考练习题】

（1）选择一个品种，逐日查看它的历史分时图。答案参见图048。

（2）选择一个品种，逐日查看它的日线走势图。答案参见图049。

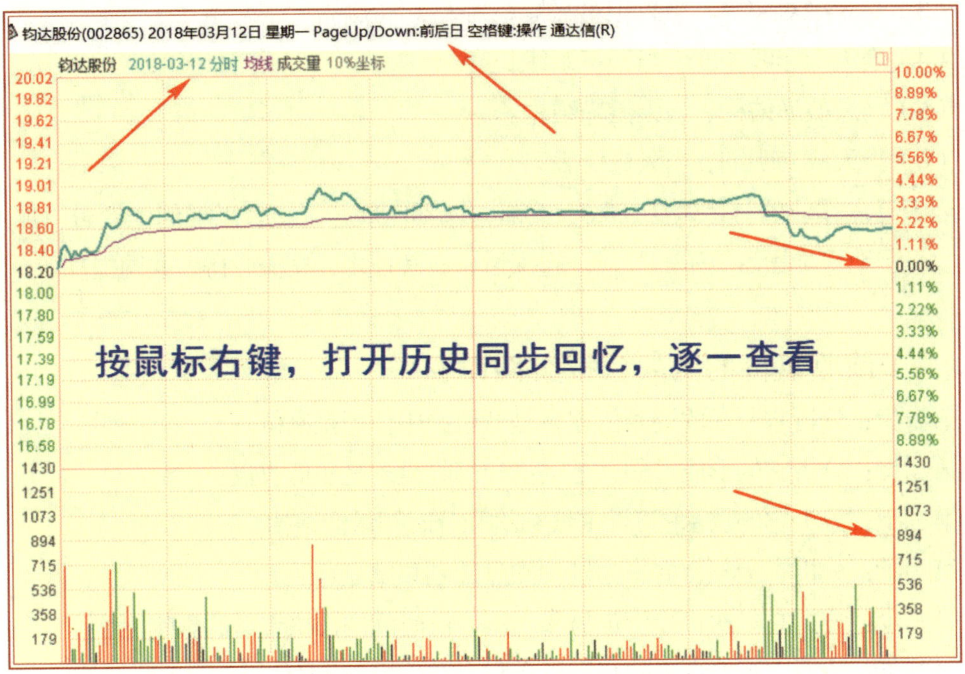

图048 逐日查看股票的历史分时图

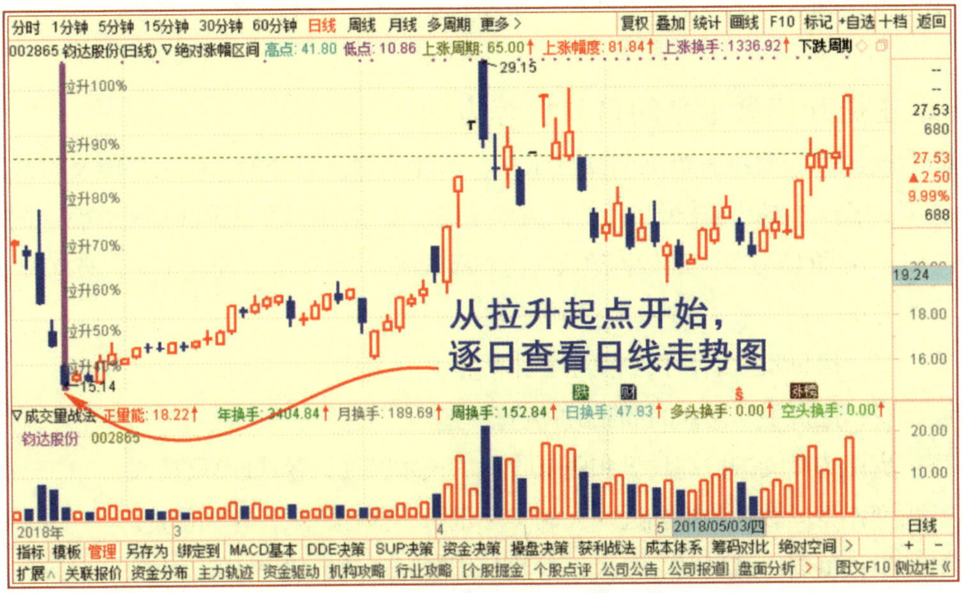

图049 逐日查看股票的日线走势图

第二章

从今开盘价看主力行为

本章学习重点内容

一、深刻理解今开盘价的重要性，领会它作为新的交易起点所蕴含的机理

二、认真领会巨量高开和巨量低开的做盘实质，理解它们背后的真实内涵

三、正确理解巨量高开产生的根本原因，及时评估它对当天和未来走势的影响

四、学会分析巨量低开产生的根本原因，深刻理解它对当天和未来走势的影响

五、掌握各种经典的开盘定式，结合前收盘价的空间位置领会主力的操盘意图

第一节

SECTION 1

今开盘价的意义、分析方法及表现形式

一、今开盘价的重要意义

开盘价对当天甚至次日乃至未来一段时间的股价走势具有前瞻性意义，透过对开盘价格的深层了解，可以洞悉当天主力机构的动向，以确定我们的操盘对策：买、卖、观望。如果当天有重大利多利空消息，那就另当别论，需要根据盘面实际走势做出应对。

二、今开盘价的分析方法

今开盘价的分析方法主要有两种：第一种是分析前收盘价的属性，是突击拉高收盘还是压低收盘。第二种是分析前一根K线的空间位置，是低位、中位还是高位。把这两种分析方法结合起来，综合运用，就构成了今开盘价的主要分析方法。

三、今开盘价的表现形式

今开盘价的表现形式，主要有以下三种。

（1）高开：以高于昨日收盘价的价格开盘。

（2）低开：以低于昨日收盘价的价格开盘。

（3）平开：以等于昨日收盘价的价格开盘。

四、本节知识要点与思考练习题图解

【思考练习题】

（1）怎样确定今开盘价的空间位置？答案参见图050。

（2）巨量高开的盘面具有什么特点？答案参见图051。

（3）巨量低开的盘面具有什么特点？答案参见图052。

（4）新版通达信软件如何观察开盘量？答案参见图053。

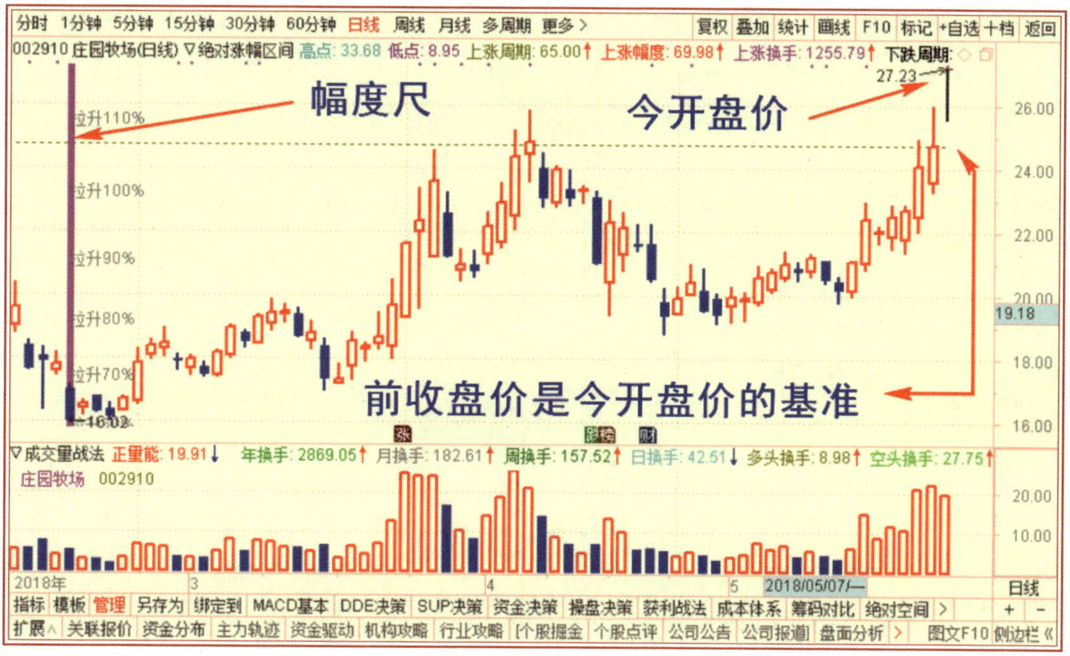

图050　今开盘价空间位置的确定方法

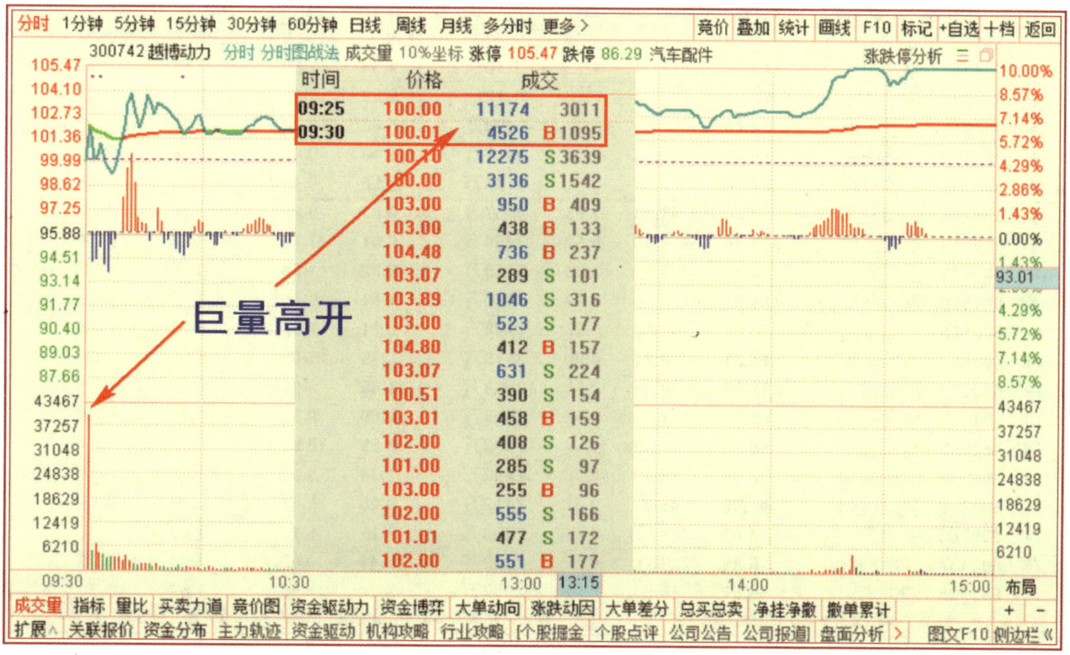

图051　巨量高开

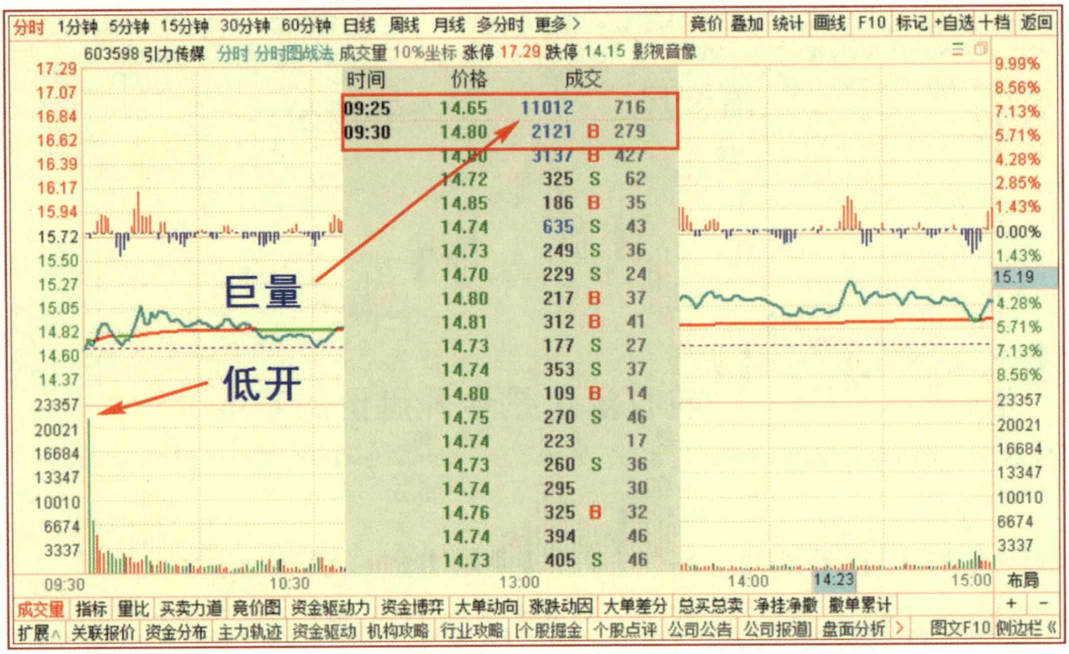

图052　巨量低开

	代码	名称		昨收	今开	开盘%	开盘金额	开盘换手	涨幅%	实体涨幅%	均涨幅%
1	603013	亚普股份	N	43.59	45.39	4.13	1.18亿	4.34	1.95	-2.09	2.03
2	300742	越博动力	N	95.88	100.00	4.30	1.12亿	5.69	10.00	5.47	6.30
3	002910	庄园牧场	N	24.75	27.23	10.02	6404万	5.02	10.02	0.00	8.88
4	300504	天邑股份	N	54.48	52.66	-3.34	4926万	1.40	0.42	3.89	-0.81
5	300743	天地数码	N	97.30	97.00	-0.31	4136万	2.58	5.43	5.75	1.98
6	600276	恒瑞医药	R	94.66	93.00	-1.75	4037万	0.03	-0.60	1.17	-0.78
7	600519	贵州茅台	R	723.78	720.00	-0.52	3458万	0.01	-1.16	-0.64	-0.44
8	603676	卫信康	N	23.42	23.97	2.35	3353万	2.22	-1.24	-3.50	0.59
9	601619	嘉泽新能	N	10.67	10.68	0.09	3322万	1.61	1.78	1.69	0.22
10	600516	方大炭素	R	30.00	30.11	0.37	3180万	0.11	1.37	1.00	1.28
11	002023	海特高新	R	14.21	14.21	0.00	3015万	0.35	6.69	6.69	3.65
12	603214	爱婴室	N	72.06	70.15	-2.65	2969万	1.69	6.00	8.88	1.67
13	601318	中国平安	R	61.76	61.96	0.32	2667万	0.00	-0.87	-1.19	-0.04
14	002930	宏川智慧	N	60.99	61.99	1.64	2602万	0.69	10.00	8.23	3.81
15	300540	深冷股份		32.88	33.00	0.36	2490万	2.34	10.01	9.61	2.94
16	603348	文灿股份	N	47.32	46.36	-2.03	2413万	0.95	-5.01	-3.04	-4.66
17	000760	斯太尔		4.83	5.00	3.52	2336万	1.11	5.18	1.60	4.46
18	002437	誉衡药业	R	6.89	7.18	4.21	2332万	0.41	0.00	-4.04	-0.40
19	603335	迪生力	N	13.61	14.00	2.87	2057万	2.32	4.56	1.64	5.79

图053　新版通达信软件观察开盘量的界面

第二节
SECTION 2
跳空高开与巨量高开的核心内涵

一、跳空和跳空高开

（1）什么是跳空？所谓跳空，是指当下时间周期的价格与前边同一时间周期的价格存在着不连续的跳跃性间隔，即存在缺口，通常叫作跳空缺口，简称跳空。跳空分为向上跳空和向下跳空两种类型。

（2）什么是跳空高开？所谓跳空高开，是指当天股价在早盘9：15—9：25集合竞价时间段，出现以高于昨日最高价竞价开盘的成交价，即今开盘价与昨日最高价之间存在着跳空缺口。我们把这样的开盘方式叫作跳空高开。

二、巨量和巨量高开

（1）巨量的基本含义。这里的巨量是指开盘量。开盘巨量的标准是当天的开盘量大于或者等于前一个交易日总成交量的十分之一，也可以用成交金额来计算。

例如，前一个交易日的总金额是1.12亿元，今天的开盘金额（指开盘成交金额，下同）是1806万元，超过了十分之一，因此称为巨量开盘。

（2）巨量高开的基本含义。在跳空高开之时，如果产生的第一笔交易是以巨量大单成交的话，那么这种以巨量大单竞价高于昨日收盘价开盘成交的现象称为“巨量高开”。

需要特别说明的是，在行情软件里，开盘量是以金额来计算的。关于开盘金额的技术意义和市场意义，在接下来的章节我们将详细讲解。

三、本节知识要点与思考练习题图解

【思考练习题】

（1）跳空高开的盘面具有什么特点？答案参见图054。

（2）跳空低开的盘面具有什么特点？答案参见图055。

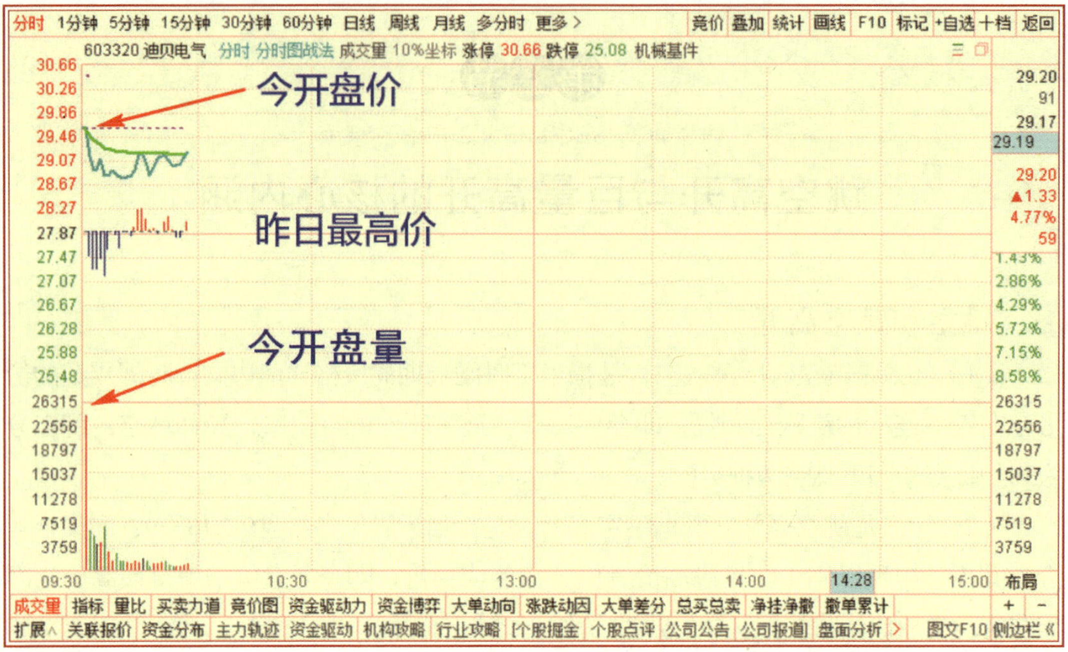

图054　跳空高开的盘面特点

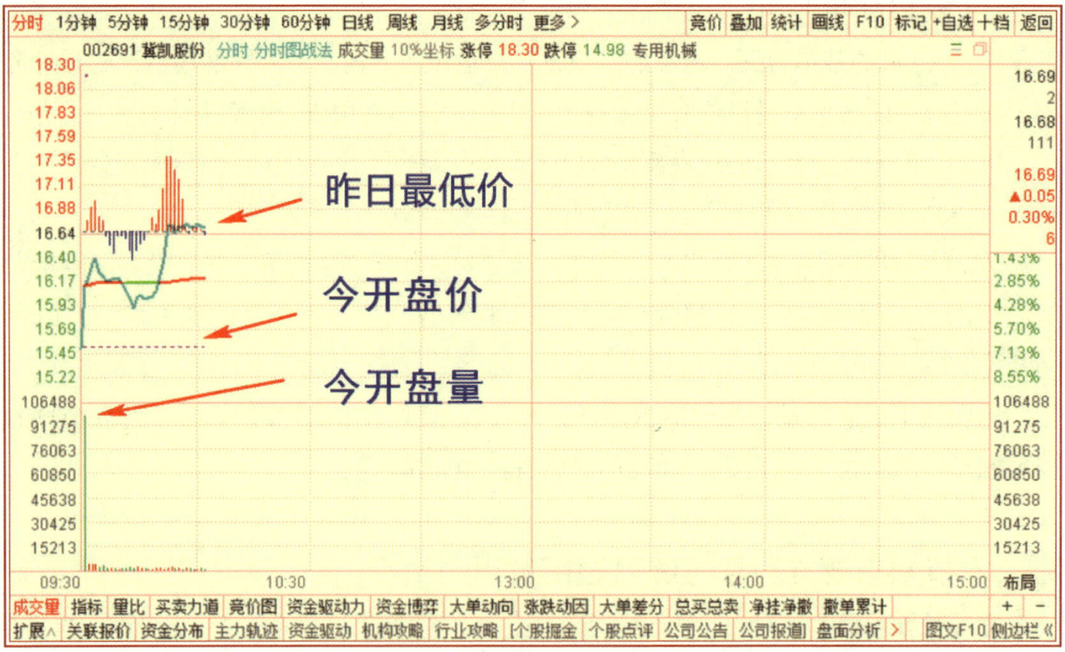

图055　跳空低开的盘面特点

第三节
SECTION 3

跳空高开的三档标准

一、第一档标准：普通高开行情

（1）高开幅度在1%~2%之间。

（2）高开回调不破昨天收盘价，或者轻微击穿昨天收盘价。

二、第二档标准：强势高开行情

（1）高开幅度在3%~7%之间。

（2）高开回调不破昨天收盘价，不破均价线，甚至不破当天开盘价。

三、第三档标准：极限高开行情

（1）高开幅度在8%以上。

（2）高开回调不破均价线，或者不破当天开盘价，盘中直接涨停。

四、本节知识要点与思考练习题图解

【思考练习题】

（1）普通高开行情的盘面走势有什么特点？答案参见图056。

（2）强势高开行情的盘面走势有什么特点？答案参见图057。

（3）极限高开行情的盘面走势有什么特点？答案参见图058。

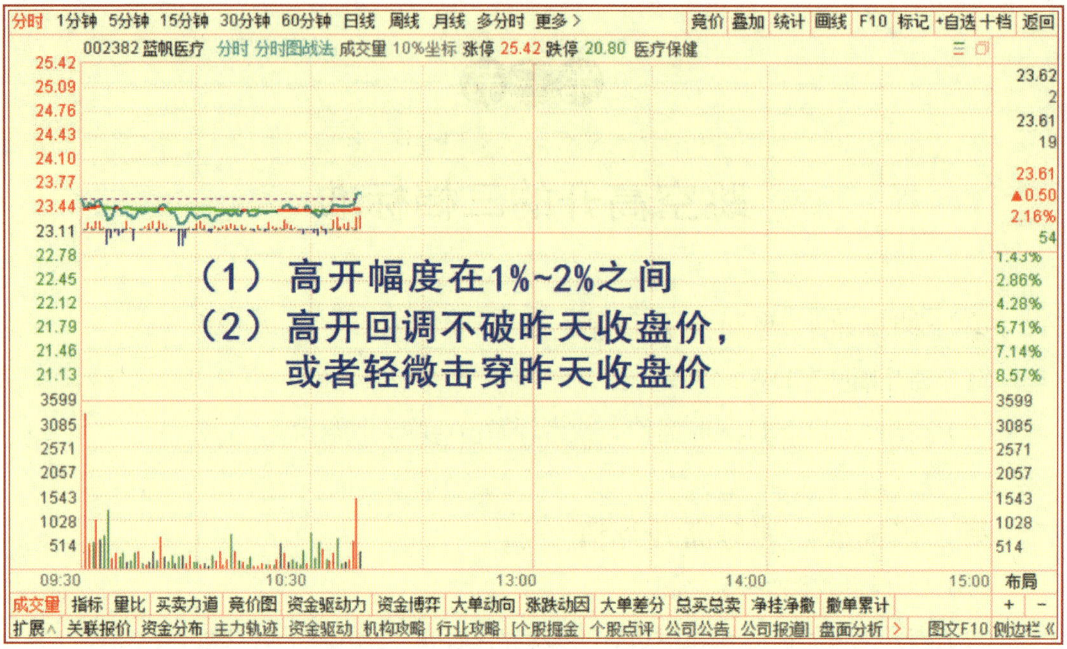

图056 普通高开行情的盘面走势特点

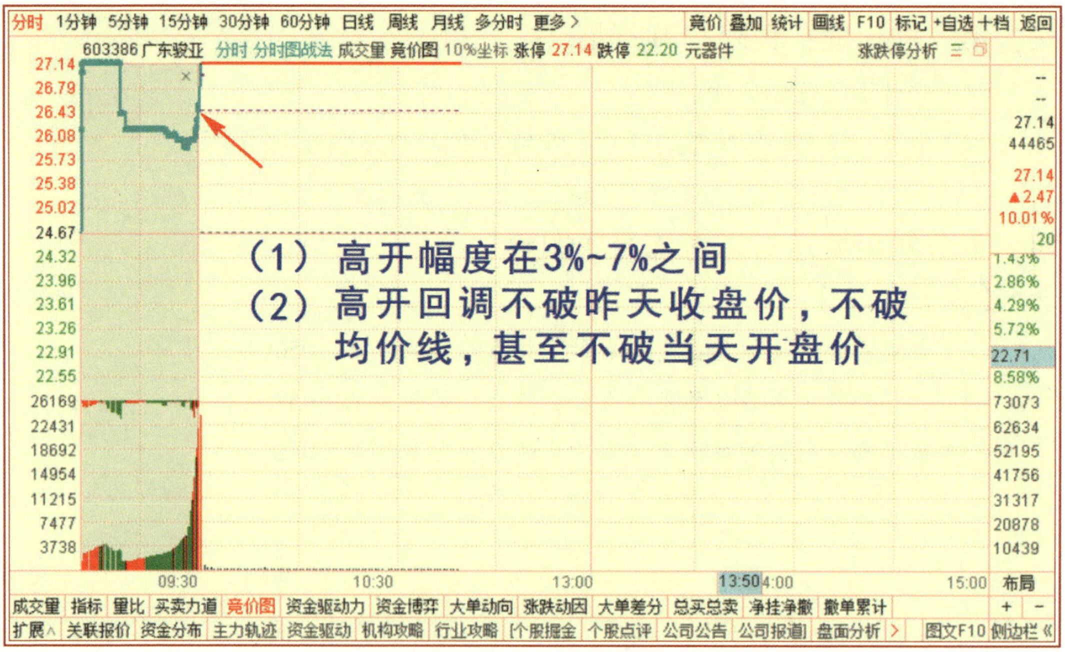

图057 强势高开行情的盘面走势特点

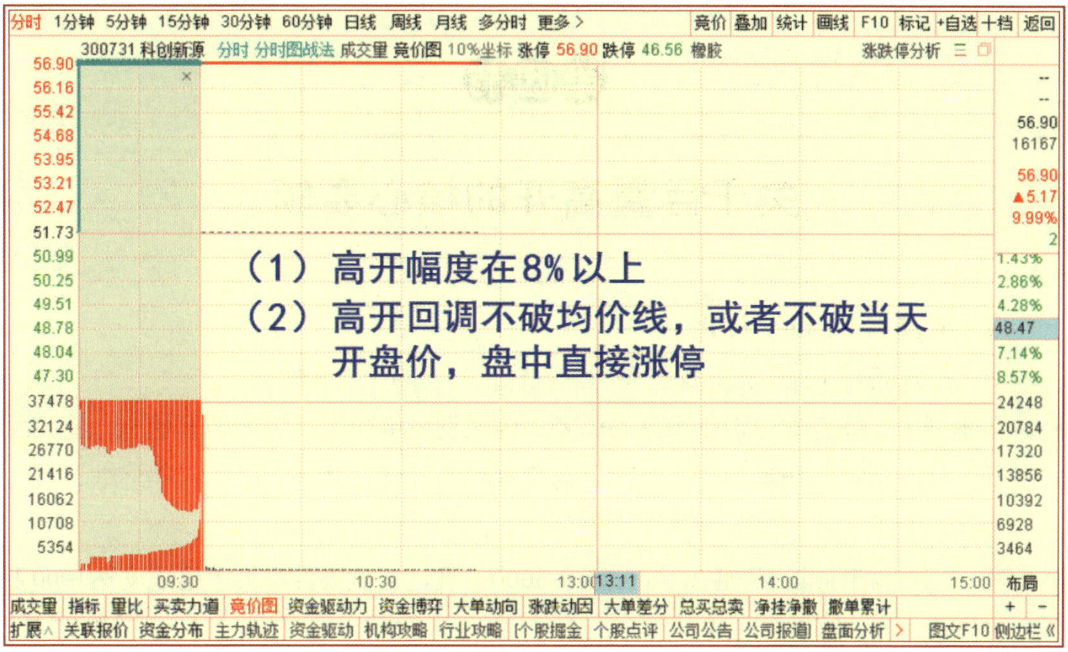

图058　极限高开行情的盘面走势特点

第四节

SECTION 4

关于巨量高开的核心要领

一、巨量高开的划分标准

对于巨量高开，证券职业操盘界历来就缺乏统一的说法和标准。

在本书中，笔者本着职业操盘的需要，为区别股价当天趋势的强弱状态，将“巨量高开”这一特定的技术特征按个股流通盘规模的不同，共分为以下六档标准，具体划分如下。

（1）第一档标准：流通盘1000万股~5000万股，早盘集合竞价单笔成交达1000手以上，可称之为“巨量”。

（2）第二档标准：流通盘5000万股~1亿股，早盘集合竞价单笔成交达1500手以上，可称之为“巨量”。

（3）第三档标准：流通盘1亿股~2亿股，早盘集合竞价单笔成交达2000手以上，可称之为“巨量”。

（4）第四档标准：流通盘2亿股~5亿股，早盘集合竞价单笔成交达2500手以上，可称之为“巨量”。

（5）第五档标准：流通盘5亿股~10亿股，早盘集合竞价单笔成交达3000手以上，可称之为“巨量”。

（6）第六档标准：流通盘10亿股以上，早盘集合竞价单笔成交达5000手以上，可称之为“巨量”。

二、某额高开的划分标准

在临盘实战过程中，对不同规模流通盘的目标品种按巨量的标准档次进行划分，有利于通过这种巨量大单成交的情况进一步分析股价上涨的内在动力，从而判断股价趋势的强弱，做出正确的操盘决策。

在新版的行情软件里，增加了开盘金额的表头菜单，因此，我们也可以根据开盘金额的占比来判断开盘力度的强弱，计算公式是以当天的开盘金额除以前成交总金额，得出一个百分比，用来划分当天开盘的力度强弱档次。我们称之为某额高开。

具体的划分标准如下：

（1）常额高开：百分比在10%以下（包括10%）。

（2）巨额高开：百分比在10%以上，20%以下（包括20%）。

（3）暴额高开：百分比在20%以上，30%以下（包括30%）。

（4）天额高开：百分比在30%以上。

为了方便查看，可以设计一个公式进行排序。

前收金额:REF(AMO,1),NODRAW;

开盘金额:DYNAINFO(15),NODRAW;

金额比率:100*开盘金额/前收金额,NODRAW;

开盘幅度:(100*DYNAINFO(4)/DYNAINFO(3))−100,NODRAW。

对开盘金额比率进行排序，即可找出当天巨额高开的品种。

为了更加有效地观察、分析开盘的情况，我们进一步完善上面的公式，加上前收盘价和今开盘价的即时函数，编成主图指标。这样一来，即可随时观察开盘的情形。

完整的公式如下：

前收盘价:DYNAINFO(3),DOTLINE;

今开盘价:DYNAINFO(4),DOTLINE;

前收金额:REF(AMO,1),NODRAW;

开盘金额:DYNAINFO(15),NODRAW;

金额比率:100*开盘金额/前收金额,NODRAW;

开盘幅度:(100*DYNAINFO(4)/DYNAINFO(3))−100,NODRAW。

三、巨量高开的形成机理

巨量高开由以下几大因素组成：

（1）受重大利好消息刺激。

（2）由上市公司内部业绩和经营环境改善导致。

（3）由市场投资者积极追捧导致。

（4）由控盘主力机构刻意所为导致。

我们可以总结归纳为一条：所有的巨量高开现象均是由以大资金为主体的控盘主力机构刻意所为而导致！这一结论从国内外的证券市场诞生之日起就已经成立。

四、巨量高开背后的市场内涵

巨量高开作为一个特殊的盘面现象而存在，其所表现的量与价在短时间内发生剧烈波动，就像在平静的湖面投下了一块巨石，产生了激烈的浪花冲溅，导致波涛汹涌。因此，巨量高开从来就不是一个孤立的量价异动事件。

我们可以通过“巨量高开的形成机理”来解读其背后的市场内涵。

首先，受宏观重大利好消息的刺激，市场投资者积极追捧，因而导致需求上升，更多投资者愿意以高价买进，致使股价形成“巨量高开”的盘面现象。但是，在大多数情况下，市场投资者处于分散状态，获取信息的途径相对狭窄，因此，对买进目标品种缺乏统一的整体协调性。当目标品种发生重大利好消息时，投资者只能是在滞后时间获得可靠消息而产生买进行为。可以这样说，当目标品种发生重大利好事件时，投资者会产生高价购买行为，但由于缺乏整体统一的协调性，以及受自身资金规模的限制，故反映在盘面中不会出现“巨量”买进行为！而能够提前获得利好，或者提前获得公司经营业绩及经营环境发生重大改善的利好的人，则只有上市公司内部人士及拥有较大规模资金的专业人士。

因此，通过上述分析，我们可以发现：巨量高开的实质是主力机构操纵股价的结果！而主力机构操纵股价的基础条件乃是已经提前获得了上市公司的某些利好性的内部信息，从而在集合竞价以巨量大单高价买进，促使股价在当天的价格趋势发生逆转。

五、本节知识要点与思考练习题图解

【思考练习题】

（1）如何从日线走势图上识别巨额高开？答案参见图059。

（2）如何从日线走势图上识别巨额低开？答案参见图060。

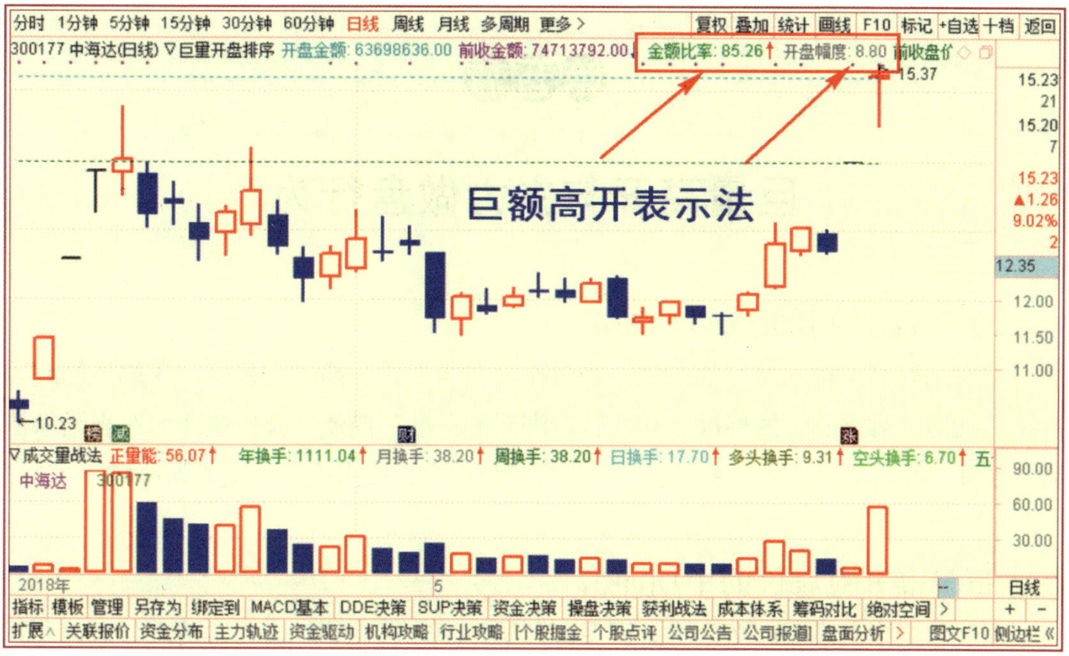

图059　从日线走势图上识别巨额高开

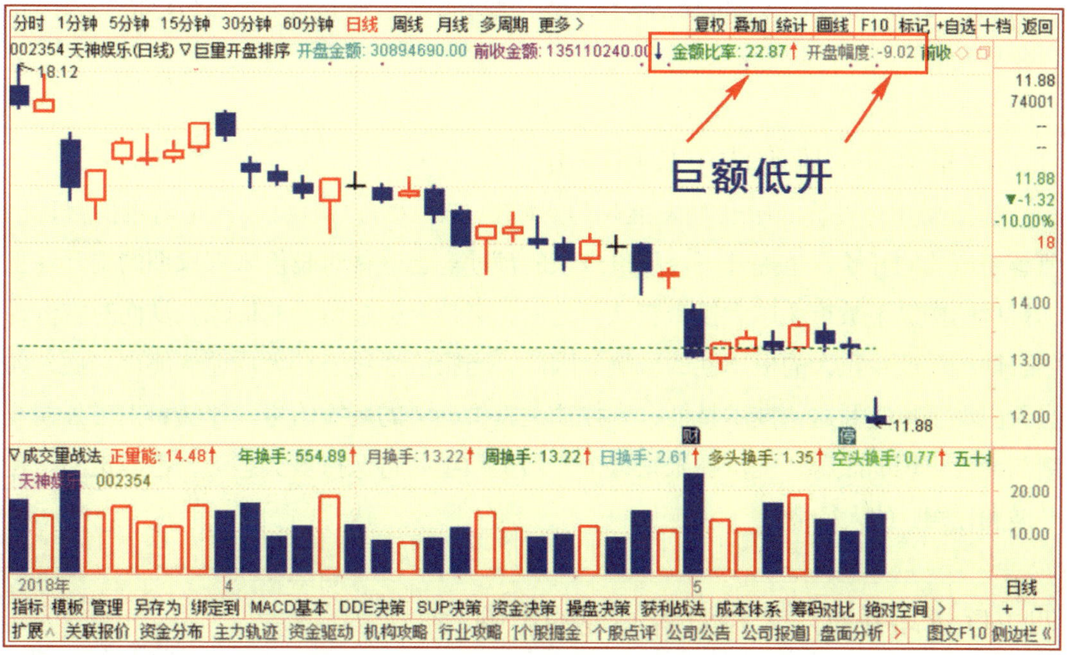

图060　从日线走势图上识别巨额低开

第五节

SECTION 5

巨量高开与主力做盘行为

一、巨量高开对股价的短期冲击

巨量高开这一技术特征的产生，会对股价在当天的交易时间段内产生剧烈的波动冲击。按照“跳空高开的标准”和“巨量高开的标准”描述，股价基本会在当天保持强势特征。而在未来数个交易日之内，股价趋势亦会表现出优于大盘的强势特征。

二、巨量高开对股价的中期冲击

对股价的中期发展趋势而言，巨量高开所带来的影响和冲击力也将十分大，尤其是当股价处在底部横盘阶段，巨量高开这一技术特征出现之后，将会引领股价在未来一至数个月的时间之内持续震荡盘升态势，直至走出一轮中期多头趋势行情。当然，也会有失败的例子。

三、巨量高开对股价的中长期冲击

巨量高开对股价的中长期发展趋势影响也是巨大的。巨量高开是对股价合理估值重新评估的开始，也提升了对股价未来的预期。当这种对股价未来预期的提升在主力机构的操纵下被市场广大投资者认可之后，必然会引起市场的追捧，从而对股价的中长期趋势产生重大的根本性的影响。因此，当股价经过一轮大周期的熊市之后，如当天出现巨量高开这一技术特征，则往往是股价趋势的转折信号。伴随着上市公司业绩与经营环境的改善，股价在未来数个月乃至数年内将保持多头态势，甚至走出一轮“波澜壮阔”的大行情。

四、巨量高开对广大投资者心理的影响

巨量高开这一技术特征在实战盘面中有两种经典的表现形式：

（1）受利好刺激而产生巨量高开。主力机构在早盘集合竞价借机拉高股价，以提高广大投资者的买进成本。对广大投资者而言，由于利好的公布，他们对目标品种产

生信心，产生了进一步的高价购买行为。

（2）无任何利好而突然巨量高开。主力机构在早盘集合竞价突然拉高股价，通常有突然袭击的技术意图。对广大投资者而言，股价突然大幅上涨会使他们产生较强的心理触动，从而促使部分投资者会依据技术条件而产生高价跟风性买进行为。

五、巨量高开的操盘机会与投资陷阱

巨量高开作为一个重大的技术特征出现，对广大投资者和职业操盘手而言，既是机会，也是陷阱。在临盘实战操盘过程中，必须对巨量高开的目标品种有清醒的认识。巨量高开作为重要的操盘机会而存在，在临盘操作中，必须有几个条件来对这一技术特征进行优化，以符合操盘时的买进技术特点：

（1）股价必须处于空间位置的低位，并形成明显空转多趋势。

（2）当天巨量高开必须符合本章提到的相关档次标准。

（3）大盘环境必须处于平衡市或牛市环境中。

目标股票通过条件优化后，实战操盘的成功率大为提高。

通常情况下，凡是不符合上面三个条件的巨量高开，基本上是陷阱。因此，在实战操盘过程中，面对这一特定技术现象时，必须从容冷静，切忌盲目冲动，从而做出正确的操盘决策。关于上述三个优化条件的买进技术分析，将会在本书后面加以详细阐述。

六、巨量高开出现之后职业操盘手的应对策略

由于巨量高开作为一个重大的技术特征，对股价的短期、中期甚至中长期趋势均将会产生重大的积极的影响，因此，职业操盘手在操盘过程中应及时积极制订相应的操作方案。具体而言，可以从以下几个方面来考量：

（1）跳空高开是否符合三档标准？如是，则考虑买进。

（2）巨量高开是否符合六档标准？如是，则考虑买进。

（3）巨量高开是否发生在上升趋势中？如是，则考虑买进。

（4）巨量高开当天大盘是否处于上涨或平衡态势？如是，则考虑买进。

在实战过程中，巨量高开的当天出现下列情况之一，应当保持观望：

（1）跳空高开之后，直接下跌击穿昨收盘价，跌至2%以下。

（2）巨量高开时，股价已经有了40%以上的波段升幅。

（3）巨量高开时，股价处在大级别的趋势下跌通道之中。

（4）巨量高开时，大盘处在恐慌性下跌或者跳水式熊市环境之中。

七、本节知识要点与思考练习题图解

【思考练习题】

（1）巨量高开对股价未来走势有何影响？答案参见图061。

（2）如何识别巨量高开蕴含的投资机会？答案参见图062。

（3）如何识别巨量高开潜在的投资风险？答案参见图063。

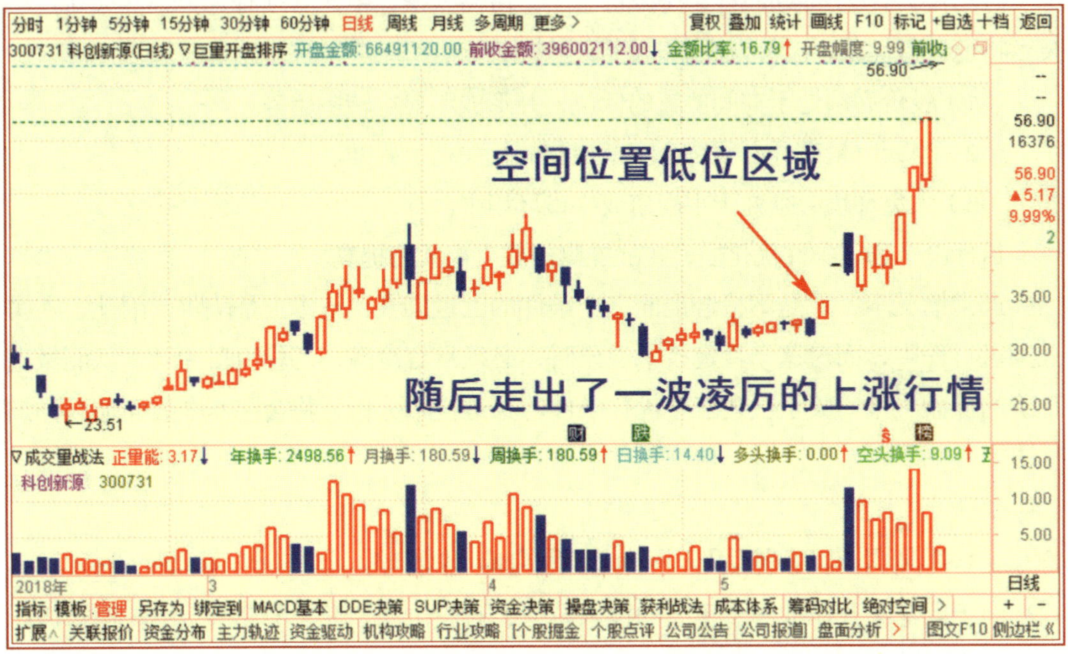

图061 巨量高开对股价未来走势的影响

图062 巨量高开蕴含的投资机会

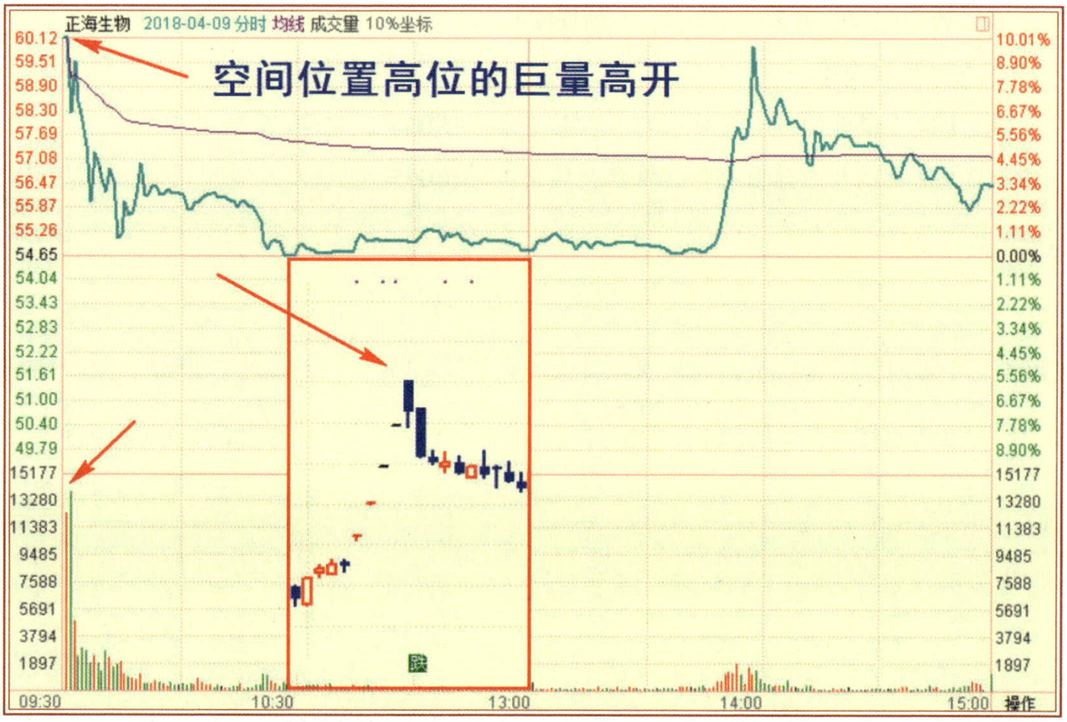

图063 巨量高开潜在的投资风险

第六节
SECTION 6

跳空低开与巨量低开的核心内涵

一、跳空低开

什么是跳空低开？跳空低开是指当天股价在早盘9：15—9：25集合竞价时间段，以低于昨日最低价格竞价开盘。

二、巨量低开

什么是巨量低开？在跳空低开之时，所产生的第一笔交易是以巨量大单成交，这种以巨量大单竞价低于昨日最低价开盘成交的现象称为“巨量低开”。

同样道理，我们也可以采用开盘金额的说法来判断跳空低开的情形。

三、本节知识要点与思考练习题图解

【思考练习题】

（1）跳空低开的盘面有什么特点？答案参见图064。

（2）巨量低开的盘面有什么特点？答案参见图065。

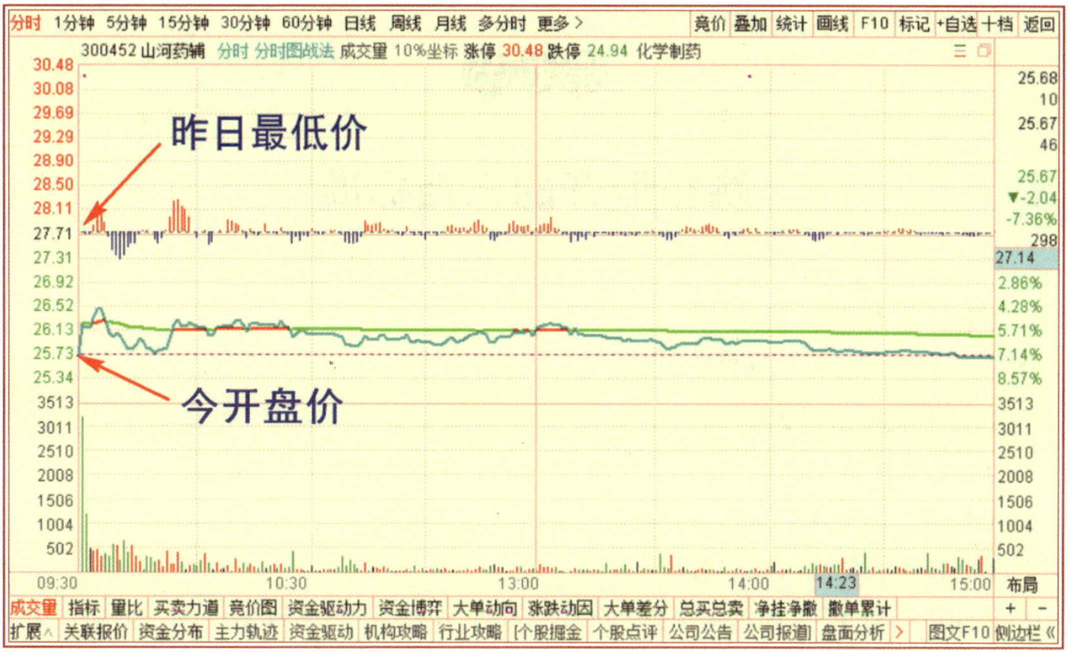

图064 跳空低开的盘面特点

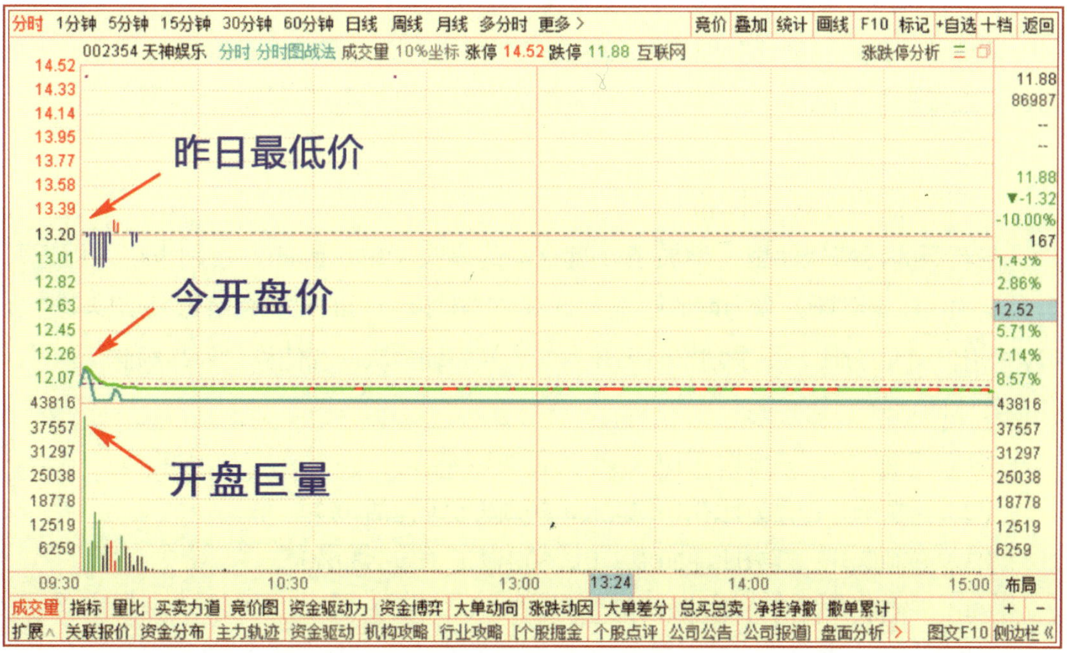

图065 巨量低开的盘面特点

第七节

SECTION 7

跳空低开的三档标准

一、跳空低开的三档标准

（1）第一档标准：强势低开行情。

①低开幅度在1%~2%之间。

②低开反弹突破昨天收盘价，反弹后回调时不破均价线和当天开盘价。

（2）第二档标准：弱势低开行情

①低开幅度在3%~7%之间。

②低开反弹时，未能突破昨天收盘价，回调后再次击穿均价线或当天开盘价。

（3）第三档标准：极弱势低开行情

①低开幅度在8%以上。

②低开反弹时，未能突破昨天收盘价，回调后再次击穿均价线或当天开盘价，有时盘中直接跌停，甚至一直牢牢封死跌停板，直至收盘也不打开。

二、某额低开的划分标准

在新版的行情软件里，增加了开盘金额的表头菜单，因此，我们也可以根据开盘金额的占比来判断开盘力度的强弱，计算公式是以当天的开盘金额除以前成交总金额，得出一个百分比，用来划分当天开盘的力度强弱档次。我们称之为某额低开。

具体的划分标准如下：

（1）常额低开：百分比在10%以下（包括10%）。

（2）巨额低开：百分比在10%以上，20%以下（包括20%）。

（3）暴额低开：百分比在20%以上，30%以下（包括30%）。

（4）天额低开：百分比在30%以上。

三、巨量低开的形成机理

巨量低开由以下几大因素组成：

（1）受重大利空消息刺激。

（2）由上市公司内部业绩和经营环境发生恶化而导致。

（3）由市场投资者疯狂抛弃而导致。

（4）由控盘主力机构刻意所为而导致。

我们可以总结归纳为一条：所有的巨量低开现象，均是由以大资金为主体的控盘主力机构刻意所为而导致！这一结论从国内外的证券市场诞生之日起就已经成立。

四、巨量低开背后的市场内涵

和“巨量高开”一样，巨量低开也已经作为一个特殊的盘面现象而存在。其所表现的量与价在短时间内发生剧烈波动，打破了平静的股价氛围。因此，巨量低开从来就不是一个孤立的量价异动事件。它所产生的市场震撼力甚至比“巨量高开”来得更猛烈！

我们可以通过“巨量低开的形成机理”来解读其背后的市场内涵。

首先，受宏观重大利空的刺激，市场投资者会产生恐惧情绪，从而演变成股票像可怕的瘟疫一样受到疯狂抛弃。因而导致需求锐减，更多投资者愿意以低价“割肉”卖出，致使股价形成“巨量低开”的盘面现象。但是，在大多数情况下，市场广大投资者处于分散状态，获取信息的途径相对狭窄，因此，对买进目标品种缺乏统一的整体协调性。当目标品种发生重大利空时，广大投资者只能是在滞后时间获得确切消息而产生卖出行为。可以这样说，当目标品种发生重大利空时，广大投资者会产生不惜一切代价的疯狂卖出行为，但由于缺乏整体统一的协调性，以及受自身资金规模的限制，因此反映在盘面中不会出现“巨量”卖出行为！而提前获知利空，或者提前获知公司经营业绩及经营环境发生重大及持续恶化的利空的人，只有上市公司内部人士及拥有较大规模资金的专业人士。

因此，通过上述分析，我们可以发现：巨量低开的实质是主力机构操纵股价的结果！而主力机构操纵股价的基础条件乃是已经提前获得了上市公司的某些利空性的内部信息，从而在集合竞价以巨量大单低价卖出，促使股价在当天的价格趋势发生逆转。

五、本节知识要点与思考练习题图解

【思考练习题】

（1）强势低开行情与前收盘价、均价线的关系如何？答案参见图066。

（2）弱势低开行情与前收盘价、均价线的关系如何？答案参见图067。

（3）极弱势低开行情与前收盘价、均价线的关系如何？答案参见图068。

图066　强势低开行情与前收盘价、均价线的关系

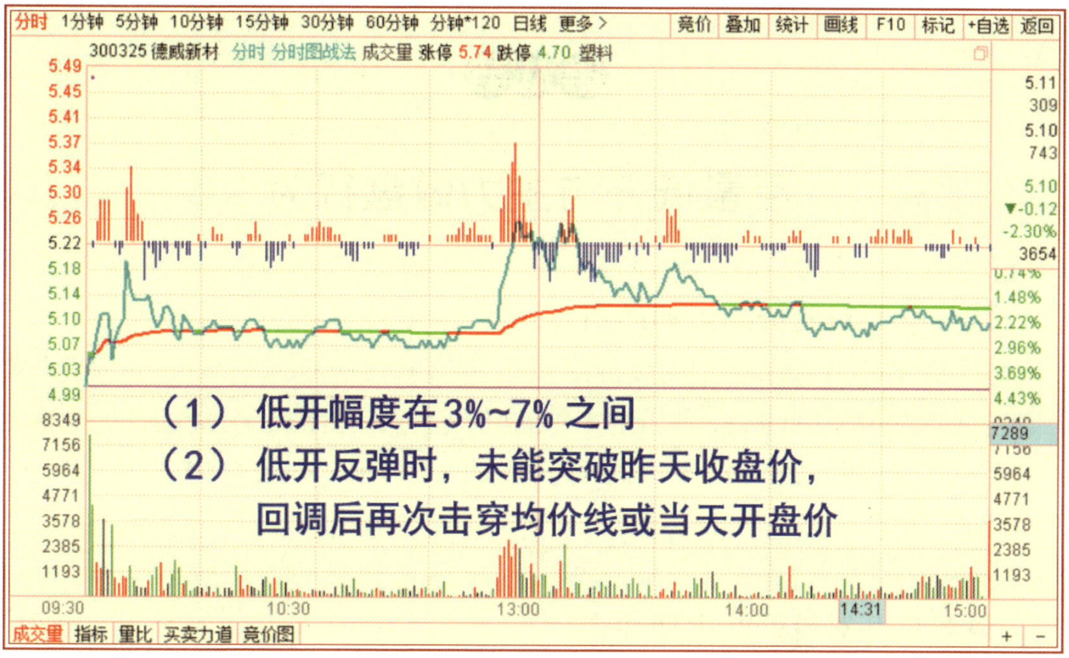

图067　弱势低开行情与前收盘价、均价线的关系

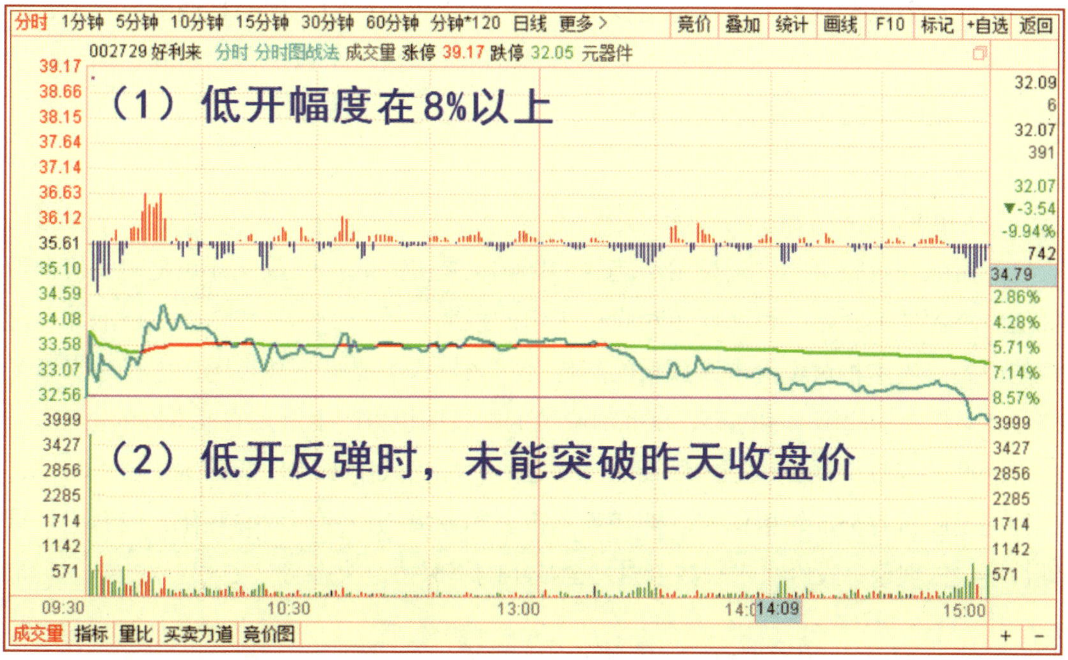

图068　极弱势低开行情与前收盘价、均价线的关系

第八节
SECTION 8
巨量低开与主力做盘行为

一、巨量低开对股价的短期冲击

通常情况下，巨量低开会对股价在当天的交易产生剧烈的波动冲击。按照本章“跳空低开的标准”的描述，股价基本会在当天保持震荡盘跌的弱势特征。在未来数个交易日之内，股价趋势由于受大幅低开下跌的惯性作用，亦会表现出弱于大盘的极弱势特征。

二、巨量低开对股价的中期冲击

和巨量高开所造成的结果一样，对股价的中期发展趋势而言，巨量低开所带来的影响和冲击力也十分大。尤其是当股价处在一轮大波段行情之后的高位横盘阶段，当巨量低开这一技术特征出现之后，它将引领股价在未来一至数个月的时间之内持续破位盘跌，走出一轮中期空头趋势行情。

三、巨量低开对股价的中长期冲击

巨量低开对股价的中长期发展趋势的影响也是巨大的。巨量低开也是对股价合理估值重新评估的开始，也降低了对股价未来的预期，是一个非常残酷的“挤泡沫”过程的开始。当这种对股价未来预期的降低在主力机构的操纵下被市场广大投资者认可之后，必然会引起市场的抛弃，从而对股价的中长期趋势产生重大的根本性的影响。

因此，当股价经过一轮大周期的牛市之后，如当天出现巨量低开这一技术特征，则往往是股价趋势的转折信号。伴随着上市公司业绩与经营环境的恶化，或者出现周期性不景气现象，股价在未来数个月乃至数年内将保持空头态势。

四、巨量低开对投资者心理的影响

巨量低开这一技术特征在实战盘面中有两种经典的表现形式。

（1）受利空刺激而产生巨量低开。主力机构在早盘集合竞价借机压低股价，以恐吓广大投资者抛出持仓筹码。对投资者而言，由于利空的公布，他们对目标品种失去了信心，并害怕股价进一步下跌，不得不在低位抛出持仓筹码。当股价在阶段性低位时，如果出现这一现象，则极有可能是主力的“诱空”行为。

（2）无任何利空而突然巨量低开。主力机构在早盘集合竞价突然压低股价，通常有先声夺人的技术意图。对广大投资者而言，股价突然大幅下跌会使他们产生强烈的悲观和恐惧情绪，但对未来股价仍抱有幻想，或不想低位“割肉”认赔出局。在无任何利空消息下而出现的巨量大幅低开行为，通常是主力凶狠抛售的结果。当股价经过一轮牛市的波段行情之后，如果出现这一技术现象，则必然是主力盘中出货无疑。

五、巨量低开的操盘机会与投资陷阱

巨量低开对广大投资者和职业操盘手而言，既是机会，也是陷阱。在实战过程中，必须对巨量低开的目标品种有清醒的认识。巨量低开作为重要的操盘机会而存在，在临盘操作中，必须有几个条件来对这一技术特征进行优化，以符合操盘时的买进技术特点：

（1）股价必须处于空间位置低位明显的空转多趋势之中，上升趋势明显。

（2）当天巨量低开必须符合本章提及的档次标准。

（3）大盘环境必须处于平衡市或牛市环境中。

目标股票通过条件优化后，实战的成功率将大大提高。

通常情况下，凡是不符合上面三个条件的巨量低开，基本上是陷阱。因此，在实战过程中，面对这一特定技术现象时，必须从容冷静，从而做出正确的操盘决策。关于上述三个优化条件的买进技术分析，将在后面加以详细阐述。

技术性巨量低开，往往蕴含着套利机会。

六、巨量低开出现时职业操盘手的应对策略

（1）巨量低开是否符合“跳空低开”三档标准中的第一档标准？如是，则考虑买进。

（2）巨量低开是否发生在股价上涨趋势之中？如是，则考虑买进。

（3）巨量低开当天大盘是否处于上涨或者震荡态势？如是，则考虑买进。

在实战过程中，巨量低开的当天出现下列情况之一，应保持观望，切忌盲目冲动：

（1）巨量低开属于“跳空低开”三档标准中的第二档和第三档标准。

（2）巨量低开时，已经完成了一轮较大级别的上涨行情，波段升幅达40%以上。

（3）巨量低开时，股价处在大趋势下跌通道之中，空头处于明显的上风。

（4）巨量低开时，大盘处在恐慌性下跌或者跳水式熊市行情的环境之中。

七、本节知识要点与思考练习题图解

【思考练习题】

（1）如何识别巨量低开蕴含的投资机会？答案参见图069。

（2）如何识别巨量低开潜在的投资风险？答案参见图070。

图069　巨量低开蕴含的投资机会

图070　巨量低开潜在的投资风险

第三章
从波形看主力做盘破绽

本章学习重点内容

一、深刻理解盘口各种波形的重要性，领会各种波形背后主力机构的做盘意图

二、认真领会向上试盘和向下试盘的做盘实质，理解它们背后的真实内涵

三、正确理解冲击波产生的根本原因，及时评估它对当天和未来走势的影响

四、学会分析攻击波产生的根本原因，深刻理解它对当天和未来走势的影响

五、学会分析回头波产生的根本原因，深刻理解它对当天和未来走势的影响

第一节
SECTION 1
试盘波

一、试盘波的核心内涵

（1）试盘波的含义。试盘，顾名思义，是指主力机构测试盘面，属于火力侦察的范畴。一般出现在盘中的10：00—11：00和13：30—14：30，有时候也会出现在其他时间段。当日盘中股价在窄幅整理的平衡状态下突然出现剧烈波动或者瞬间出现剧烈波动，之后迅速恢复平静。这种突发性的、持续时间很短的盘中剧烈波动，通常属于主力机构试盘。因这一波动特征而形成的即时波形就是我们常说的“试盘波”。

（2）试盘波的表现形式。试盘波有两种形式。一种是向上试盘，即试探性向上攻击，测试盘面上方筹码的释放状态。主力机构具体做盘手法是往上试盘，做出放量上攻的架势，让场内资金明显感觉到有主力进场操作，此时，股价快速上升后在重要阻力位遇阻而回落，表现在日K线图中是一根较长上影线的阳（阴）K线。持场内筹码的人见股价反弹失败，不肯放弃股价反弹上涨斩仓的机会，因此，大部分筹码会出现松动。主力机构则照单全收。

另一种是向下试盘，即试探性向下砸盘，测试盘面筹码的稳定性。主力机构具体做盘手法是往下试盘。主力机构故意在K线图上做出横盘的姿态，高低点之间的空间幅度越来越窄，最后，股价于某日突然破位下跌，下跌时量能放大，场中散户以为股价再次大跌，于是纷纷斩仓。主力机构在低位照单全收，并于当天收盘时将股价拉回至开盘价附近，在K线图上留下一根较长下影线的阴（阳）K线。

这两种试盘波均是由主力机构在盘中发动的，目的是准备建仓，或建仓后准备发动拉升行情。为了更加稳妥地做盘、操纵股价的波动趋势，主力机构会事先测试盘面。

二、试盘波的形成机理

试盘波的实质是主力机构在盘中准备建仓时测试盘面而使用的技术手段，或者是建仓完成后准备发动拉升行情前测试盘面的技术手段。测试盘面是为了更好地操纵股价的波动方向，引导或者改变股价运行的方向。其主要目的是测试盘中筹码的稳定度。

当主力资金选择目标股票进驻时，首要的工作就是要测试盘中筹码的稳定度，以计算建仓的时间和建仓所花费的成本。同时，观察盘中有无其他主力机构进驻。如有强势主力机构进驻其中，则要考虑如何与对方达成在建仓中的协调问题，以及后市拉升中的配合问题，搞好协同工作等。若非基金抱团取暖式的持仓结构，大部分主力机构均不希望同一目标股票中有两个以上主力资金存在，否则，相互牵制，万一互不配合，操盘的风险极大。

股价经过放量下跌见底后，逐渐进入缩量整理阶段，盘面气氛死寂，交易清淡。场内中小机构和散户对该股逐渐失去兴趣，整理的时间越长，中小机构和散户们持仓成本就越高，失望情绪也就越大。当成交量萎缩到极致时，股价即将面临异动。在这种情况下，主力盘中悄悄建仓的时间被拉长，虽然成本降低，但继续吸纳更多筹码的可能性也在同时降低，因此，主力决定采用试盘的操盘手法来测试盘中筹码稳定度。

随着全流通改制之后，股票流通量加大，主力建仓的难度在减少，但拉升的难度在增加。针对这一情况，主力必须在建仓期投入大量资金来吸纳廉价筹码，以便在拉升时有足够的腾挪空间。因此，为吸纳更多的低位筹码，主力有时在底部采用涨停板的手法来强行试盘，并在涨停位置不断开板，以吸引筹码松动，趁机收货。

三、试盘波的量价结构与表现形式

向上试盘的量价结构与表现形式有两种：

（1）瞬间拉升型。股价在盘中突然出现瞬间拉升，之后迅速归于平静。在瞬间拉升过程中，成交量迅速放大，并由单笔或数笔大单组成。

（2）震荡拉升型。股价在盘中突然出现震荡拉升态势，在完成一至数个波段的拉升后，股价迅速见顶回落。在震荡拉升过程中，成交量迅速放大，并由持续性密集型多笔大单组成。

向下试盘的量价结构与表现形式也有两种：

（1）瞬间打压型。股价在盘中突然出现瞬间打压，之后迅速归于平静。在瞬间打压过程中，成交量迅速放大，并由单笔或数笔大单组成。

（2）震荡打压型。股价在盘中以迅雷不及掩耳之势出现震荡杀跌态势，在完成一至数个波段的杀跌后，股价迅速见底回升。在震荡杀跌过程中，成交量迅速放大，并由持续性密集型大单或多笔大单组成。

四、试盘波与异常单笔大单成交

试盘波出现时，通常伴随异常单笔大单成交，其成交特点如下：

（1）瞬间拉升型，成交量由一笔或数笔大单或特大单构成。

（2）震荡拉升型，成交量由多笔大单或特大单密集成交构成。

（3）瞬间打压型，成交量由一笔或数笔大单或特大单构成。

（4）震荡打压型，成交量由多笔大单或特大单密集成交构成。

五、试盘波出现时主力的做盘意图

试盘波是主力直接操纵股价波动方向的结果，这样做盘的意图有三个方面：

（1）测试盘中筹码稳定度。这种测试的意图是为主力即将展开的建仓计划做准备。如果盘中筹码稳定度比较好，难以获得比较多的筹码，则主力可能将通过诱多手段制造飙升假象，或者通过诱空性操盘手段制造暴跌假象，改变投资者的心智，迫使他们改变自己的持筹态度从而导致盘中筹码松动，以完成建仓计划。

（2）测试阻力位。这种测试的意图是为主力即将展开的拉升计划做准备。如果在重要价格区间，盘中抛压较大，则说明这一价格区间的阻力较大，主力可能会以诱空性手段来使筹码在更低价格区间松动，以消化上档价格区的抛压阻力。

（3）测试支撑位。这种测试的意图是为主力即将展开的建仓计划做准备。如果盘中支撑力较强，则主力可能将通过进一步诱空性操盘手段击穿支撑位，使原来的持筹者改变计划，以至盘中筹码松动，顺利完成建仓计划。

六、试盘波与价格空间位置的对应关系

通常情况下，试盘波只出现在阶段性底部或经历一轮大熊市之后的历史性底部区域，在拉升阶段初期，也会出现试盘波。也就是说，试盘波只出现在空间位置的低位或者相对低位。除此之外，其他阶段出现的同类股价特征均不是试盘波。

（1）在阶段性底部或历史性底部区域，试盘波的出现是主力直接建仓的结果。

（2）在拉升阶段初期，试盘波的出现是主力测试上档阻力的结果。

七、试盘波对当日股价走势的影响

（1）瞬间拉升型。试盘波当日在盘中以瞬间拉升方式出现后，当日股价以小阳线或者微阳十字星K线报收的概率较大。

（2）震荡拉升型。试盘波当日在盘中以震荡拉升方式出现后，当日股价以带长上影线的小阳线或者微阳十字星K线报收的概率较大。

（3）瞬间打压型。试盘波当日在盘中以瞬间打压方式出现后，当日股价以小阴线或者微阴十字星K线报收的概率较大。

（4）震荡打压型。试盘波当日在盘中以震荡杀跌方式出现后，当日股价以带长下影线的小阴线或微阴十字星K线报收的概率较大。

八、试盘波出现时的套利机会与投资风险

（1）套利机会。在阶段性底部或历史性底部区域，出现试盘波后是中线或中长线建仓的机会。在拉升阶段初期，试盘波出现后是短线或中线波段建仓机会。

（2）投资风险。在经过一轮大波段拉升之后，熊市涨幅在30%以上，牛市涨幅在60%以上，出现类似试盘波特征，是股价见顶现象，应当规避风险，切勿介入。在大波段之后的阶段性头部或历史价格高位，出现类似试盘波特征，是主力出货现象，应当坚决回避。

九、试盘波读盘关键点提示

（1）当日盘中出现瞬间拉升型的试盘波时，量能结构是由多少笔大单组成？

（2）当日盘中出现震荡拉升型的试盘波时，量能结构是由多少笔特大单组成？

（3）当日盘中出现瞬间打压型的试盘波时，量能结构是由多少笔大单组成？

（4）当日盘中出现震荡打压型的试盘波时，量能结构是由多少笔特大单组成？

（5）当日盘中出现试盘波时，股价所处的空间位置属于哪个阶段？

十、试盘波识别实战训练精讲

第一步：首先看价格所在的空间位置。记住，试盘波只出现在空间位置的低位区域，一般行情背景下股价拉升的幅度不超过30%，超级牛市背景下也不超过60%，在空间位置的高位不会出现试盘波，即使图形相同或者相似，也不是试盘波。这是最核心

的要领，务必正确理解，反复领会，千万不可理解错了，否则在实战中容易吃亏。

第二步：查看即时图的内部量能结构，记住，试盘波通常是瞬间快速出击，刺探性拉升或者打压，测试盘面。它的核心宗旨是测试，而不是真正的拉升。因此，不管是哪一种类型的试盘，从量能结构来看，放量的时间都不会持续很长时间，很快就会恢复到原来的位置上，回归平静，这是最核心的读盘要领。

第三步：利用成交明细的回放，确认试盘波。可以通过实时回放成交明细，查看放量的时候成交的金额，了解主力机构的做盘情形。盘中出现明显的100万元以上的大单成交，但是很快又恢复到小单水平，成交大单缺乏持续性。很显然，这是主力机构在盘中实施实盘试盘动作，测试盘中筹码的稳定度，为后续的做盘打下基础。

十一、本节知识要点与思考练习题图解

【思考练习题】

（1）什么是向上试盘？答案参见图071。

（2）什么是向下试盘？答案参见图072。

（3）如何识别试盘波投资陷阱？答案参见图073。

图071　向上试盘（瞬间拉升型）

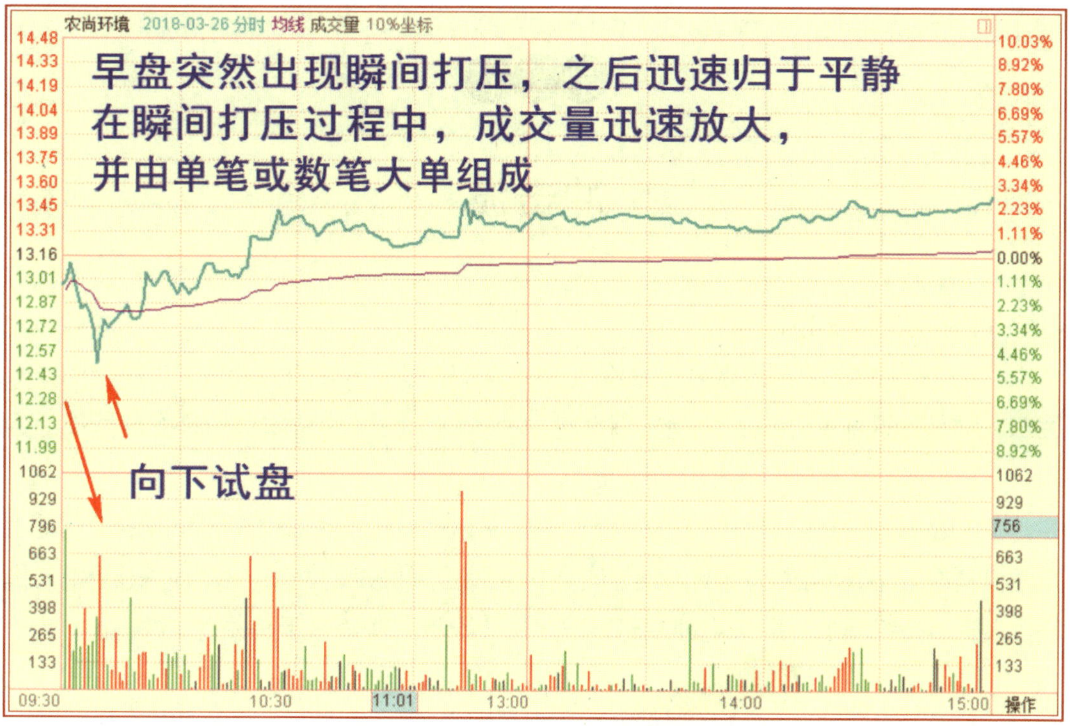

图072 向下试盘（瞬间打压型）

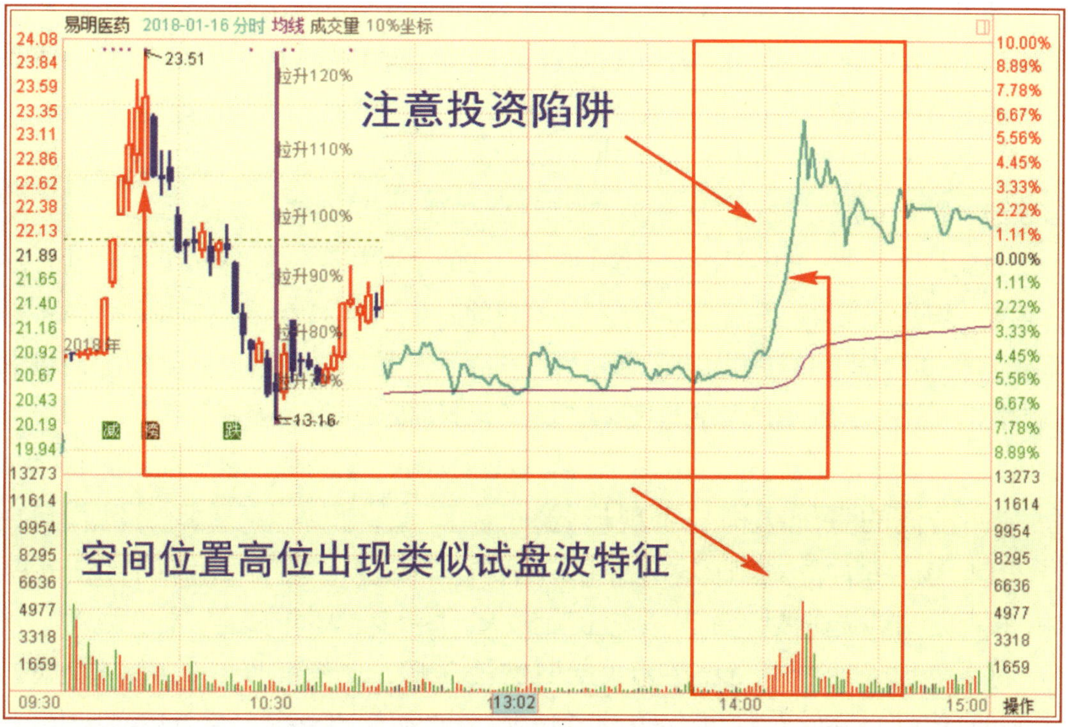

图073 试盘波投资陷阱识别

第二节
SECTION 2
冲击波

一、冲击波的核心内涵

（1）所谓冲击波，是指当日股价在盘中拉升过程中出现的密集型、尖角状的技术图形。它具有这样的特点：一是出现在盘中股价向上拉升的时候。二是图形呈现为尖角状。三是成交密度大，频率快而长度短。

（2）冲击波有两种形式，一种是脉冲型冲击波，另一种是攻击型冲击波，均是由主力机构在盘中建仓过程中投入大笔资金买入股价所引发的冲击性结果。由于主力机构投入资金持续向上分批次吃进筹码，留下了“吃货”轨迹，于是便有了冲击波。

二、冲击波的形成机理

冲击波是由主力吸筹行为引起的量价异动波形，通常反映在即时图中。在技术图形上，由于大资金直接向上频繁地冲击股价，留下了许多尖角状态的图形。这些技术图形比较紧凑，间隔有序，富有韵律感，向上冲一下，停一下，再继续向上冲，价位间隔不是很大。表明主力机构在控制吃进筹码的力度和价格幅度。因此，才会形成许多密集型的尖角状形。所以，冲击波是典型的主力建仓留下的盘口轨迹。

也就是说，冲击波出现在当日盘中股价上涨的过程中。主力机构在盘中建仓时，因为投入资金量较大，积极性买入的行为有目的、有预谋、有节奏、有规律，结果就形成了冲击波。基于这样的认识，我们认为，在空间位置低位一旦股票即时图中出现冲击波，即表明主力正在用大资金直接参与吸筹行动，预计后市上涨空间巨大。

三、冲击波的量价结构与表现形式

（1）脉冲型冲击波。股价在盘中拉升的姿势不太流畅，呈脉冲结构。在拉升过程中，出现尖角状突起的波形特征，成交量迅速放大，并由多笔大单间歇性成交组成。

（2）攻击型冲击波。股价在盘中拉升的姿势流畅，波形短促有力，并呈密集型、尖角状波形结构。在拉升过程中，成交量迅速放大，并由持续性多笔大单或特大单组成。

四、冲击波产生时对应的量峰形态

（1）脉冲型冲击波。股价在盘中冲击的过程中，量峰结构明显，但较为稀疏，仅由多笔大单成交组成，缺乏力度。

（2）攻击型冲击波。股价在盘中冲击的过程中，量峰结构明显，偶尔会出现多波量峰形态，成交相对集中，由多笔大单和特大单持续成交组成，具备一定的攻击力度。

五、冲击波出现时主力的做盘意图

（1）股价在大跌后获得支撑的阶段性底部，当日出现冲击波结构，表明短线抢反弹的主力资金已经进场吸纳筹码，大反弹即将展开。

（2）在平台整理的中后期，当日出现冲击波结构，表明主力阶段性调整即将结束，主力开始用资金冲击做盘，主升行情将马上展开。

（3）在一波上升浪中，股价在主力洗盘末期，当日出现冲击波结构，表明主力洗盘已经结束，主力将再次展开新升势。

六、冲击波与价格空间位置的对应关系

（1）在股价阶段性底部区域，冲击波是主力直接建仓的结果。

（2）在上升通道的重要支撑区，冲击波是主力高抛低吸滚动操盘的结果。

（3）在上升平台整理后期，冲击波是主力启动新一轮拉升趋势前操盘的结果。

七、冲击波对当日股价走势的影响

冲击波的出现，在当日对股价的牵引力和推动力较强。冲击波由于经常出现在上涨趋势之中，因而通常对股价当日的走势影响较大。

（1）脉冲型冲击波。当日在盘中以脉冲型拉升方式出现后，股价以中阳或者小阳K线报收的概率较大。

（2）攻击型冲击波。当日在盘中以攻击型拉升方式出现后，股价以中阳或大阳K线报收的概率较大。

八、冲击波出现时的套利机会与投资风险

（1）套利机会。股价在大跌后获得支撑的阶段性底部，当日上涨3%左右，量比

放大1倍以上，出现冲击波，表明短线抢反弹的主力资金已经进场吸纳筹码，大反弹即将展开，短线机会巨大。在平台整理的中后期，当日上涨3%左右，量比放大1倍以上，出现冲击波，表明主力阶段性调整即将结束，主力开始用资金冲击做盘，主升行情将马上展开，短中线机会巨大。在一波上升浪中，股价在主力洗盘末期，当日上涨3%左右，量比放大1倍以上，表明主力洗盘已经结束，主力将再次展开新升势，短中线机会巨大。

（2）投资风险。在盘头阶段末期，股价当日出现冲击波形是主力诱多的假象，主力利用股价向上冲击出货，后市仍将持续下跌，短中线宜观望。在股价击穿重要支撑线之后的下跌阶段，当日反弹过程出现冲击波形是主力诱多的假象，主力利用股价反弹掩护出货，后市仍将持续下跌，短中线宜观望。

九、冲击波读盘关键点提示

（1）当日盘中出现脉冲型冲击波时，量能结构是由多少笔大单组成？

（2）当日盘中出现攻击型冲击波时，量能结构是由多少笔大单和特大单组成？

（3）当日盘中出现冲击波时，股价所处的趋势位置属于哪个阶段？

十、冲击波识别实战训练精讲

学习冲击波，首先要认识冲击波的核心内涵。冲击波只出现在股价拉升的阶段，但不是主升阶段，而是建仓阶段。向上冲击，意在吃货。冲一下，吃一次，歇一歇，继续吃。这是冲击波的基本特征。

其次，要理解冲击波出现的空间位置，它可以出现在三个重要的区间。一个是在股价阶段性底部区域，冲击波是主力直接建仓的结果。也就是说，主力机构要建仓，就必然要冲击吃货，图形上就必然会留下痕迹。心急的吃得快，就出现了攻击型冲击波，频率高，密度大。很显然，这是建仓心情迫切的表现。慢悠悠地吃，间隔时间比较长，那么就是资金使用成本低、使用时间长的盘口体现，说明这是中长线资金在吃货。从这个吃相，可以看得分明。性急的猴急，慢性子的慢悠悠。为什么呢？背后资金的逻辑使然啊！

冲击波不仅仅出现在底部区域，也可以出现在上升通道的重要支撑区，这时候冲击波是主力高抛低吸滚动操盘的结果。主力高抛之后回笼资金，需要低位回补，于是就出现了拉升途中边拉升边吃货的情形。一边拉升，一边回吐，还一边吃货。这就是常见的滚动做盘原理。这种盘口技术图形已经把主力机构的核心机密写得一清二楚，你看出来了吗？

主力的做盘计划大多数是分段实施的，通常不是一路到底，一波撸到底只属于游资所为，属于短线主力。而中长线主力机构通常是波段式推升，拉一段，做平台，再拉一段，又做平台，继续拉，继续做，如此循环式拉升。在每一个上升平台整理后期，主力机构都需要回补一部分筹码，于是又出现了冲击波。这时候出现的冲击波是主力启动新一轮拉升趋势前操盘的结果。这样的图形告诉你，这就是中长线主力机构在此做盘呢。

十一、本节知识要点与思考练习题图解

【思考练习题】

（1）如何识别脉冲型冲击波？答案参见图074。

（2）如何识别攻击型冲击波？答案参见图075。

（3）如何识别冲击波的投资陷阱？答案参见图076。

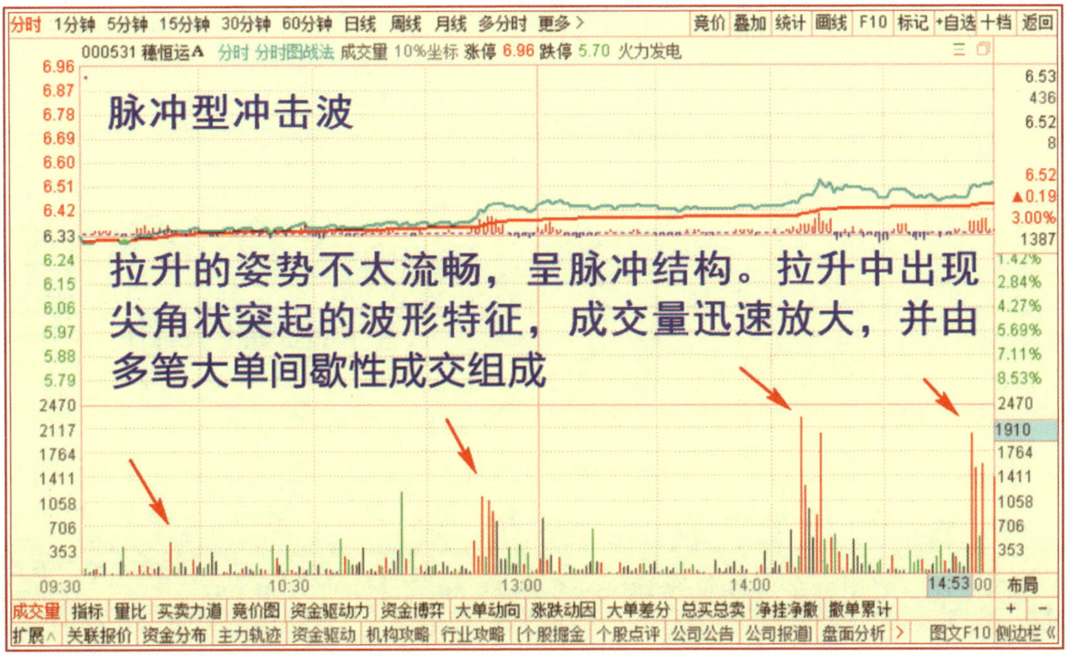

图074　脉冲型冲击波

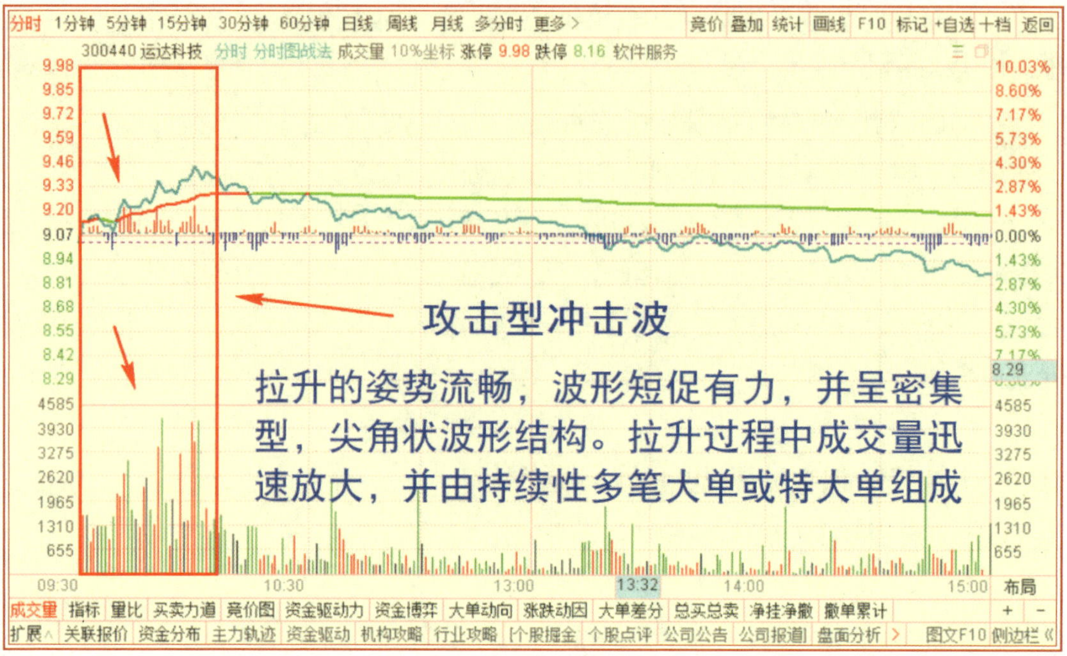

图075　攻击型冲击波

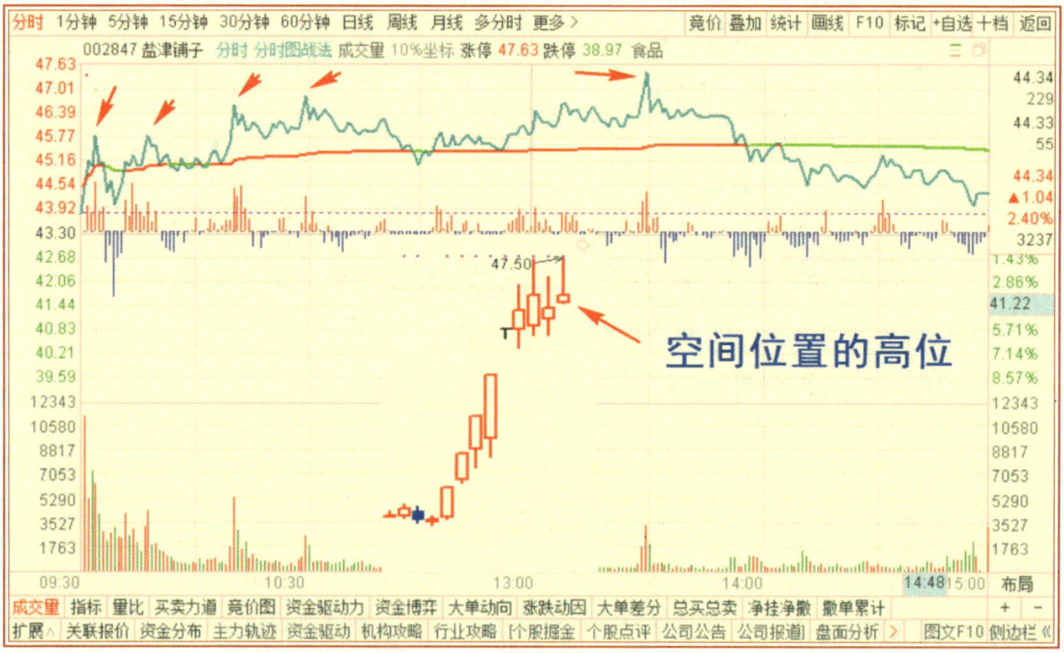

图076　冲击波投资陷阱识别

第三节

SECTION 3

攻击波

一、攻击波的核心内涵

（1）攻击波的含义。当日股价在盘中拉升的过程中出现持续有力攻击的波动特征，因这一波动特征而形成的即时波形就是我们常说的“攻击波”。

（2）攻击波的类型。攻击波有两种形式，一种是脉冲型攻击波，另一种则是冲击型攻击波。

（3）攻击波的查看方法。在通达信行情软件里，表头上有攻击波的按钮，点击一下即可排序，随时可查看攻击波的情形。

二、攻击波的形成机理

攻击波是主力机构在盘中拉升过程中因持续、稳定、密集地投入大笔资金或者通过对敲手段拉抬股价所引发的攻击性结果，是主力机构积极拉抬股价的做盘行为，更是主力机构直接操纵股价、制造强势特征的趋势性操盘结果。注意这里的关键词：

（1）持续地投入大笔资金拉抬。

（2）稳定地投入大笔资金拉抬。

（3）密集地投入大笔资金拉抬。

这三种资金投放的特征，是典型的冲击型攻击波的盘面特点。

运用对敲手段来拉抬股价，也就是投入大资金拉抬股价，但没有持续性密集特征，只有间歇性的稳定投入，表现在盘面上，就是量柱孤单，有高度但没有宽度。

总而言之，攻击波是主力机构主动投入巨资形成巨大买盘拉升股价所形成的即时走势，我们称之为攻击波形，意在突出强调攻击性做盘的技术特征。攻击波形一般出现在股价拉升阶段初期、中期和盘头阶段的初期，这些位置的攻击波最具有操作价值。而在股价拉升阶段的末期和盘头阶段的中后期，盘中跟进这时候出现的攻击波风险较大。

主力利用资金猛烈攻击，根据时间规律和每日投入资金量的大小，按照滚动操作原则，有步骤、有节奏地推高股价。这是攻击波的本质属性。此时，可见即时图中，随着股价进二退一、进三退一的节奏，盘中不断创出新高，成交量亦有序地不断放大，此种攻击走势非常有力，对股价趋势的推动力极强。所有这些盘口特征，都是主力机构实施攻击性拉升的结果。因此，我们要识别主力的做盘行为，只要深度解读盘口波形，即可达成愿望。

三、攻击波的量价结构与表现形式

（1）攻击波形一般分为脉冲型波形和冲击型波形两种。脉冲型波形的出现是主力高度控盘的结果。其波形呈呆滞状的脉冲走势，波度较小，曲线结构不平整，这是主力利用不多的资金缓慢推升股价而产生的股价形态。这种波形一般会出现在中长线主力高度控盘的品种之中。注意观察它的波形结构，可以看出主力的做盘意图。

（2）拉升阶段与建仓阶段的冲击型攻击波形的本质区别在于，在拉升阶段时主力的主要目的不是建仓吸筹，而是利用资金滚动式操盘，不断冲击新高，因而形成冲击型波形状态。这种波形主要为吸引盘中跟风资金来积极推进，与主力共同创造股价价升量增的完美技术形态，为后市继续拉高出货打下良好的市场基础。

（3）冲击型攻击波形与脉冲型攻击波形在形状上的不同点在于，冲击型攻击波因资金快速冲击的特点而在盘口上留下尖角形的波形结构，波度陡峭而急促，波长较短，量峰值较大，量峰具有明显的波浪形态，股价攻击放量的规律性和时间节奏均把握得极好。而脉冲型波形则没有明显的尖角形，波度比较平缓，波形较长，节奏呆滞、不流畅，量峰结构较单一，较少出现波浪形的量峰。

四、攻击波出现时对应的量峰形态

（1）脉冲型攻击波。量峰呈纵向和横向放大特征。大单成交密度较小，有间歇性持续放量的现象。量峰结构单一，较少出现多个波浪形量峰。

（2）冲击型攻击波。量峰呈纵向和横向放大特征。大单和特大单成交密度较大，出现持续密集型波段性放量的现象。量峰由多个波浪形峰值组成，波动特征明显。

五、攻击波出现时主力的做盘意图

（1）攻击波形出现在拉升阶段的初、中期，是主力在盘中通过投入巨资或利用对敲手段积极实施攻击性操盘的结果，主力意图快速拉抬股价，脱离持仓成本区，因而将形成主升波行情。这时候可以通过获利盘分布规律看出主力的做盘意图。

（2）当攻击波形出现在股价大幅拉升之后，熊市涨幅在30%以上，牛市涨幅在60%以上，这时主力在盘中通过对敲手段形成攻击走势，主力意图暗中波段性出货，形成高换手率，因而将出现波段调整行情。如果股价处于空间位置的中位，需要加倍小心。

（3）当攻击波形出现在股价大涨之后的盘头阶段初期，股价在空间位置高位震荡整理，这是主力利用少量资金继续滚动操作，并有继续创新高的动能。

（4）当攻击波形出现在股价大涨之后的盘头阶段中后期和下跌阶段，此为主力主要通过对敲手段拉抬股价诱多出货的主要特征，后市行情趋势仍将继续大幅下跌。

六、攻击波与价格空间位置的对应关系

（1）攻击波出现在拉升阶段的初、中期，拉升绝对幅度处于少于30%的低位区域，价格空间位置处于低位，这是主力主动攻击性买入、推高股价的结果。

（2）攻击形出现在大幅拉升之后，是主力主要通过对敲手段拉抬的结果。

（3）攻击波出现在股价大涨之后的盘头阶段初期，拉升的幅度超过了90%，这是主力利用少量资金继续滚动操盘的结果。

（4）攻击波出现在股价大涨之后的盘头阶段中后期和下跌阶段，是主力主要通过对敲手段拉抬诱多的结果。股价反弹之后，还将继续下跌。

七、攻击波对当日股价走势的影响

攻击波的出现，在当日对股价的牵引力和推动力极强。攻击波由于总是出现在上涨趋势和反弹行情之中，因而通常对股价当日的走势影响较大。

（1）脉冲型攻击波。当日在盘中以脉冲型攻击拉抬方式出现后，股价以中阳K线报收的概率较大。

（2）冲击型攻击波。当日在盘中以冲击型攻击拉抬方式出现后，股价以中阳K线或大阳K线报收的概率较大。

八、攻击波出现时的套利机会与投资风险

（1）套利机会。当攻击波形出现在股价拉升阶段的初、中期时，临盘应在每段攻击波形低点及时买进（即每波创新高之后的回调低点是最佳买点），此种波形出现

时，短中线机会巨大。当攻击波形出现在股价盘头阶段的初期，主力利用少量资金继续滚动操作，并有继续创新高的动能，因此，临盘可以中仓或轻仓短线参与主力最后拉高出货的攻击行情。但操作速度一定要快，期望值不宜太高，临盘时一旦股价出现下跌迹象，就要及时出局。

（2）投资风险。当攻击波形出现在股价拉升阶段的末期时，临盘应以观望为主，主力有利用这种走势推高出货的嫌疑，股价即将见顶。一般情况下，主力会采用早中盘用攻击波形拉高股价，午盘后则采用回头波形出货，形成见顶特征，因此，短中线风险极大。当攻击波形出现在股价盘头阶段中后期和下跌阶段时，这是主力诱多出货的主要特征，后市仍将继续大幅下跌，临盘以观望为主，短中线风险巨大。

九、攻击波读盘关键点提示

（1）当日盘中出现脉冲型攻击波时，量峰是否呈纵向和横向放大特征？

（2）当日盘中出现冲击型攻击波时，是否由多个明显的波浪形峰值组成？

（3）当日盘中出现攻击波时，股价所处的趋势位置属于哪个阶段？

十、攻击波识别实战训练精讲

攻击波在实战中的运用，需要解决两个问题：

其一，出现攻击波时股价所在的空间位置到底是属于低位、中位，还是高位？

其二，所出现的攻击波属于什么类型，是脉冲型攻击波，还是冲击型攻击波？

这两个问题是我们理解攻击波的核心所在，解决好了，就可以正确理解和运用攻击波。

当我们面对目标品种做技术分析的时候，首先要做的第一步是确定时间周期和空间位置，这是最关键的一步，这一步千万不能忽视，更不能搞错了。否则，后面的分析将徒劳无功，甚至后患无穷。这一步怎么强调都不过分。

其次，就分析攻击波而言，在确定空间位置之后，要分析的是它的波形属类。

最后，才是解读主力的做盘意图，制订我们的应对策略。

十一、本节知识要点与思考练习题图解

【思考练习题】

（1）如何识别脉冲型攻击波？答案参见图077。

（2）如何识别冲击型攻击波？答案参见图078。

（3）如何识别攻击波的投资陷阱？答案参见图079。

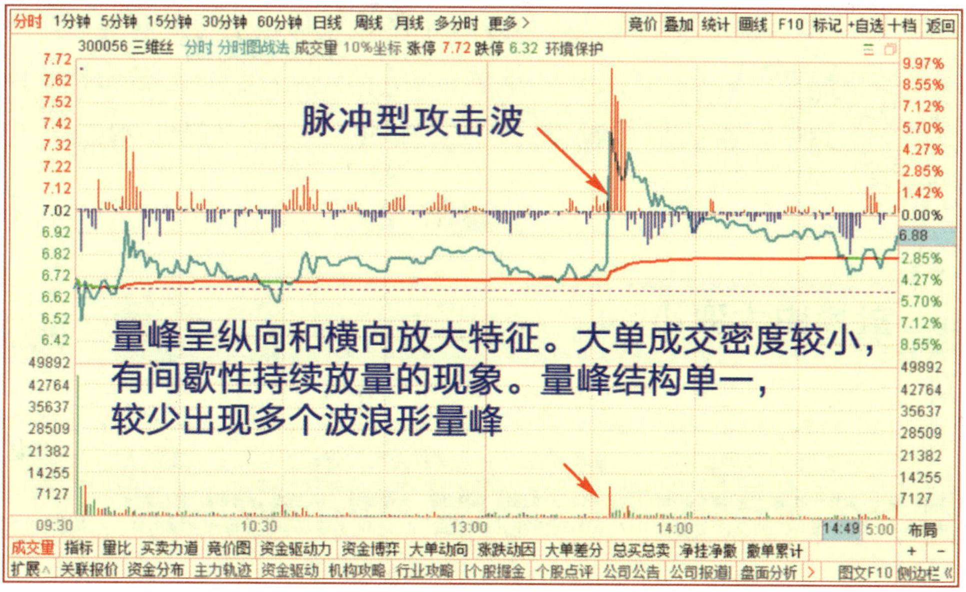

图077　脉冲型攻击波

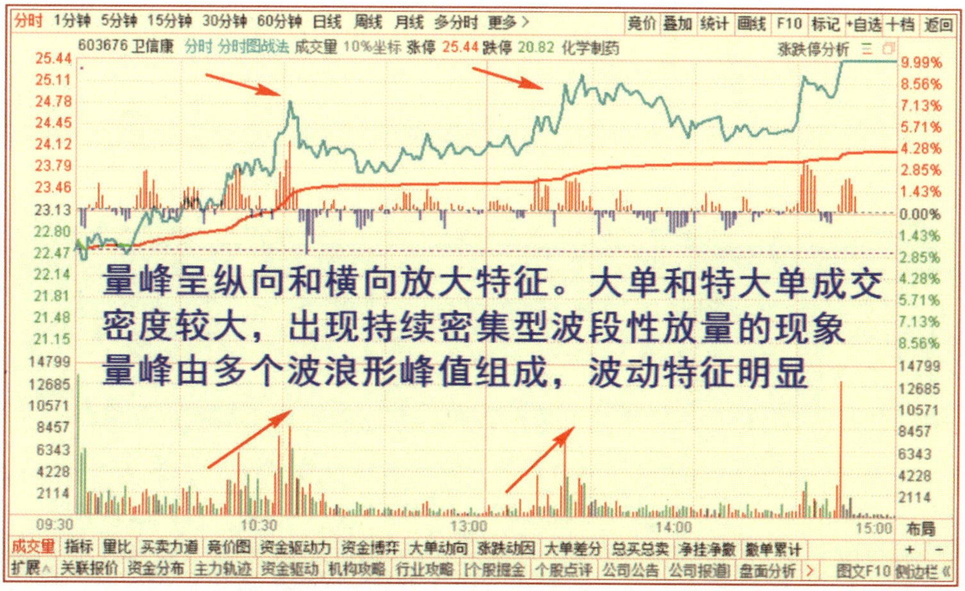

图078　冲击型攻击波

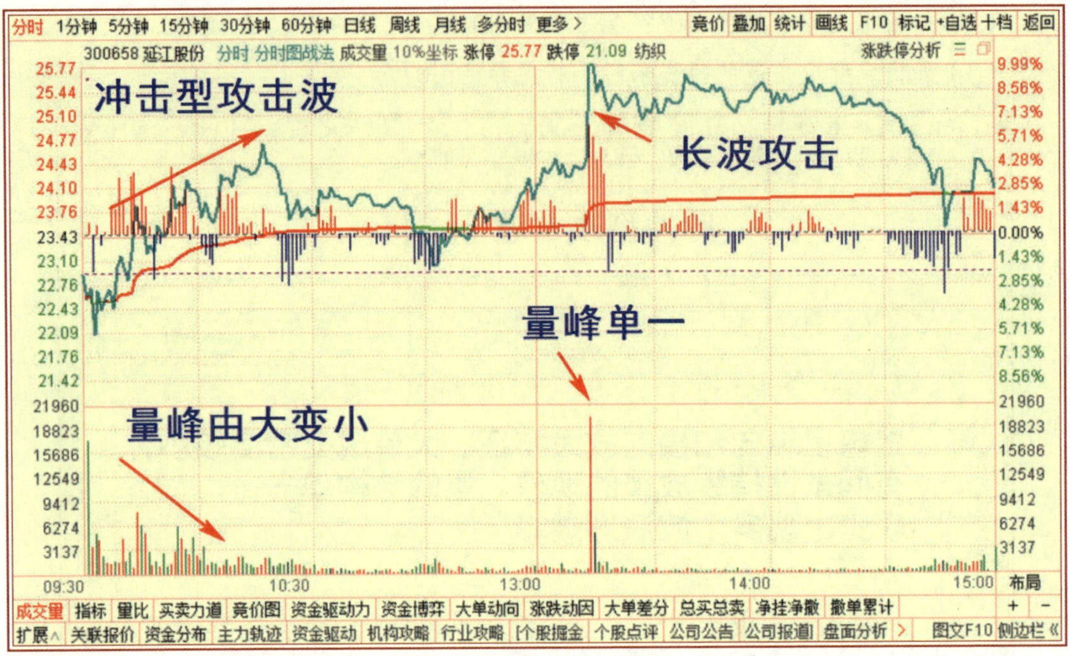

图079 攻击波投资陷阱识别

第四节

SECTION 4

回头波

一、回头波的核心内涵

（1）回头波的基本含义。当日股价在盘中拉升的过程中遭遇打压而出现回落下调的波动特征，因这一波动特征而形成的即时波形就是我们常说的“回头波”。回头波是主力机构在盘中拉升过程中，通过在五档卖盘位置挂出大单或特大单阻止股价上涨而出现的打压性结果。因而，回头波也是股价阶段性见顶和回调洗盘的信号。

（2）回头波的查看方法。在通达信行情软件里，表头上有回头波的按钮，点击一下即可排序，随时可查看回头波的情形。

二、回头波的形成机理

股价运行至一个阶段并产生一定幅度的利润空间后，主力通常会进行盘中洗盘动作，以调节过热的技术指标。同时，由于跟风买进的投资者过多，造成股价在后续拉升过程中将遭遇较大的压力。为保证操盘计划的顺利实施，此时主力通常在当天早盘冲高之后，在盘中挂大卖单打压股价，从而使其掉头向下，形成回头波形。这种波形的出现，通常预示阶段性调整趋势已经展开。也就是说，回头波出现在空间位置不同阶段的上沿，预示着阶段性见顶，是股价阶段性调整的信号。这是主力机构做盘留下的痕迹，是我们识别主力操盘计划的核心工具。总结一下：回头波形是股价进入洗盘调整状态的重要技术信号，也是股价即将展开盘跌走势的重要征兆，因此，它对临盘具有重大的实战操盘价值。

三、回头波的量价结构与表现形式

回头波一般出现在早上开盘30分钟内、11：00和13：30左右。出现概率较大的时间段基本分布在开盘30分钟内和11：00左右这两个阶段。主力运用的操盘手法通常如下：

（1）在早上开盘后采用攻击波形推高股价，量能配合较好，在拉升初、中期时量能表现有规律，形成较好的量峰结构，但在股价最后拉升阶段量能表现比较凌乱，而且量峰开始萎缩。

（2）在上午和下午的盘中交易过程中，主力先是用攻击波推高股价，然后在盘口卖1至卖5位置挂大卖单开始阻止股价上升，随即股价出现冲高受阻状态而震荡回落。股价攻击时，量峰呈纵向和横向放大特征，但在最后拉升阶段，量峰开始萎缩。

四、回头波出现时对应的量峰形态

（1）早上开盘30分钟内。初始攻击波出现时，量峰呈纵向和横向放大特征。盘中出现大单和特大单密集性成交状态。在第二波攻击波形之后，量峰开始萎缩。五档卖盘位置出现大卖单压盘现象。大单和特大单成交频率开始降低。

（2）11：00和13：30左右的交易时间内。初始攻击波出现时，量峰呈纵向和横向放大。盘中出现大单和特大单持续积极性成交状态。在第二波或第三波攻击波形之后，量峰开始萎缩。五档卖盘位置出现大卖单压盘现象。大单和特大单成交频率逐步降低。

五、回头波出现时主力的做盘意图

根据股价的运行规律与不同阶段的发展趋势，回头波形出现时所表达的盘面特征反映了各种主力操盘行为意图，因此，我们可以从以下几个方面来进行判断。

（1）股价在拉升阶段初、中期处于空间位置的低位上沿，拉升幅度在25%附近，盘中出现回头波形，临盘观察股价在回头打压时的放量特征：如缩量打压，则表明主力控盘态势稳定，调整幅度不会太深，调整持续的时间一般也不会太长；如放量打压，则表示主力有阶段性滚动操作嫌疑，盘中筹码松动表明主力机构在甩卖筹码回笼资金，为随后的更低价位回补做准备，因此股价下挫力度较大，调整时间将会延长。

（2）当股价经过一轮较大波段的拉升期之后，熊市涨幅在30%以上，牛市涨幅在60%以上，盘中出现回头波形，表明股价出现阶段性重大见顶信号。临盘观察股价在回头打压时的放量特征：如缩量打压，则表明主力盘中出货量不大，调整幅度不会太深，持续时间也不会太长，后市股价还有高点可寻；如放量打压，则表示主力大规模出货以套跟风盘和盘中散户，股价下挫力度较大，再创新高的能力已经完全消失。

（3）当股价在大涨之后的阶段性高价区横盘整理末期，熊市涨幅在50%以上，牛市涨幅在80%以上，若盘中出现回头波形，则是主力震荡出货的重要特征。临盘观察股价在回头打压时的放量特征：如缩量打压，则表明主力缓缓出货；如放量打压，则表示主力大规模出货，股价下挫力度较大，后市下跌趋势将无法逆转。

六、回头波与价格空间位置的对应关系

（1）回头波形出现在拉升阶段的初、中期，是主力盘中打压股价的结果。

（2）回头波形出现在股价大幅拉升之后，是主力主要通过对敲打压股价的结果。

（3）回头波形出现在股价大涨之后的盘头阶段初期，是主力盘中直接出货打压股价的结果。

（4）回头波形出现在股价大涨之后的盘头阶段中后期，是主力直接大规模出货打压股价的结果。

七、回头波对当日股价走势的影响

回头波的出现，在当日对股价的牵引力和推动力极强。回头波由于经常出现在上涨趋势和反弹行情之中，因而通常对股价当日的走势影响较大。

（1）早盘冲高后出现回头波。当日股价以带长上影线中阴线或小阴K线报收的概率较大。

（2）11：00和13：30左右出现回头波。当日股价以带长上影线的小阳线或小阴K线报收的概率较大。

八、回头波出现时的套利机会与投资风险

（1）套利机会。当回头波形出现在股价拉升阶段的初、中期，临盘应在回调到位时及时买进。此种波形出现时，短中线等待抄底的机会巨大。

（2）投资风险。当回头波形出现在股价拉升阶段的末期，主力在盘中疯狂打压出货，股价已经见顶。因此，短中线风险极大，宜持币观望。当回头波形出现在股价盘头阶段中后期，主力通过早盘诱多之后展开疯狂出货，后市仍将继续大幅下跌，临盘以观望为主，短中线风险巨大。

九、回头波读盘关键点提示

（1）当日盘中出现回头波时，股价打压中的量峰是否呈放大特征?

（2）当日盘中出现回头波时，股价所处的趋势位置属于哪个阶段?

（3）当日盘中出现回头波时，股价趋势是否处于上升通道之中?

十、回头波识别实战训练精讲

关于回头波，在实战中需要注意以下要领:

一是出现的空间位置，可以利用绝对涨幅区间来加以识别。当涨幅到达30%、60%、90%的时候，需要特别注意。我们常说的369回调，或者369见顶，就是这个意思。在这些位置很容易出现回头波，临盘的时候，要集中精神，千万不可大意。

二是出现回头波的时候放量的情形。回头而不放量，说明仅仅是调整一下而已，不是大规模的出货。回头而且伴随着放大量，说明这是借机出货，下跌的幅度大。

三是回头波出现之后会不会再次拉升，这个问题需要结合空间位置来考量。如果量度涨幅尚未完成，而且出现回头波也没有放量，说明还会再次拉升，甚至再创新高；如果量度涨幅已经完成，并且还是放量回头波，那么短期内再度拉升的概率比较小。

十一、本节知识要点与思考练习题图解

【思考练习题】

（1）如何识别空间位置低位的回头波？答案参见图080。

（2）如何识别空间位置中位的回头波？答案参见图081。

（3）如何识别空间位置高位的回头波？答案参见图082。

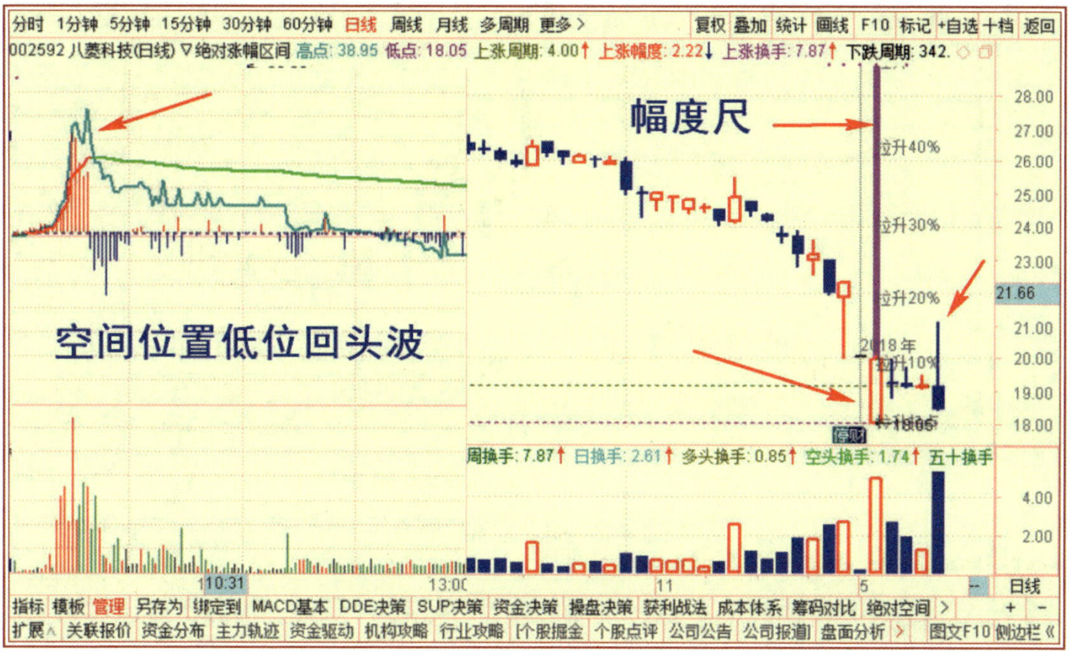

图080　空间位置低位的回头波

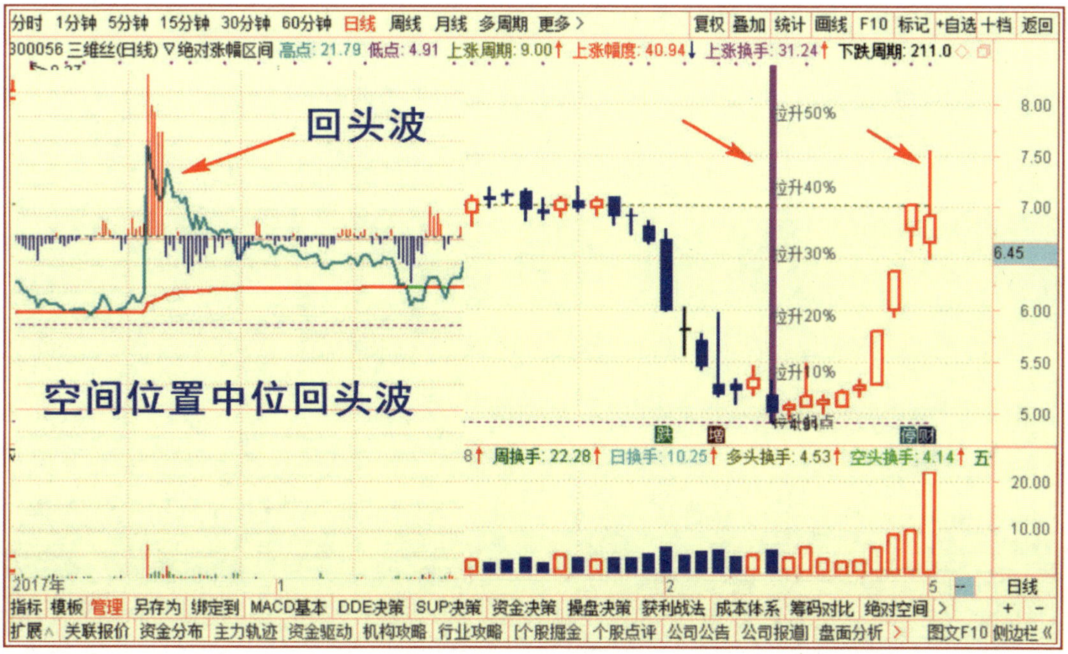

图081　空间位置中位的回头波

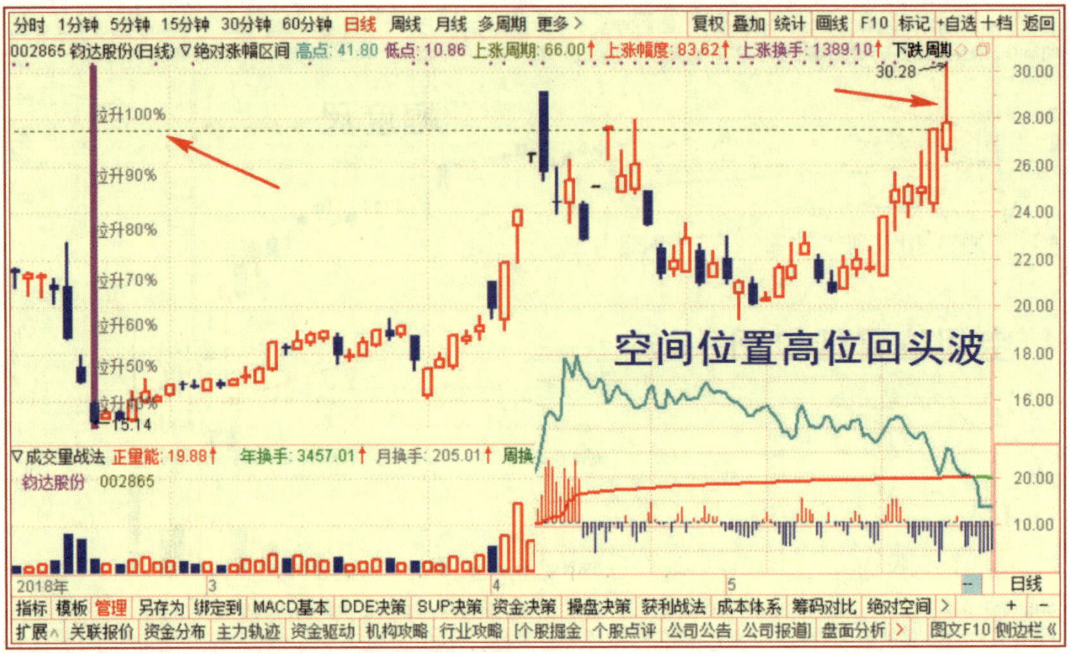

图082 空间位置高位的回头波

第五节
SECTION 5
脉冲波

一、脉冲波的核心内涵

（1）脉冲波的基本含义。当日股价在盘中涨跌的过程中出现走势呆滞、不流畅的波动特征，因这一波动特征而形成的即时波形就是我们常说的“脉冲波”。

（2）脉冲波的类型。脉冲波可以分为三类，一是向上的脉冲波，二是向下的脉冲波，三是横盘整理的脉冲波。

（3）脉冲波的特点和作用。脉冲波是由主力机构在盘中通过对敲性调控股价操盘而形成的，从技术图形表面上看，脉冲波出现时的交易状态表现为比较清淡、交投不活跃，成交密度小，换手率很低。因此，在大多数情况下，脉冲波可以作为判断股价是否被主力控盘的重要特征。这是脉冲波所具有的独特的市场含义，需要高度重视。

二、脉冲波的形成机理

主力在目标股票上通过投入资金大力建仓后，控制了大部分筹码，经过反复折腾之后完成了前期工作，进入控盘状态。一旦进入控盘状态，流通的筹码减少了，盘面活跃度降低了。这时，为保持股价盘面的活跃度，需要人为地增加交易量，营造成交易活跃的效果，于是主力通过对敲单维持股价交易量，这就是主力不得已而为之的行为。由于整体交易缺乏散户的积极参与，股价波形走势就像心电图一样，显得极为呆滞，既不美观也不流畅，这种波形结构就是所谓的脉冲波。

脉冲波反映在即时图表中，可以看到股价走势变动缓慢，显示出成交稀少，盘中不断出现单一横线或竖线状的波形特征，其实这都是主力高度控盘后的操盘结果。因此，我们可以这样判定：脉冲波就是主力机构在盘中通过对敲调控股价操盘的结果。

三、脉冲波的量价结构与表现形式

脉冲波具备四大明显的技术特征：

（1）波形上呈现不间断性单一横线或竖线状，走势极不流畅。

（2）对应波形没有大单成交量的配合。出现脉冲波形时，量峰明显萎缩。

（3）当脉冲波以向上拉升姿态出现时，会出现单笔大单或多笔大单成交现象，但量峰结构比较单薄，缺乏横向的宽度。

（4）当脉冲波以向下打压姿态出现时，会出现单笔大单成交现象，量峰结构不明显。

四、脉冲波出现时对应的量峰形态

（1）向上拉升型脉冲波。五档买盘委托队列位置会出现多笔大单挂出。盘中会出现单笔大单或多笔大单间歇性成交。量峰呈纵向放大特征，缺乏横向延伸性，结构较单薄。

（2）向下打压型脉冲波。五档卖盘委托队列位置会出现多笔大单挂出。盘中会出现单笔大单间歇性成交。量峰结构不明显。

（3）横盘整理型脉冲波。五档买卖盘委托队列位置没有大单挂出。盘中偶尔会出现单笔大单间歇性成交。量峰结构不明显。

五、脉冲波出现时主力的做盘意图

（1）股价处于阶段性底部位置时，如果连续多日不间断出现脉冲波形，则说明主力已经中长线控盘。股价趋势不久将会向另一个单极方向转变。

（2）股价在突破重要阻力位时，如果盘中出现脉冲式攻击波形，则说明主力在控盘中滚动操盘。股价趋势将持续向上发展。

（3）股价在形成一轮较大升幅后，如果盘中出现脉冲波形，说明主力高度控盘，还未大规模出货。主力在控制股价进行阶段性横盘整理后，可能还会继续向上发展。

六、脉冲波与价格空间位置的对应关系

（1）脉冲波出现在阶段性低位时，说明主力主动进入周期性调整，中长线仍处于控盘的结果。

（2）脉冲波出现在经过暴跌之后的历史性底部区域，说明盘中交易清淡，还未有任何主力介入。

（3）脉冲波出现在波段拉升行情过程中，说明股价的上涨是主力在控盘状态下对敲拉抬的结果。

（4）脉冲波出现在阶段性高位，是主力还未出现大规模出货但仍实施滚动操盘的结果。

七、脉冲波对当日股价走势的影响

脉冲波的出现，在当日对股价的牵引力和推动力较弱。由于脉冲波经常出现在各个趋势阶段，其在盘中对股价的影响力较弱。

（1）向上拉升型脉冲波出现时，当日股价震荡盘升，以中阳线或小阳K线报收的概率极大。

（2）向下打压型脉冲波出现时，当日股价震荡盘跌，以中阴线或小阴K线报收的概率极大。

（3）横盘整理型脉冲波出现时，当日股价上下震荡，以小阳线或小阴K线报收的概率极大。

八、脉冲波出现时的套利机会与投资风险

（1）套利机会。对于短线投资者来说，股价突破重要阻力位的当天，如盘中出现脉冲式攻击波形，则是主力正式启动行情，临盘是较好的狙击时机。对于中线投资者来说，股价在阶段性底部，成交量萎缩至阶段性地量结构时，如盘中出现脉冲波形，则是主力中长线控盘性调整阶段，临盘应选择重要支撑位区域及时建仓。对于中长线投资来说，股价经历大幅下跌，或者股价在阶段性大平台横盘整理达3个月以上，成交量萎缩至阶段性地量结构时，如盘中出现脉冲波形，则表明主力还在高度控盘中准备中长线滚动操盘，临盘应选择重要支撑位区域及时建仓。

（2）投资风险。在股价经历一轮大涨之后的历史高价区横盘整理阶段，如盘中出现脉冲波，通常表明交易清淡，无法顺利出货，但趋势不明朗，应以观望为主。在股价经历一轮大跌之后的历史低价区横向整理阶段，如盘中出现脉冲波，通常也表明交易清淡，盘中没有主力介入，趋势不明朗，应以观望为主。当股价处于明显的下跌通道中时，如盘中出现脉冲波，通常表明交易清淡，主力未完全出货，后市还有加速下跌过程，应以观望为主。

九、脉冲波读盘关键点提示

（1）当日盘中出现向上拉升型脉冲波时，股价拉升中的量峰是否呈放大特征？

（2）当日盘中出现向下打压型脉冲波时，股价打压中的量峰是否呈放大特征？

（3）当日盘中出现脉冲波时，股价所处的趋势位置属于哪个阶段？

（4）当日盘中出现脉冲波时，股价趋势是否处于上升通道之中？

十、脉冲波识别实战训练精讲

脉冲波是庄股时代特有的技术图形，在今天，可以用于识别老庄股，规避投资风险。目前市场上还沉淀着一批老庄股，经过长时间的下跌，貌似已经处于空间位置的低位，这时投资者很容易被迷惑，甚至上当受骗，损失惨重。

如果我们只是从日线级别的分析周期来看，给人的感觉似乎已经跌到了底部区域，跌无可跌的模样，在日K线走势图上还出现了长下影线的小阳星线。成交量也略有放大，给人止跌企稳的感觉。不明真相的投资者此时很容易上当受骗。

十一、本节知识要点与思考练习题图解

【思考练习题】

（1）如何识别向上拉升型脉冲波？答案参见图083。

（2）如何识别向下打压型脉冲波？答案参见图084。

（3）如何甄别脉冲波潜在的投资风险？答案参见图085。

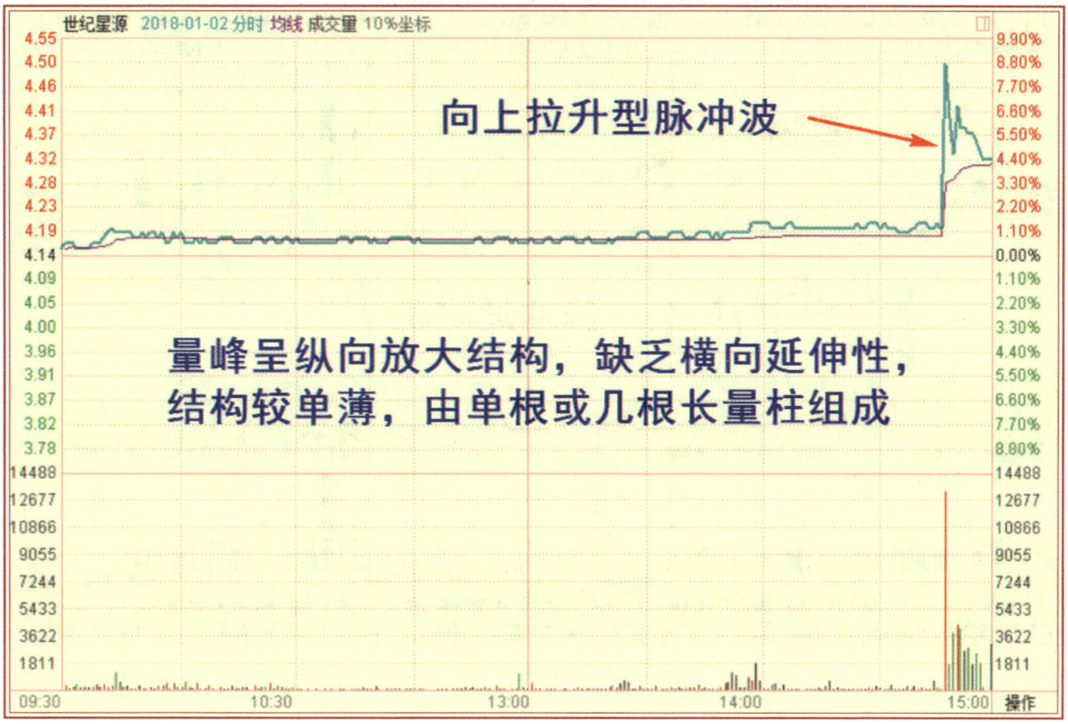

图083 向上拉升型脉冲波

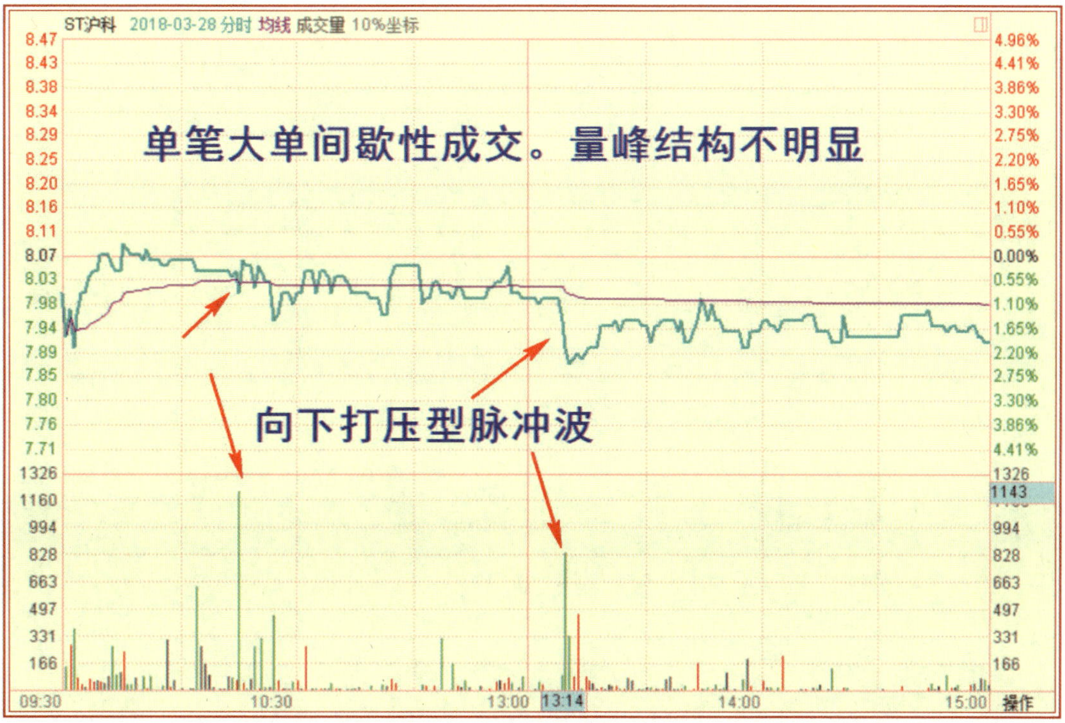

图084 向下打压型脉冲波

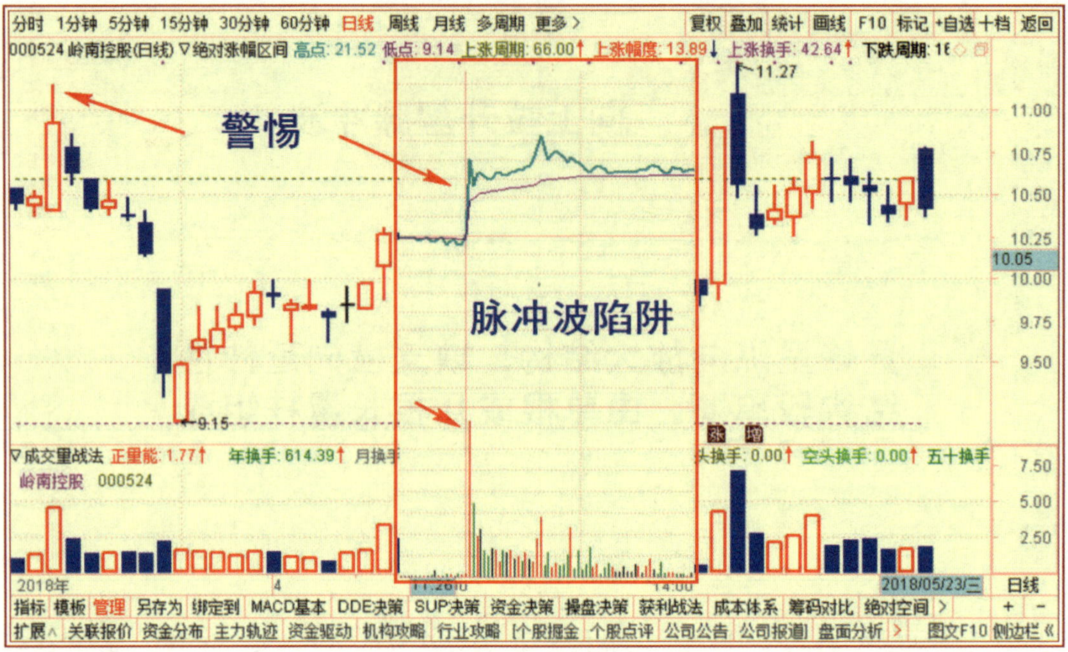

图085 脉冲波潜在的投资风险

第六节
SECTION 6
震仓波

一、震仓波的核心内涵

（1）震仓波的基本含义。当日股价在盘中震荡盘升过程中突然出现向下打压的波动特征，因这一波动特征而形成的即时波形就是我们常说的“震仓波”。

（2）震仓波与回头波的差别。震仓波虽然也是一种回头图形，但震仓波和回头波是明显不同的。回头波出现后，股价跌破前收盘价，导致股价进入调整状态。但是震仓波一般不会有效跌破前收盘价，它出现后也不会导致股价进入阶段性调整，反而仍然按照上涨趋势持续展开盘升。震仓波出现的当天，不会出现大跌，而是有涨有跌，反复震荡整理。当天收盘的时候，一定会收在前收盘价之上，如果是强势整理，还会收在开盘价之上，或者收在当天的均价线之上。震仓波出现之后数日，股价仍会持续盘升。

二、震仓波的形成机理

震仓波是主力机构在盘中通过对敲手段调控股价操盘的结果。

通常情况下，震仓波是主力在盘中骗线洗盘并调节短期技术指标的重要特征。

股价在盘中快速运行时，为了调节短线分时系统技术指标及赶走跟风盘，主力通常会采用盘中震仓的操盘手法。反映在即时图中，当天股价会突然莫名低开低走，股价无量下跌，导致跟风性的投资者因恐惧股价下跌而在盘中抛出筹码进行止损。

主力在早盘和中盘震仓完毕后，通常会在收盘前逐步拉升股价，使其再次回复上升形态。有时主力会在早盘、中盘、午盘或尾盘采用突然震仓的操盘手法，盘口上会出现大单打压，而下跌不放量的走势形态，这都是主力震仓的重要特征。

震仓波形出现时，当天成交量基本为萎缩状态，量比值在1以内，股价基本震仓幅度在5%以内，高低空间振幅在10%以内。

三、震仓波的量价结构与表现形式

主力采用震仓操盘手法时，通常会以以下六种操盘形式来展开：

（1）早盘高开高走，涨幅在5%以内，然后在盘口突然莫名下跌，并击穿均价线，股价在今日开盘价、昨日收盘价处短暂止跌后，缩量回升至均价线附近，然后再缩量盘跌，尾盘时，股价突然放量攻击，并拉升至当日开盘价之上收盘。

（2）早盘高开低走，跌幅在5%以内，量比值在1以内。股价在下跌过程中反复形成数个低点，并在早盘、中盘围绕均价线展开震荡，午盘后，股价逐渐回升，量能温和放大，并收市于当日次高价位。

（3）早盘平开高走，略升1~2个点，然后快速下跌击穿昨收盘价，在中盘反复创出当日新低后，股价逐渐回升至均价线之上，午盘后，股价回升至昨收盘价之上，午盘至尾市间再度反复震荡，至收盘时以次高价报收。

（4）早盘平开低走，跌幅在5%以内，并创出当日新低后，明显可见主力在低位放量接盘。此时，股价逐渐回升至均价线之上，并在中盘即将结束时，股价快速拉升创出当日新高，午盘至尾盘维持高位震荡态势收盘。

（5）早盘低开低走，跌幅在5%以内。在早盘尾段创出当日新低后，全天围绕均价线展开震荡，尾盘30分钟股价突然放量拉升创出当日新高，直至最高价收盘。

（6）早盘低开高走，低开3~5个点，拉高时不突破昨日收盘价，股价反复围绕均价线展开震荡，午盘后，股价逐步企稳放量攻击，并收盘于当日次高价位。

四、震仓波出现时对应的量峰形态

（1）早盘震仓波。五档卖盘委托队列位置会出现多笔大单挂出。盘中会出现单笔大单或多笔大单间歇性成交。量峰结构不明显。

（2）盘中震仓波。五档卖盘委托队列位置会出现多笔大单挂出。向下打压过程中，在五档买盘位置容易出现阻截式大买单。盘中会出现多笔大单间歇性成交。量峰呈纵向放大特征，缺乏横向延伸性，结构较单薄。

（3）尾盘震仓波。五档卖盘委托队列位置会出现多笔大单挂出。盘中偶尔会出现多笔大单或特大单间歇性成交。量峰结构不明显。

五、震仓波出现时主力的做盘意图

和回头波一样，根据股价的运行规律与不同阶段的发展趋势，震仓波形出现时所表达的盘面特征反映了各种主力操盘行为意图，因此，我们可以从以下几个方面来进行判断。

（1）当股价在拉升阶段初、中期，拉升的幅度不超过30%，盘中出现震仓波形，临盘观察股价在盘中震仓打压时的放量特征：如缩量打压，则表明主力控盘态势稳定，调整幅度不会太深；如放量打压，则表示主力有阶段性滚动操作嫌疑，盘中筹码松动，股价下挫力度较大，次日还会进行行情调整。

（2）当股价经过一轮较大波段的拉升期之后，熊市涨幅在30%以上，牛市涨幅在60%以上，盘中出现震仓波形，则表明股价出现重大见顶信号。临盘观察股价在盘中震仓打压时的放量特征：如缩量打压，则表明主力盘中出货量不大，调整幅度不会太深，后市股价还有高点可寻；如放量打压，则表示主力大规模出货以套跟风盘和盘中散户，股价下挫力度较大，再创新高的能力已经完全消失。

（3）当股价在大涨之后阶段性高价区横盘整理末期，盘中出现震仓波形，均是主力震荡出货的重要特征。临盘观察股价在回头打压时的放量特征：如缩量打压，则表明主力缓缓出货；如放量打压，则表示主力大规模出货，股价下挫力度较大，后市下跌趋势将无法逆转。

六、震仓波与价格空间位置的对应关系

（1）在空间位置的低位区域，股价拉升的幅度不超过30%的时候容易出现震仓波，因为这时候主力机构需要清洗浮筹，将一些获利的短线客清理出局。

（2）在空间位置的中位区域，股价拉升的幅度超过30%的时候容易出现震仓波，因为这是主力做盘计划的第二阶段，需要回笼资金，滚动操作，或者清洗浮筹。

（3）在空间位置的高位区域，股价拉升的幅度超过了60%的时候容易出现震仓波，因为主力的获利不菲，需要出货，落袋为安，因而借助震仓波达成目标。

七、震仓波对当日股价走势的影响

震仓波会在当日对股价产生较强的牵引力和推动力。震仓波由于经常出现在上涨趋势行情之中，因而通常对股价当日的走势影响较大。

（1）早盘高开或低开出现震仓波。当日股价以带长下影线中阳线或者小阳K线报

收的概率较大。

（2）盘中出现震仓波。当日股价以略带上下影线的中阳线或小阳K线报收的概率比较大。

（3）尾盘出现震仓波。当日股价以略带上影线的中阴线或小阴K线报收的概率较大。

八、震仓波出现时的套利机会与投资风险

（1）套利机会。当震仓波形出现在股价拉升阶段的初、中期，临盘应在回调到盘中低点时及时买进。此种波形出现时，短线等待抄底的机会巨大。

（2）投资风险。当震仓波形出现在股价拉升阶段的末期，主力在盘中打压出货，股价已经见顶。因此，短中线风险极大，宜持币观望。当震仓波形出现在股价盘头阶段中后期，主力通过反复震仓剧烈波动疯狂出货，后市仍将继续大幅下跌，临盘以观望为主，短中线风险巨大。

九、震仓波读盘关键点提示

（1）当日早盘震仓波出现时，股价打压中的量峰是否呈放大特征？

（2）当日盘中震仓波出现时，股价打压中的量峰是否呈放大特征？

（3）当日盘中出现震仓波时，股价所处的趋势位置属于哪个阶段？

（4）当日盘中出现震仓波时，股价趋势是否处于上升通道之中？

十、震仓波识别实战训练精讲

震仓波是非常重要的盘口波形，需要认真对待，反复研究，熟练掌握。

震仓波的实质是拉升中的突然回踩，这种回踩可以出现在任意时间段，即可以出现在早盘、盘中和尾盘。出现的时间节点没有统一的模式。不同机构操盘的习惯不同，震仓波出现的时段也就不同。这是我们需要掌握的第一个要点。

震仓波当天的开盘模式，也没有统一标准。可以是高开、低开或者是平开。

震仓波出现时，可以是缩量对敲打压的形式，也可以是放量攻击的形式。缩量震仓，意在长远，说明行情还没有走完，还会继续拉升。放量震仓，就不是这样理解了。不管处于哪个空间位置，放量震仓都意味着筹码松动了，要调整，要下跌。

因此，在实战中，一旦遇到放量震仓，需要当机立断，撤离。

耐心等待股价重新站稳之后，再进场也不迟。

十一、本节知识要点与思考练习题图解

【思考练习题】

（1）如何识别早盘震仓波？答案参见图086。

（2）如何识别盘中震仓波？答案参见图087。

（3）如何识别尾盘震仓波？答案参见图088。

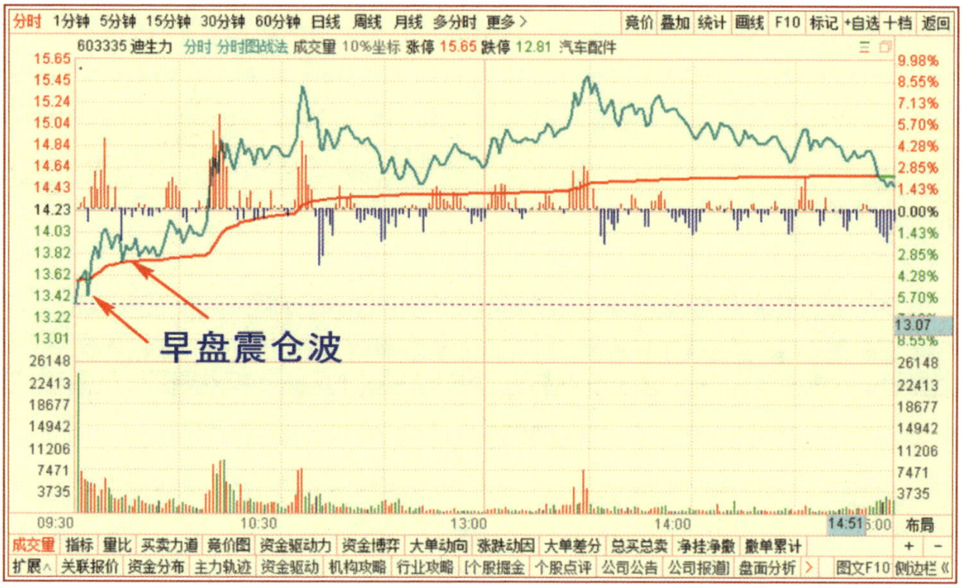

图086　早盘震仓波

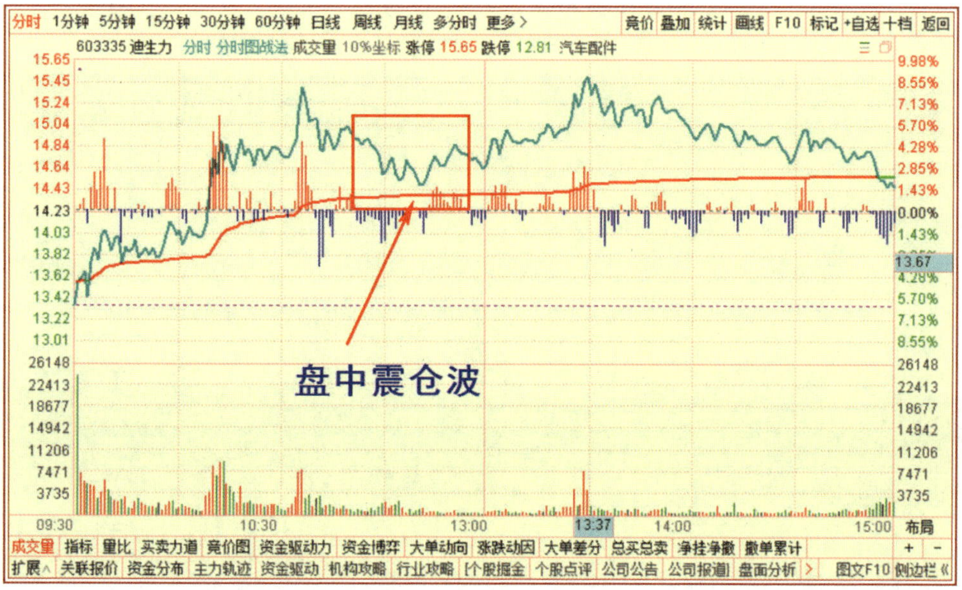

图087　盘中震仓波

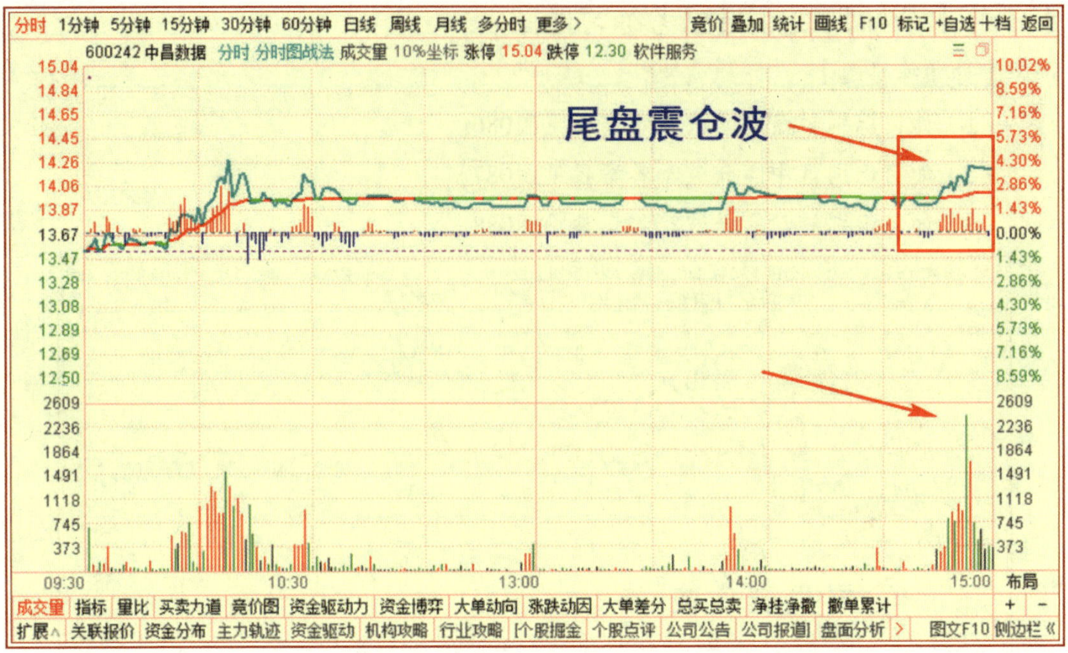
分时 1分钟 5分钟 15分钟 30分钟 60分钟 日线 周线 月线 多分时 更多
竞价 叠加 统计 画线 F10 标记 +自选 十档 返回
600242 中昌数据 分时 分时图战法 成交量 10%坐标 涨停 15.04 跌停 12.30 软件服务
尾盘震仓波
15.04
14.84
14.65
14.45
14.26
14.06
13.87
13.67
13.47
13.28
13.08
12.89
12.69
12.50
10.02%
8.59%
7.16%
5.73%
4.30%
2.86%
1.43%
0.00%
1.43%
2.86%
4.30%
5.73%
7.16%
8.59%
2609
2236
1864
1491
1118
745
373
09:30
10:30
13:00
14:00
15:00
布局
成交量 指标 量比 买卖力道 竞价图 资金驱动力 资金博弈 大单动向 涨跌动因 大单差分 总买总卖 净挂净撤 撤单累计
扩展 关联报价 资金分布 主力轨迹 资金驱动 机构攻略 行业攻略 个股掘金 个股点评 公司公告 公司报道 盘面分析 图文F10 侧边栏

图088　尾盘震仓波

第七节

SECTION 7

假升波

一、假升波的核心内涵

（1）假升波的基本含义。当日股价在盘中拉升的过程中出现持续无量攻击的波动特征，因这一波动特征而形成的即时波形就是我们常说的“假升波”。

（2）假升波的类型。有两种形式，一种是早盘假升波，另一种则是盘中假升波。均是主力机构在盘中拉升过程中因通过持续对敲手段拉抬股价所引发的攻击性结果。

（3）假升波和攻击波的差异。假升波也是一种攻击性波动特征。和攻击波所不同的是，假升波并非主力持续投入资金买入的结果，而完全是主力通过对敲手段拉抬股价的结果。表现在盘口，在拉升过程中，完全缺乏成交量的有效配合。所以，这也是判断股价是否假升的重要特征。

二、假升波的形成机理

假升波是主力机构在盘中拉升过程中因通过持续对敲手段拉抬股价所引发的攻击性结果。主力在早盘或盘中其他时间段故意拉升股价，但拉升时明显没有放量，乃是主力对敲操盘行为。由于主力并未用心主动攻击，故此类走势称为“假升波形”。

假升波形是股价下跌前的障眼法。在早盘这一时间段较为常见。该走势一般多发生在股价见顶阶段、盘头阶段和下跌初期这三个阶段。

假升波并非由主力持续投入资金买入的结果，而是完全由主力通过对敲手段拉抬股价的结果。表现在盘口，在拉升过程中，完全缺乏成交量的有效配合。

三、假升波的量价结构与表现形式

（1）波形特征。波形长度一般比较短小，单一波形升幅不会超过3个点。波形陡峭，波度呈45度或60度倾斜角。波形比较流畅、平滑。波形结构一般在三个波段以内。最常见以两个波段为主。

（2）量价结构。均价线与股价走势曲线乖离较大。五档买卖盘口较少出现大单或特大单委托现象。盘口即时成交现量会出现单笔大单或多笔大单。量峰呈横向放大特征，纵向高度较小，量能呈现稀松、不紧凑的特点。

四、假升波出现时对应的量峰形态

（1）早盘假升波。开盘时容易出现单笔大单和特大单成交现象。开盘10分钟内，五档买卖盘口出现大单和特大单委托现象。开盘15分钟后，开始减弱。盘口即时成交现量会出现单笔大单或多笔大单。量峰呈横向放大特征，纵向高度较小，缺乏力度。

（2）盘中假升波。股价拉升前没有出现温和放量现象。五档买卖盘口较少出现大单或特大单委托现象。盘口即时成交现量会出现单笔大单或多笔大单。量峰初始呈横向放大特征，然后迅速萎缩，纵向高度较小，量能呈现稀松、不紧凑的特点。

五、假升波出现时主力的做盘意图

（1）早盘假升波。早盘假升波一般发生在股价经过一个较大波段拉升之后。当天早盘开盘后，股价借势向上冲高。主力通过对敲拉抬股价，在升幅达到3%左右时，见顶回落，盘中持续震荡盘跌。因此，早盘的假升波是股价波段见顶的重要特征。主力在盘中通过假升之后，利用投资者对股价未来良好预期心理于盘中追涨而达到阶段性出货的目的。

（2）盘中假升波。盘中假升波一般发生在股价经过一个较大波段拉升之后的平台整理期。当天盘中反复震荡整理后，股价突然出现向上暴涨式拉升。主力通过对敲拉抬股价，当升幅达到3%~8%时，见顶回落，盘中持续震荡盘跌。股价再度回复正常状态。因此，盘中的假升波是股价盘头出货的重要特征。主力在盘中通过假升之后，利用投资者对股价未来良好预期心理于盘中追涨而达到阶段性出货的目的。

六、假升波与价格空间位置的对应关系

（1）假升波出现在股价拉升阶段末期，是主力在盘中诱多出货的结果。

（2）假升波出现在股价大涨之后的横盘整理阶段，是主力在盘中诱多持续出货的结果。

（3）假升波出现在股价下跌阶段初期，是主力在盘中利用技术性反弹诱多出货的结果。

七、假升波对当日股价走势的影响

假升波在当日对股价会产生一定的牵引力和推动力。假升波由于出现的趋势阶段非常特殊，当日盘中对股价的影响力较弱，对股价后期趋势的影响较大。

（1）早盘假升波出现时，当日股价震荡盘跌，以中阴线或小阴K线报收的概率极大。

（2）盘中假升波出现时，当日股价震荡盘升，以中阳线或小阳K线报收的概率极大。

（3）横盘窄幅整理时出现假升波，当日股价上下震荡，以小阳线或小阴K线报收的概率极大。

八、假升波出现时的投资风险

（1）当假升波形出现在股价拉升阶段的末期，主力在盘中打压出货，股价已经见顶。因此，短中线风险极大，宜持币观望。

（2）当假升波形出现在股价盘头阶段中后期，主力通过假升波拉升出货，后市仍将继续大幅下跌，临盘以观望为主，短中线风险巨大。

（3）当假升波形出现在股价下跌阶段初中期，主力通过技术性反弹假升出货，后市仍将继续大幅下跌，临盘以观望为主，短中线风险巨大。

九、假升波读盘关键点提示

（1）当日早盘假升波出现时，股价拉升中的量峰是否呈放大特征？

（2）当日盘中假升波出现时，股价拉升中的量峰是否呈放大特征？

（3）当日假升波出现时，股价所处的趋势位置属于哪个阶段？

十、假升波识别实战训练精讲

假升波的实质是虚假性拉升，也就是无量拉升。这是理解假升波的关键点。

在这里，核心的问题有两个：

其一是升。即它的价格是上升了的。

其二是假。即它的拉升是假的，假情假意。为什么说是假情假意？就因为它不是真金白银地出钱拉升，而是技巧性做盘，能省就省，尽量少花钱。主力机构这时候煽风点火，借助市场的力量推高了股价，而他们自己却暗中开溜。表现在技术图形上，就是价格飙得越高，量能萎缩得越厉害。一眼看过去就会发现这种拉升很假！这是假升波最本质的东西。所以，我们只要懂得这个实质，就可以彻底看透主力机构的做盘意图。

十一、本节知识要点与思考练习题图解

【思考练习题】

（1）如何识别早盘假升波？答案参见图089。

（2）如何识别盘中假升波？答案参见图090。

（3）如何识别假升波陷阱？答案参见图091。

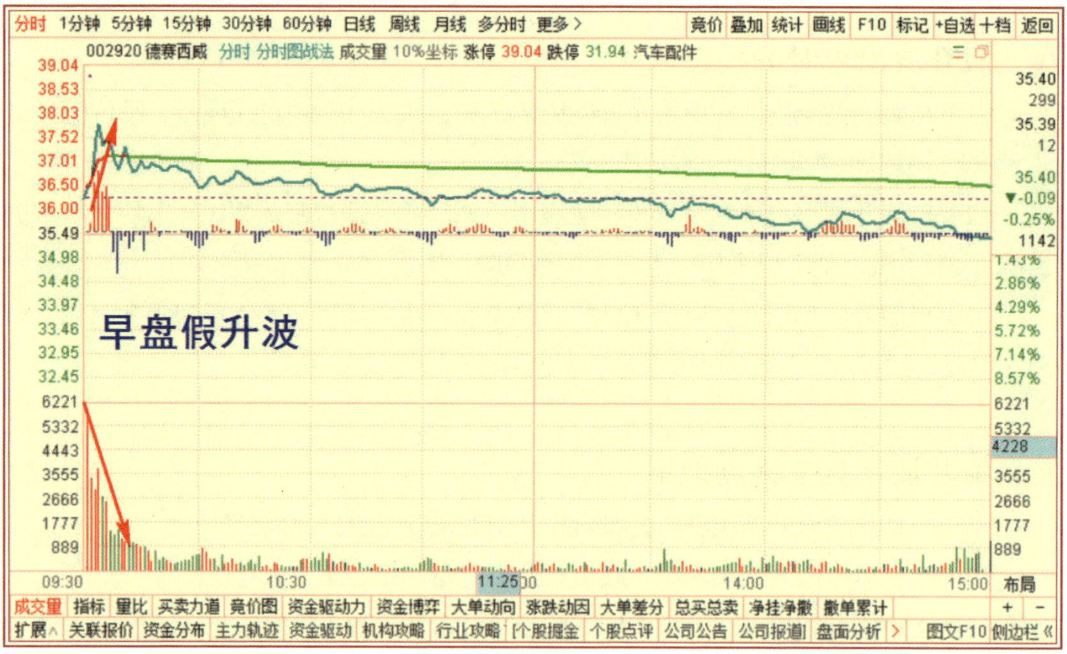

图089 早盘假升波

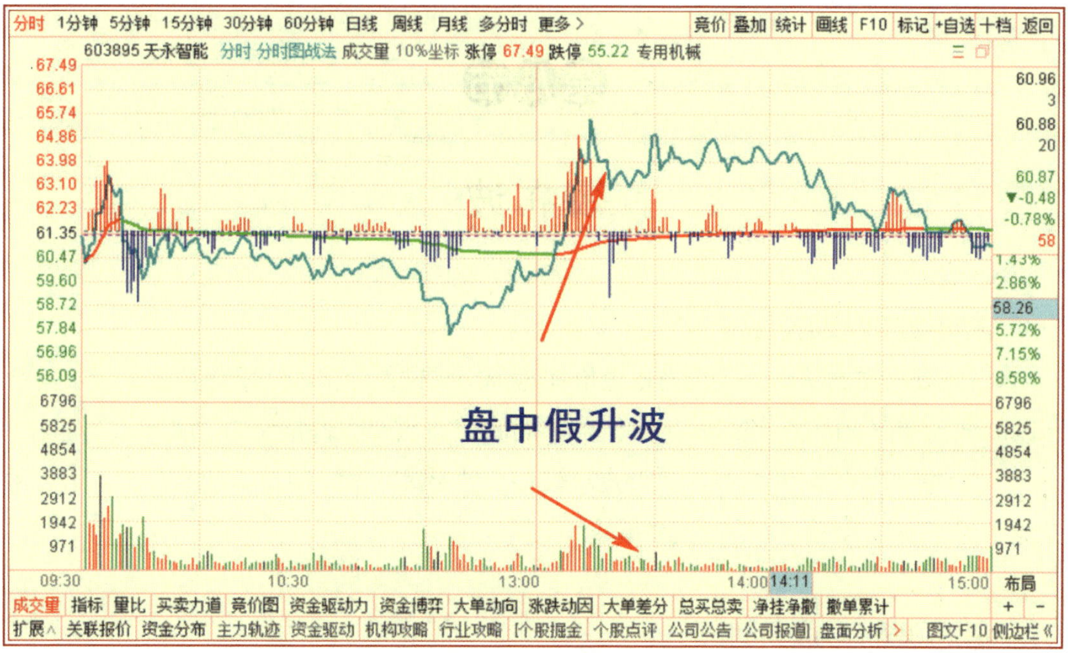

图090　盘中假升波

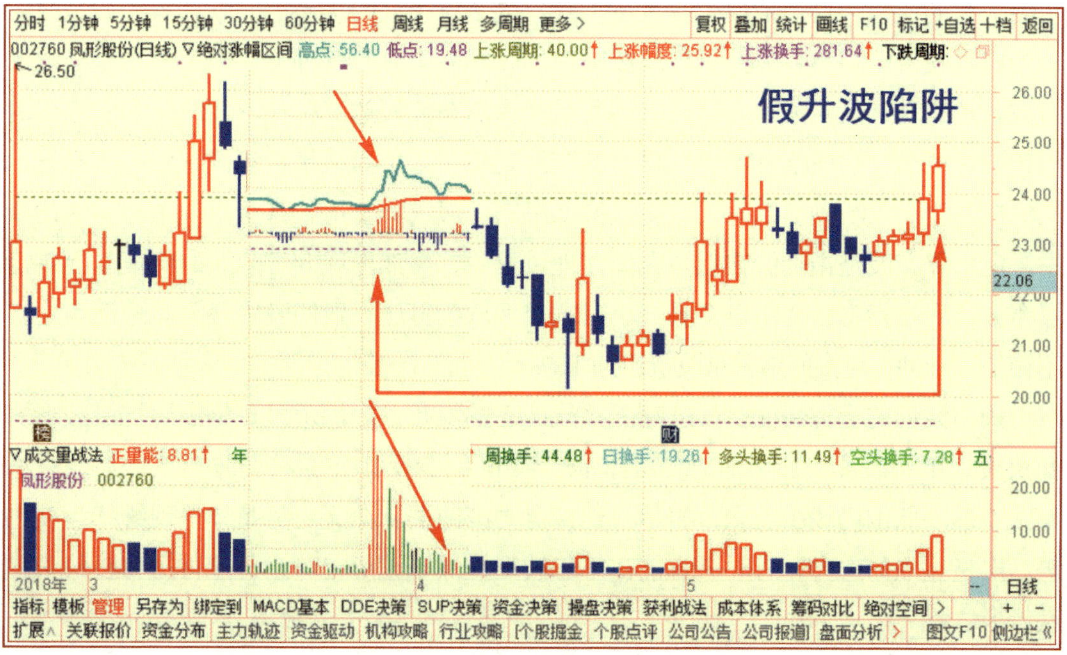

图091　假升波陷阱识别

第八节
SECTION 8
瀑布波

一、瀑布波的核心内涵

（1）瀑布波的基本含义。当日股价在盘中交易过程中出现几乎垂直式放量攻击性下跌的波动特征，因这一波动特征而形成的即时波形就是我们常说的“瀑布波”。

（2）瀑布波的常见类型。瀑布波一般有三种形式，第一种是早盘瀑布波，第二种是盘中瀑布波，第三种则是尾盘瀑布波。

二、瀑布波的形成机理

瀑布波是主力机构在做盘的时候通过持续大单或特大单卖出所引发股价出现攻击性下跌的结果，也就是持续放大量下跌。这是瀑布波的实质。所以，瀑布波是主力机构操纵股价的经典手段。瀑布波按出现的时间段来分有三种形式，第一种是早盘瀑布波，第二种是盘中瀑布波，第三种则是尾盘瀑布波。这三种在不同的时间段出现的瀑布波，做盘的性质略有不同。早盘瀑布波是指主力早盘在集合竞价时将股价高开，然后在开盘后不断抛出筹码，致使股价如瀑布一般飞流直下，甚至出现垂直下跌的状态。盘中瀑布波是指股价在盘中震荡整理过程中，突然出现向下急跌的特征。而尾盘瀑布波，则是指主力在尾盘交易一小时内突然放手打压，致使股价飞泻。总而言之，不管是哪一种，直接的结果是股价迅速下跌了。

瀑布波形的形态特征有如从高山飞流而下的瀑布，一泻千里，势不可挡。波形流畅狭长，单波跌幅一般可达5%以上，波形中间绝少反弹间歇。一波而下之后，股价稍做整理，低位仍较少放量，表示下档接盘力度薄弱。全天走势基本呈现继续盘跌态势。出货猛烈的主力，有时会直接在第二波形成瀑布波形走势，再接再厉将股价直逼跌停板位置。

古人诗云：“飞流直下三千尺，疑是银河落九天。”可以这样说，瀑布波是主力疯狂出货的典型操盘手法。经此之后，股价基本上已经元气大伤，其下跌之势犹如长河之水东流而去，难以逆转。

三、瀑布波的量价结构与表现形式

（1）波形特征。波形长度一般比较长，单一波形跌幅通常超过3个点。波形陡峭，波度呈80度甚至近似直角。波形十分流畅、平滑。波形结构一般在三个波段以内。最常见以两个波段为主。

（2）量价结构。均价线与股价走势曲线乖离较大。五档卖盘出现大单或特大单委托现象。盘口即时成交现量会持续密集出现单笔大单或多笔大单。量峰呈纵向和横向放大特征，量能结构紧密。

四、瀑布波出现时对应的量峰形态

（1）早盘瀑布波。开盘时容易出现特大单高开成交现象。开盘10分钟内，五档卖盘出现大单和特大单委托现象。开盘30分钟后，成交减弱。盘口即时成交现量会出现单笔大单或多笔大单。量峰呈纵向和横向放大特征。随着时间推移，量峰逐步开始萎缩。

（2）盘中瀑布波。股价下跌前拉升无力的滞涨现象。当股价下跌时，五档卖盘逐步出现大单或特大单委托现象。盘口即时成交现量迅速持续出现大量大单和特大单。量峰迅速呈纵向和横向放大特征，然后出现明显的波浪结构特点。

（3）尾盘瀑布波。股价在下午收盘前一小时突然出现下跌。五档卖盘逐步出现大单或特大单委托现象。盘口即时成交现量迅速持续出现大量大单和特大单。量峰迅速呈纵向和横向放大特征，浪峰呈单一波浪特点。

五、瀑布波出现时主力的做盘意图

（1）早盘瀑布波。早盘瀑布波较易发生在股价经过一个较大波段拉升之后。当天早盘开盘后，股价高开低走，直接向下打压。主力通过高开打压疯狂出货。因此，早盘瀑布波是股价波段见顶的重要特征。主力在盘中通过瀑布波以迅雷不及掩耳之势使股价展开下跌，套牢跟风买进的广大投资者，从而达到阶段性出货的目的。

（2）盘中瀑布波。盘中瀑布波较易发生在股价经过一个较大波段拉升之后的平台整理期。当天盘中反复震荡整理后，股价突然出现向下走势展开暴跌。盘中瀑布波是主力在盘头阶段持续疯狂出货的重要特征。

（3）尾盘瀑布波。尾盘瀑布波较易发生在股价经过大型平台整理的后期。当天盘中反复震荡整理后，股价在临近收盘前一小时突然出现向下走势展开暴跌，并一举击穿重要支撑位。主力在尾盘通过瀑布波以迅雷不及掩耳之势使股价展开下跌，套牢平台区域高价持仓的广大投资者，从而达到最后出货的目的。

六、瀑布波与价格空间位置的对应关系

（1）瀑布波出现在股价拉升阶段末期，是主力在盘中疯狂阶段性出货的结果。

（2）瀑布波出现在股价大涨之后的横盘整理阶段，是主力在盘中反复震荡出货的结果。

（3）瀑布波出现在股价破位下跌阶段初期，是主力在盘中最后疯狂出货的结果。

七、瀑布波对当日股价走势的影响

瀑布波在当日对股价会产生极强的牵引力和推动力。瀑布波由于出现在股价上涨趋势的中后期，当日盘中对股价的影响较大，对股价后期趋势的影响也较大。

（1）早盘瀑布波出现时，股价放量下跌，以中阴或大阴K线报收的概率极大。

（2）盘中瀑布波出现时，股价放量下跌，以中阴或大阴K线报收的概率极大。

（3）尾盘瀑布波出现时，股价放量下跌，以中阴K线报收的概率极大。

八、瀑布波出现时的投资风险

（1）当瀑布波形出现在股价拉升阶段的末期，主力在盘中打压出货，股价已经见顶。因此，短中线风险极大，宜持币观望。

（2）当瀑布波形出现在股价盘头阶段中后期，主力通过瀑布波打压出货，后市仍将继续大幅下跌，临盘以观望为主，短中线风险巨大。

（3）当瀑布波形出现在股价下跌阶段初、中期，主力通过瀑布波持续打压出货，后市仍将继续大幅下跌，临盘以观望为主，短中线风险巨大。

九、瀑布波读盘关键点提示

（1）当日早盘瀑布波出现时，股价下跌中的量峰是否呈放大特征？

（2）当日盘中瀑布波出现时，股价下跌中的量峰是否呈放大特征？

（3）当日尾盘瀑布波出现时，股价下跌中的量峰是否呈放大特征？

（4）当日瀑布波出现时，股价所处的趋势位置属于哪个阶段？

十、瀑布波识别实战训练精讲

瀑布波属于最常见的出货图形，也是最具有杀伤力的出货图形。

瀑布波不管出现在哪个时间段，早盘、盘中或者尾盘，在实战中对投资者的伤害都是很严重的，因为它近似于垂直的杀跌，价格跳跃式向下掼摔，根本不给投资者喘息的机会，直接“置人于死地”。这是瀑布波最可怕的地方。因此，当股价运行到关键技术点位的时候，或者涨幅巨大的时候，需要特别小心。一旦盘口出现异常挂单，出现异动，要及时止损。

实际上，瀑布波每一次出现，都是有踪迹可寻的。

细心的投资者可以通过盘口各种信息的变化，敏锐地感知。

典型的早盘瀑布波，开盘之后直接放量下跌，气势汹汹，应该怎么应对呢？凡事预则立，我们只要懂得充分准备，做足功课，就不会临盘慌乱。

从日线图上，可以看到：

第一，它的价格已经处于空间位置的高位。

第二，它已经处于下跌阶段的中期，呈现为加速下跌趋势。

第三，当天开盘的时候，低开低走，开盘价成了最高价。

很显然，结合各种因素分析，我们就不会在这个时候去抄底。

十一、本节知识要点与思考练习题图解

【思考练习题】

（1）早盘瀑布波具有什么特点？答案参见图092。

（2）盘中瀑布波具有什么特点？答案参见图093。

（3）尾盘瀑布波具有什么特点？答案参见图094。

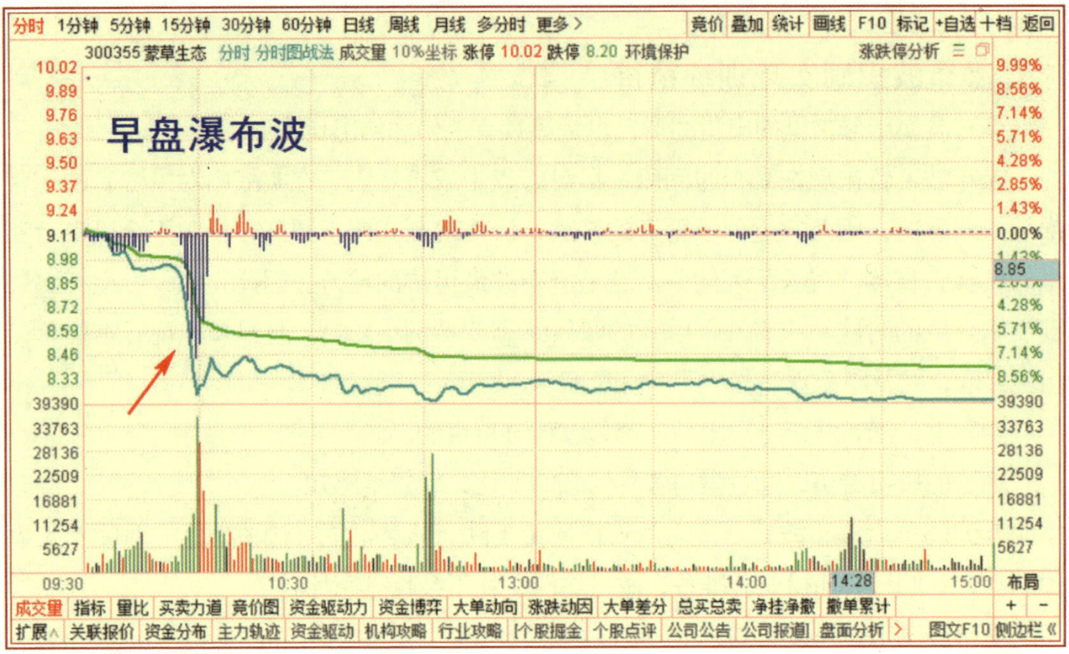

图092　早盘瀑布波

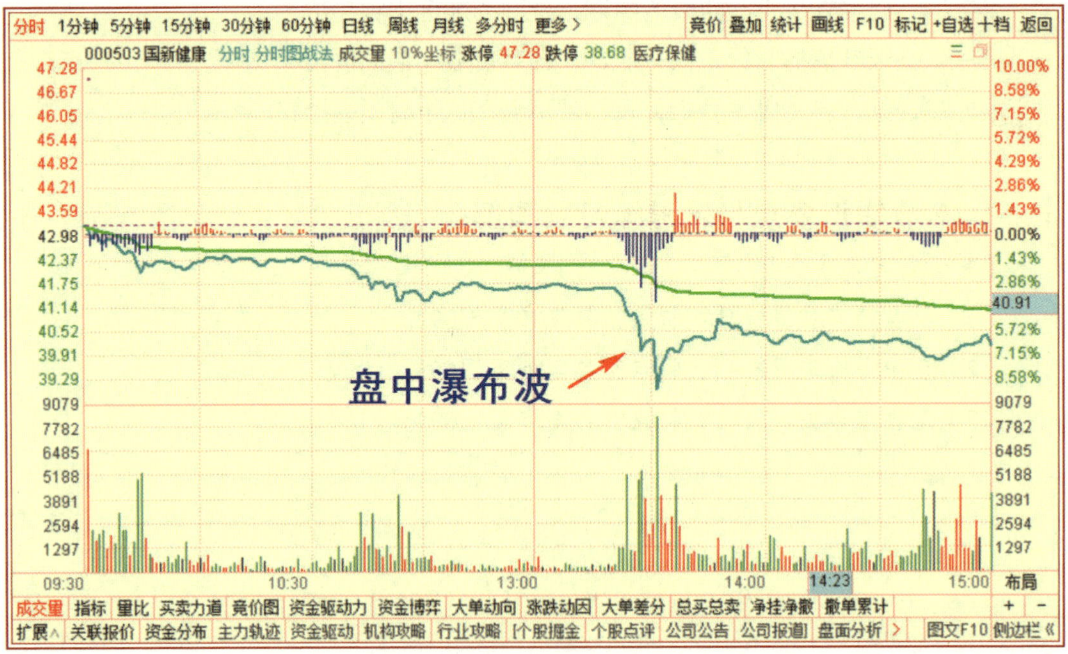

图093　盘中瀑布波

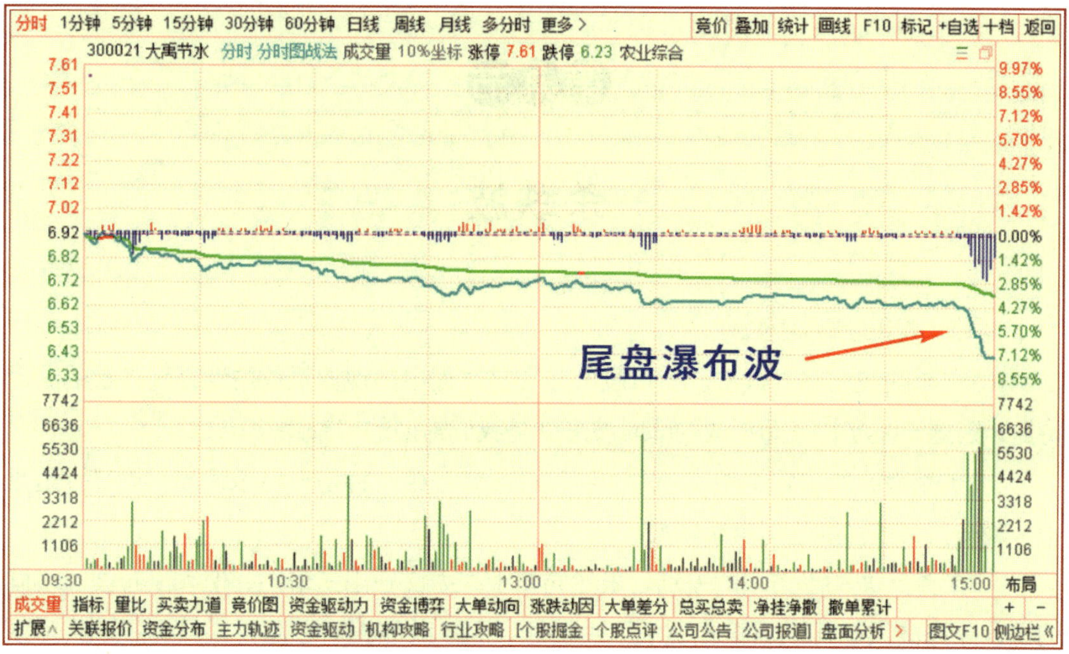
分时 1分钟 5分钟 15分钟 30分钟 60分钟 日线 周线 月线 多分时 更多 >
竞价 叠加 统计 画线 F10 标记 +自选 十档 返回
300021 大禹节水 分时 分时图战法 成交量 10%坐标 涨停 7.61 跌停 6.23 农业综合
尾盘瀑布波
09:30
10:30
13:00
14:00
15:00
布局
成交量 指标 量比 买卖力道 竞价图 资金驱动力 资金博弈 大单动向 涨跌动因 大单差分 总买总卖 净挂净撤 撤单累计
扩展 关联报价 资金分布 主力轨迹 资金驱动 机构攻略 行业攻略 个股掘金 个股点评 公司公告 公司报道 盘面分析 图文F10 侧边栏

图094 尾盘瀑布波

第九节

SECTION 9

杀跌波

一、杀跌波的核心内涵

（1）杀跌波的基本含义。当日股价在交易过程中出现放量攻击性震荡下跌的波动特征，因这一波动特征而形成的即时波形就是我们常说的“杀跌波”。

（2）杀跌波的主要类型。杀跌波有三种形式，第一种是早盘杀跌波，第二种是盘中杀跌波，第三种则是尾盘杀跌波。

（3）杀跌波和瀑布波的差别。虽然同属于主力疯狂出货形态，但和瀑布波所不同的是，瀑布波具有几乎垂直式跳水下跌特征，而杀跌波相对较温柔，具有震荡式盘跌特征。

二、杀跌波的形成机理

杀跌波是主力机构在临盘实战中通过持续大单或特大单卖出所引发的股价出现攻击性下跌的结果。通常情况下，主力采取高开低走、平开低走和低开低走三种做盘手段，全天不间断出货，致使股价持续盘跌，涨升无力，以致收市几乎以最低价收盘。这种走势一旦出现，表明主力机构的做盘计划已经达到了预期目标，股价连续下跌趋势难以逆转。

杀跌波的波形特征一般呈震荡盘跌走势，波形曲线里面产生类似冲击波形的尖角突起，而这绝不是主力还在吸货，而是主力对敲做线操盘的结果。股价跌势较缓，给人产生一种跌不下去又随时反弹的心理暗示。事实上，主力在盘中暗暗派发，吸引不明就里的跟风资金即时买入。而盘中持仓散户因抱有对股价未来预期的幻想也不会轻易减仓，这就使得主力可以在盘中从容出货。主力为吸引更多的跟风资金进场，有时会在盘中制造假升的反弹假象，但股价很快又回归盘跌现状，使得跟风资金无论在盘中任何价格买入均难逃当天即套牢的悲惨命运。

杀跌波形往往越盘越低，收盘均在当天最低价附近，而次日走势往往在早盘或中盘作出一波弱势反弹的姿态调节超卖的指标后，又继续维持昨日的杀跌走势。在杀跌过程中，股价每天均能保持在1%以上的换手率，这说明主力在盘中成功减持。股价阴跌不止，等所有投资者醒悟过来时，已是江河东去，跌了一大截了。

三、杀跌波的量价结构与表现形式

（1）波形特征。波形长度一般呈中等，单一波形跌幅通常在3个点以内。波形平缓，波度呈45度或60度倾斜角。波形十分流畅、平滑，并在下跌过程中，常见尖角状突起。波形结构一般在3~5个波段，通常以3个波段为主。

（2）量价结构。均价线与股价走势曲线乖离较大。五档卖盘出现大单或特大单委托现象。盘口即时成交现量会持续密集出现单笔大单或多笔大单。量峰呈纵向和横向放大特征，量能结构紧密。

四、杀跌波出现时对应的量峰形态

（1）早盘杀跌波。开盘时容易出现特大单高开成交现象。开盘10分钟内，五档卖盘出现大单和特大单委托现象。开盘30分钟后，成交减弱。盘口即时成交现量会出现单笔大单或多笔大单。量峰呈纵向和横向放大特征。随着时间推移，量峰逐步开始萎缩。

（2）盘中杀跌波。股价下跌前反复震荡拉升无力的滞涨现象。当股价下跌时，五档卖盘逐步出现大单或特大单委托现象。盘口即时成交现量迅速持续出现大量大单和特大单。量峰迅速呈纵向和横向放大特征，然后出现明显的波浪结构特点。

（3）尾盘杀跌波。股价在下午收盘前一小时突然出现下跌。五档卖盘逐步出现大单或特大单委托现象。盘口即时成交现量迅速持续出现大量大单和特大单。量峰迅速呈纵向和横向放大特征，浪峰呈单一波浪特点。

五、杀跌波出现时主力的做盘意图

（1）早盘杀跌波。早盘杀跌波较易发生在股价经过一个较大波段拉升之后。当天早盘开盘后，股价高开低走，盘中反复震荡向下打压。主力通过高开低走持续打压出货。因此，早盘杀跌波是股价波段见顶的重要特征。主力在盘中通过杀跌波让股价快速展开下跌，套牢跟风买进的中小投资者，从而达到阶段性出货的目的。

（2）盘中杀跌波。盘中杀跌波较易发生在股价经过一个较大波段拉升之后的平台整理期。当天盘中反复震荡整理后，股价突然出现向下走势展开暴跌。盘中的杀跌波是主力在盘头阶段持续疯狂出货的重要特征。

（3）尾盘杀跌波。尾盘杀跌波较易发生在股价经过大型平台整理的后期。当天盘中反复震荡整理后，股价在临近收盘前一小时突然出现向下走势展开暴跌，并一举击穿重要支撑位。主力在尾盘通过杀跌波让股价迅速展开下跌，套牢平台区域高价持仓的中小投资者，从而达到最后出货的目的。

六、杀跌波与价格空间位置的对应关系

（1）杀跌波出现在股价拉升阶段末期，是主力在盘中阶段性疯狂出货的结果。

（2）杀跌波出现在大涨之后的横盘整理阶段，是主力在盘中反复震荡出货的结果。

（3）杀跌波出现在股价破位下跌阶段初期，是主力在盘中最后疯狂出货的结果。

七、杀跌波对当日股价走势的影响

杀跌波在当日对股价会产生极强的牵引力和推动力。杀跌波由于出现在股价上涨趋势的中后期，当日盘中对股价的影响较大，对股价后期趋势的影响也较大。

（1）早盘杀跌波出现时，股价放量下跌，以中阴或大阴K线报收的概率极大。

（2）盘中杀跌波出现时，股价放量下跌，以中阴或大阴K线报收的概率极大。

（3）尾盘杀跌波出现时，股价放量下跌，以中阴K线报收的概率极大。

八、杀跌波出现时的投资风险

（1）当杀跌波形出现在股价拉升阶段的末期，主力在盘中打压出货，股价已经见顶。因此，短中线风险极大，宜持币观望。

（2）当杀跌波形出现在股价盘头阶段中后期，主力通过杀跌波打压出货，后市仍将继续大幅下跌，临盘以观望为主，短中线风险巨大。

（3）当杀跌波形出现在股价下跌阶段初中期，主力通过杀跌波持续打压出货，后市仍将继续大幅下跌，临盘以观望为主，短中线风险巨大。

九、杀跌波与瀑布波的区别

（1）波形结构。杀跌波基本以震荡盘跌形态出现，波形较短，且有冲击波的尖角状特征。瀑布波以垂直跳水式形态出现，波形较长，没有尖角状突起。

（2）波度特征。杀跌波的波度较为平缓，基本呈45度或60度倾斜角下跌。瀑布波的波度十分陡峭，大多呈80度接近直角的方式下跌。

（3）波段结构。杀跌波基本会保持3~5个波段下跌结构。瀑布波一般在3个波段以内，经常以2个大波段形态出现。

（4）量峰结构。杀跌波的量峰较大，有明显的多波浪结构。瀑布波的量峰相对较大，但以单一浪峰形态居多。

十、杀跌波读盘关键点提示

（1）当日早盘杀跌波出现时，股价下跌中的量峰是否呈放大特征？

（2）当日盘中杀跌波出现时，股价下跌中的量峰是否呈放大特征？

（3）当日尾盘杀跌波出现时，股价下跌中的量峰是否呈放大特征？

（4）当日杀跌波出现时，股价所处的趋势位置属于哪个阶段？

十一、本节知识要点与思考练习题图解

【思考练习题】

（1）早盘杀跌波具有什么特点？答案参见图095。

（2）盘中杀跌波具有什么特点？答案参见图096。

（3）尾盘杀跌波具有什么特点？答案参见图097。

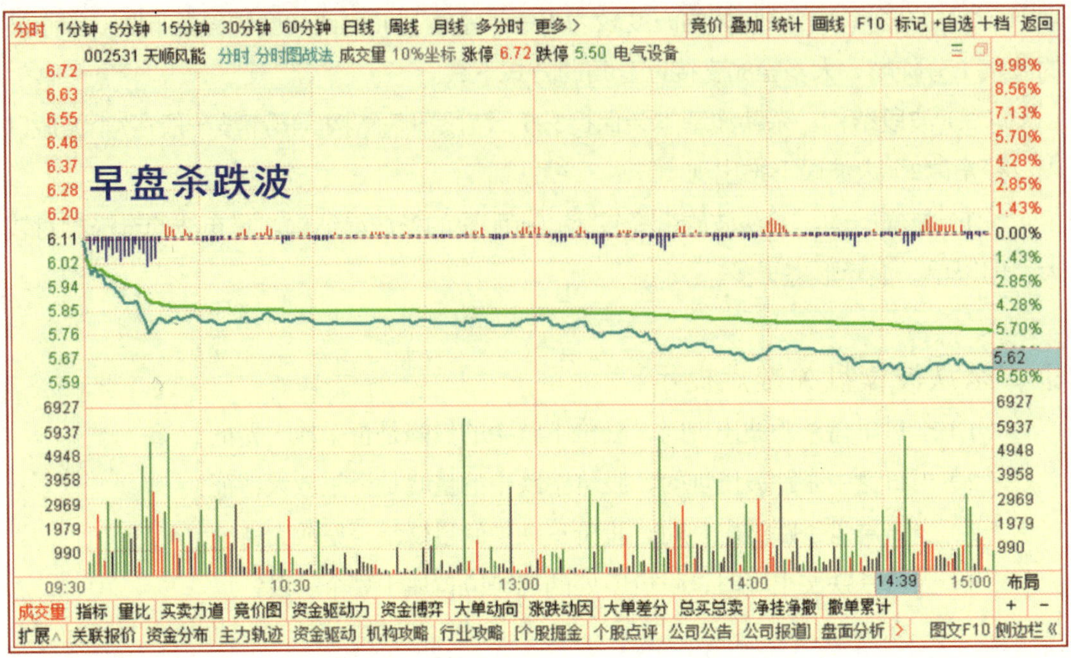

图095　早盘杀跌波

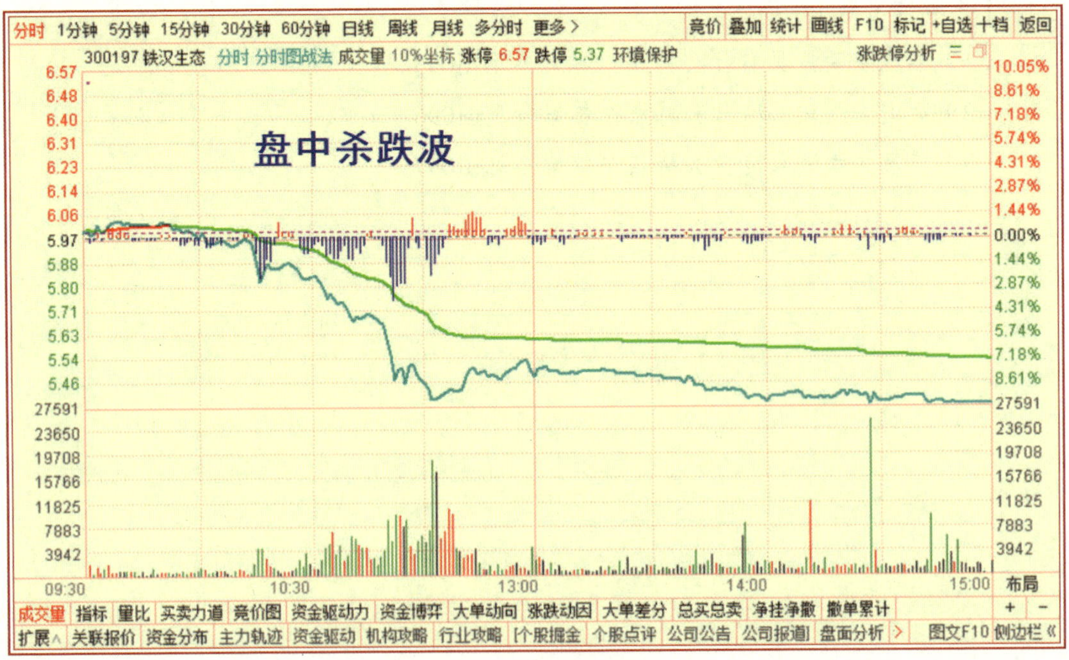

图096　盘中杀跌波

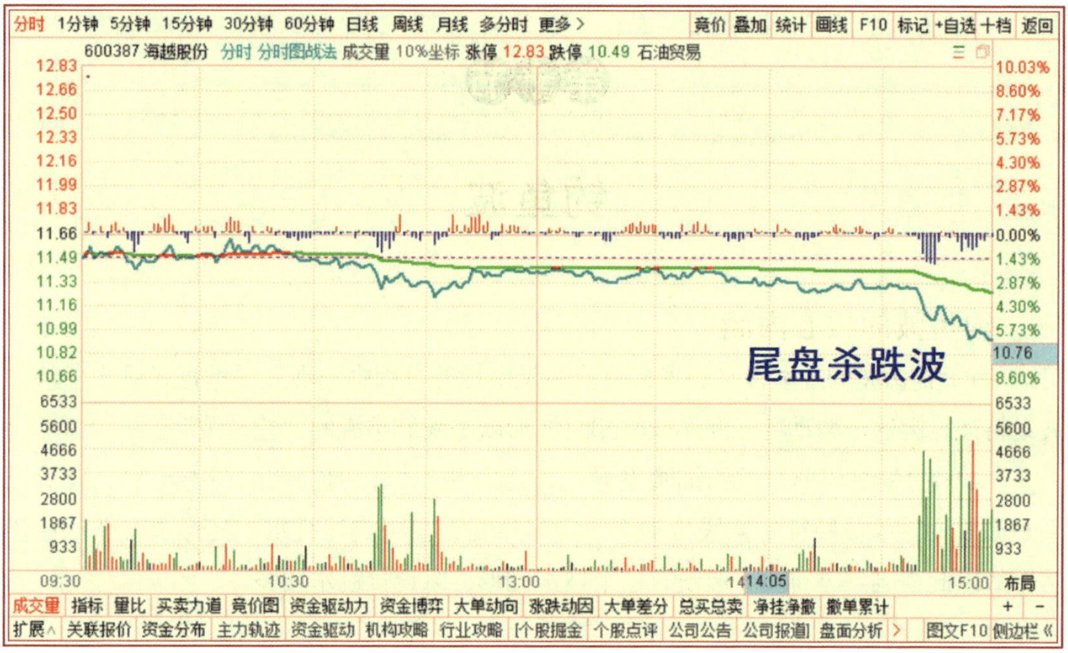

图097　尾盘杀跌波

第十节
SECTION 10
钓鱼波

一、钓鱼波的核心内涵

（1）钓鱼波的基本含义。当日股价在盘中拉升过程中出现几乎垂直式跳水下跌的波动特征，因这一波动特征而形成的即时波形就是我们常说的“钓鱼波”。

（2）钓鱼波与瀑布波的细微差异。二者有些类似，但钓鱼波在出现前，股价呈现长波攻击性拉高特征，当股价涨至一定高位时，盘中突然跳水，其形态就像钓鱼姿势，故以此得名。瀑布波一般没有这个技术图形，以直接跳水居多。

二、钓鱼波的形成机理

钓鱼波一般发生在上午交易时间段，股价先扬后抑，是主力机构通过持续大单或特大单卖出所引发的股价出现攻击性下跌的结果。股价跳水下跌前的上涨，是因为主力机构在盘中持续对敲推高股价，形成一波或二波长波攻击形态。这种长波攻击性操盘是主力典型的诱多手段。而当股价涨至一定高位时，盘中多翻空突然跳水，更是主力机构在盘中疯狂出货所导致的结果。

钓鱼波一般发生在股价上升趋势的末期，即当股价完成一轮较大级别的涨幅时，量度涨幅已经达成，盘中较易出现钓鱼波。而经钓鱼波打击的股价，其后续趋势将会完全逆转，由上升趋势转变为中长期下跌趋势。因此，钓鱼波可视为转势征兆。

由于钓鱼波对广大投资者的信心打击较大，同时，容易快速破坏股价的技术形态，更容易引发市场监管者的跟踪监管，因此，这种操盘手法已经渐渐远离主力的视线。

三、钓鱼波的量价结构与表现形式

（1）波形特征。跳水下跌前，股价会出现长波攻击，单一波形达到5个点以上。拉升的攻击波呈60度倾斜角。跳水时，下跌波形长度一般比较长，单一波形跌幅通常超过5个点。波形陡峭，波度呈80度接近直角。波形十分流畅、平滑。波形结构一般在

3个波段以内。通常以2个波段为主。

（2）量价结构。均价线与股价走势曲线乖离较大。五档卖盘出现大单或特大单委托现象。盘口即时成交现量会持续密集出现单笔大单或多笔大单。量峰呈纵向和横向放大特征，量能结构紧密。

四、钓鱼波出现时对应的量峰形态

（1）开盘时容易出现大单高开成交现象。

（2）开盘一小时内的股价拉升过程中，五档买盘没有大单和特大单委托现象。

（3）拉升时，盘口即时较少出现大单或特大单的成交现量。

（4）开盘一小时后，股价开始跳水下跌，五档卖盘出现大单和特大单委托现象。

（5）盘口即时成交现量迅速持续出现单笔大单或多笔大单。

（6）量峰呈纵向和横向放大特征，并出现多浪形量峰结构。

（7）随着时间推移，量峰经快速放大后，开始逐步萎缩。

五、钓鱼波出现时主力的做盘意图

钓鱼波较易发生在股价经过一个较大波段拉升之后。当天早盘开盘后，股价高开高走，主力直接通过对敲手段展开拉升。当拉升至相对高位时，主力通过挂出大单打压疯狂出货。因此，钓鱼波是股价波段见顶的重要特征。主力在盘中通过钓鱼波以迅雷不及掩耳之势让股价展开下跌套牢早盘跟风买进的中小投资者，从而达到阶段性出货的目的。

六、钓鱼波与价格空间位置的对应关系

（1）钓鱼波出现在股价拉升阶段末期，是主力在盘中阶段性疯狂出货的结果。

（2）钓鱼波出现在股价大涨之后的横盘整理阶段，是主力在盘中反复震荡出货的结果。

七、钓鱼波对当日股价走势的影响

钓鱼波一般较易发生在上午交易时间段，由于对股价的牵引力和推动力极强，因而其对当天股价的走势影响巨大。通常情况下，当钓鱼波形成时，当天均会以带长上影线的中阴线或大阴K线报收。

八、钓鱼波出现时的投资风险

（1）当钓鱼波形出现在股价拉升阶段的末期，主力在盘中打压出货，股价已经见顶。因此，短中线风险极大，宜持币观望。

（2）当钓鱼波形出现在股价盘头阶段中后期，主力通过钓鱼波直接跳水打压出货，股价后市仍将继续大幅下跌，临盘以观望为主，短中线风险巨大。

九、钓鱼波读盘关键点提示

（1）当日盘中钓鱼波出现前，股价拉升中的量峰是否呈放大特征？

（2）当日盘中钓鱼波出现时，股价下跌中的量峰是否呈放大特征？

（3）当日钓鱼波出现时，股价所处的趋势位置属于哪个阶段？

十、钓鱼波识别实战训练精讲

钓鱼波是庄股时代的产物，是典型的极其恶劣的出货行为。

钓鱼波出现在阶段性高点，很少会出现在空间位置的低位。

钓鱼波的出现首先是要竖起钓鱼竿，主力做盘的方式简单、粗暴，就直接对敲拉升七八个价位。拉出了跳水的空间之后，反手做空，让股价直接垂直式跳下来。

遇到钓鱼波，要沉住气，不要急于“割肉”。因为垂直跳水之后，通常都会出现强力反抽。可以在反抽的时候离场，这样极可能减少损失，如果是盈利盘，也许还能加大盈利幅度。

十一、本节知识要点与思考练习题图解

【思考练习题】

（1）钓鱼波出现在什么空间位置居多？答案参见图098。

（2）钓鱼波出现前量能结构有什么特点？答案参见图099。

（3）钓鱼波出现后量能结构有什么特点？答案参见图100。

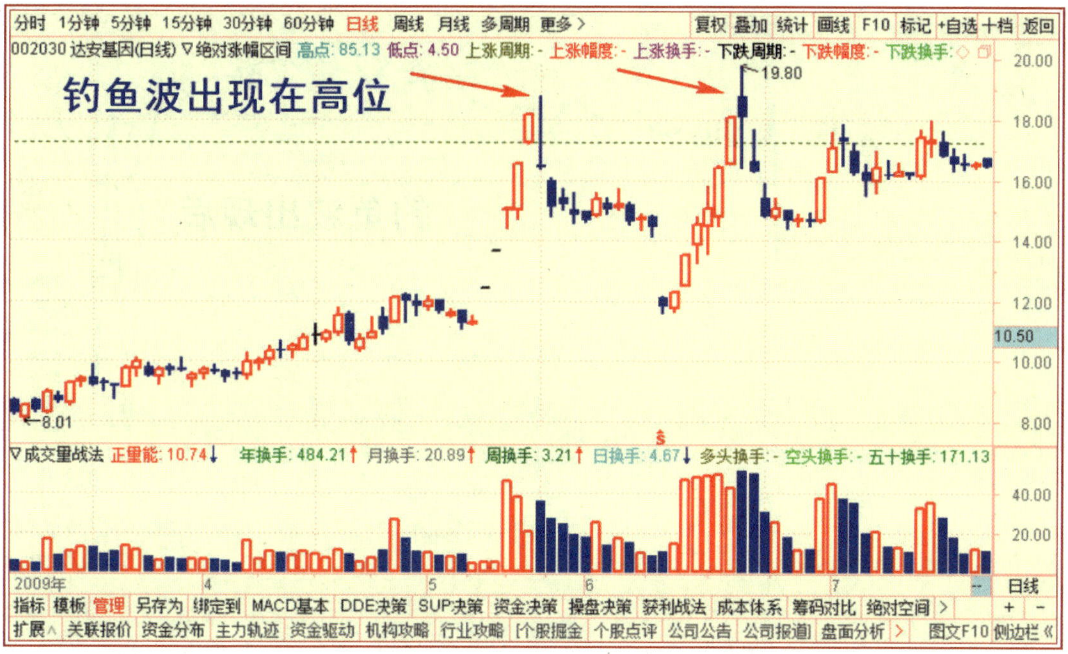

图098　钓鱼波出现的空间位置

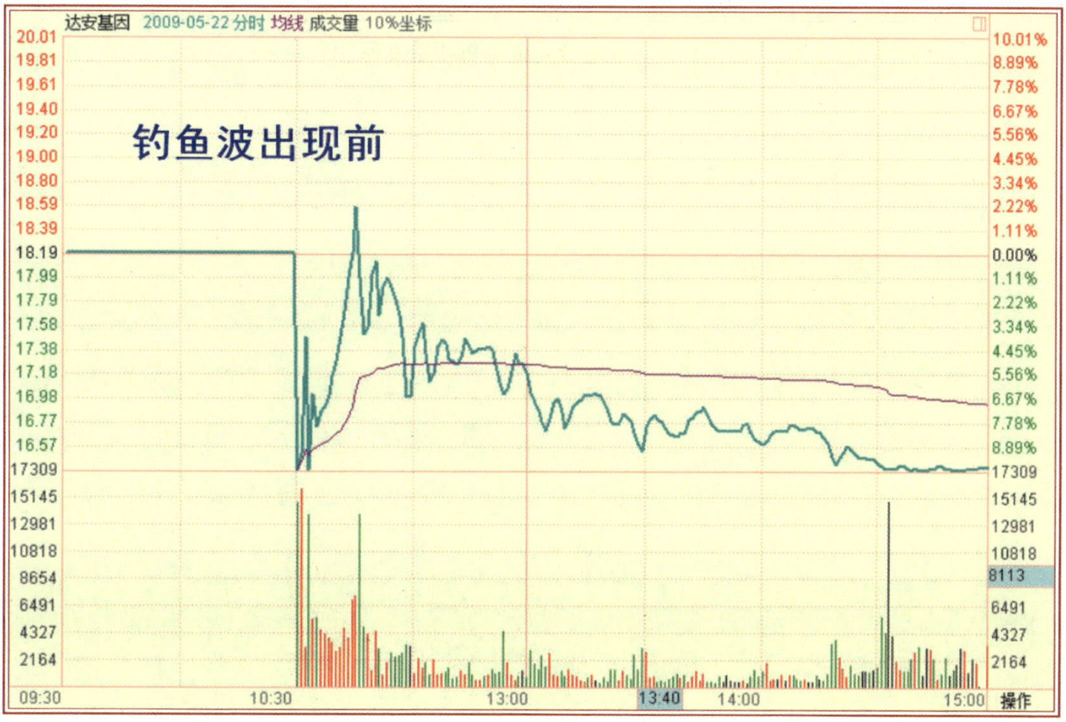

图099　钓鱼波出现前的量能结构

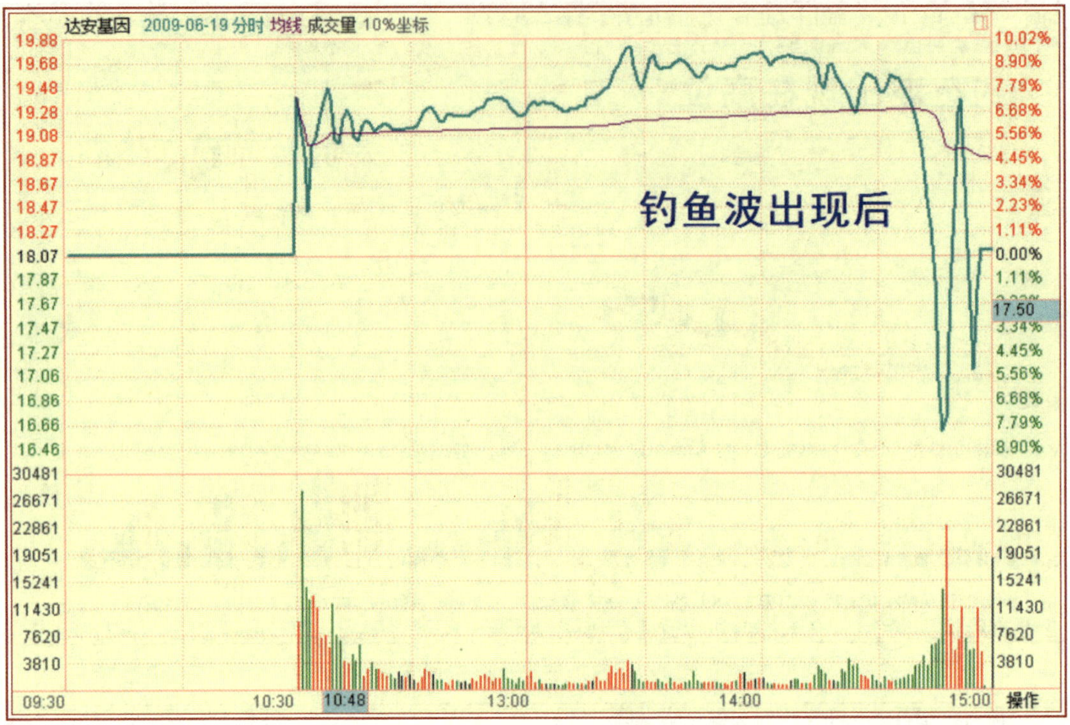

图100　钓鱼波出现后的量能结构

第四章
从量峰看主力做盘陷阱

本章学习重点内容

一、深刻理解盘口各种类型量峰的重要性，领会各类量峰的核心内涵

二、认真领会冲击型量峰和攻击型量峰的做盘实质，理解它们背后的真实内涵

三、正确理解萎缩型量峰形成的根本原因，及时评估它对当天和未来走势的影响

四、学会分析诱多型量峰产生的根本原因，深刻理解它对当天和未来走势的影响

五、掌握各种经典的诱空型量峰，结合对应的波形结构特征领会主力的操盘意图

第一节

SECTION 1

量峰概述

一、量峰的核心内涵

（1）量峰的基本含义。量峰是指股价在交易过程中，通过密集型、持续、不间断成交所产生的成交现量。反映在股票交易软件的盘口即时图表界面中，即由成交现量统计表实时统计而形成的呈纵向和横向扩展柱状量结构。量峰的高低大小随股价涨跌的状态而发生变化。

（2）量峰的作用。量峰有各种量柱。有长的量柱，即表示纵向结构较高。有短的量柱，即表示纵向结构的高度不足。横向扩展是指量峰的横向密集。在临盘实战操盘过程中，量峰并不代表当天成交总量和换手率的大小，而是一种判断量价结构健康程度与强弱特征的技术指标值。

二、量峰的形成机理

量峰是由密集型、持续、不间断的成交所产生的成交现量表现出来的量柱组成的，反映在即时交易图表中，呈现纵向和横向扩展的柱状量结构变化。因而，当量峰呈纵向和横向放大时，则表示成交活跃，属于积极的主动性成交占据上风。而当量峰呈纵向和横向萎缩时，则代表成交清淡，属于消极的被动性成交占据上风。

因此，量峰值的变化特征跟资金进出密度大小呈正比关系。

另外，由于量峰的高低大小随股价涨跌状态而发生变化，而股价的涨跌主要受主力机构操纵所影响，基于这一因素，我们可以发现，量峰的形成正是主力机构在盘中积极交易所产生的结果。也就是说，量峰是主力机构活动的轨迹。量峰的长度反映了主力机构操纵股价的力度。量峰的宽度反映了主力机构做盘的风格。红色量柱的长短揭示了主力机构做盘资金投放的力度。绿色量柱的长短揭示了主力机构筹码释放力度的大小。因此，通过解剖量峰的结构，可以清晰地看到主力机构做盘的核心机密和操纵股价的根本意愿。

三、量峰在盘口的表现形式

如上所述，量峰是主力机构在盘中积极交易所产生的结果。量峰的高低大小随股价涨跌的状态而发生变化，因而表现在盘口即时图表中共以下两种典型特征：

（1）当股价上涨时，随着五档买卖盘所产生的成交现量增加，量峰呈现纵向和横向放大状态。当股价下跌时，随着五档买卖盘所产生的成交现量增加，量峰呈现纵向和横向放大状态。

（2）当股价横盘整理时，随着五档买卖盘所产生的成交现量减小，量峰呈现纵向和横向萎缩状态。

四、量峰的作用

在日常临盘操作过程中，量峰具有像技术指标一样的使用意义，其具体作用表现在以下几个方面：

（1）当股价上涨时，量峰呈纵向和横向放大状态，说明量价结构健康，股价还会上涨。

（2）当股价上涨时，量峰呈纵向和横向萎缩状态，说明量价结构发生背离，股价会见顶回落。

（3）当股价下跌时，量峰呈纵向和横向放大状态，说明量价结构健康，股价还会下跌。

（4）当股价下跌时，量峰呈纵向和横向萎缩状态，说明量价结构发生背离，股价会触底反弹。

（5）无论股价是上涨还是下跌，最后一波走势的量价形态是否健康是判断趋势逆转的重要信号。

五、量峰的种类

根据股价涨跌趋势的变化特征，量峰也重点划分为以下五大类型：

（1）冲击型量峰。

（2）攻击型量峰。

（3）萎缩型量峰。

（4）诱多型量峰。

（5）诱空型量峰。

关于上述五大类型的量峰结构及其技术特征与临盘应用技巧将在接下来的章节中详细讲解。

六、量峰与主力操盘行为分析

（1）当股价上涨时，量峰呈纵向和横向放大状态，说明主力在盘中积极投入资金买进做多，股价还会继续上涨。

（2）当股价上涨时，量峰呈纵向和横向萎缩状态，说明主力在盘中通过对敲虚假拉升股价，股价即将下跌。

（3）当股价下跌时，量峰呈纵向和横向放大状态，说明主力在盘中积极抛售筹码卖出做空，股价还会下跌。

（4）当股价下跌时，量峰呈纵向和横向萎缩状态，说明主力在盘中通过对敲虚假打压股价，股价即将上涨。

（5）当股价经过一轮较大幅度上涨时，量峰呈纵向和横向急剧放大状态，说明主力在盘中已经诱使大量跟风性投资者买进，股价即将见顶回落。

（6）当股价经过一轮较大幅度下跌时，量峰呈纵向和横向急剧放大状态，说明主力在盘中已经诱使大量跟风性投资者卖出，股价即将见底反弹。

七、量峰对当日股价走势的影响

（1）当股价上涨时，量峰呈纵向和横向放大状态，说明当日量价结构健康，股价以阳K线报收的概率极大。

（2）当股价下跌时，量峰呈纵向和横向放大状态，说明放量下跌，股价以阴K线报收的概率极大。

（3）当股价上涨时，量峰呈先大后小的畸形状态，说明当日量价背离，股价以长上影K线报收的概率极大。

（4）当股价下跌时，量峰呈先大后小的畸形状态，说明当日量价背离，股价以长下影K线报收的概率极大。

（5）当量峰结构呈现萎缩特征时，股价当日以小阴或小阳K线报收的概率极大。

八、量峰与盘口交易活跃度的对应关系

量峰与盘口交易活跃度呈正比关系。如：

（1）当量峰呈纵向和横向放大状态时，盘口交易十分活跃，会持续出现大单和特大单成交。

（2）当量峰呈纵向和横向萎缩状态时，盘口交易十分清淡，仅有小单成交。

同理，量峰与股价在盘口的涨跌幅度也呈正比关系。即：

（1）当量峰呈纵向和横向放大状态时，股价涨跌幅度较大。

（2）当量峰呈纵向和横向萎缩状态时，股价涨跌幅度缩小。

九、量峰与当日换手率的比较分析

在临盘实战操盘过程中，量峰与当日换手率不会呈正比关系。但量峰具有独特的技术指标参考应用价值，因而，可以起到优化并修正换手率的作用。具体如下：

（1）当日成交换手率较大时，盘口并未发现明显的量峰结构，说明当天成交主要发生在开盘5分钟或收盘5分钟内。当日换手率有可能是主力通过对倒出货所致。

（2）当日成交换手率较大时，盘口发现明显的量峰结构，说明当天成交主要发生在盘中，是主力积极展开主动交易的结果。无论股价当日上涨或下跌，均能清晰地判断主力的操盘行为。

（3）当日成交换手率较小时，盘口发现明显的量峰结构，说明当天成交主要发生在盘中，是主力积极展开主动交易的结果。无论股价当日上涨或下跌，都能非常清晰地判断主力的操盘行为。

（4）当日成交换手率较小时，盘口并未发现明显的量峰结构，说明当天成交实在清淡，盘口并无明显的主力操盘特征，临盘不具备研究价值。

十、量峰读盘关键点提示

（1）量峰呈纵向和横向放大或萎缩的形态特征。

（2）量峰结构与当天股价涨跌幅度。

（3）量峰结构与当天股价涨跌趋势的健康及强弱程度。

（4）量峰结构与当天换手率的比较分析。

十一、本节知识要点与思考练习题图解

【思考练习题】

（1）什么是量峰由小到大？答案参见图101。

（2）什么是量峰由大到小？答案参见图102。

（3）什么是量峰密集结构？答案参见图103。

（4）什么是量峰松散结构？答案参见图104。

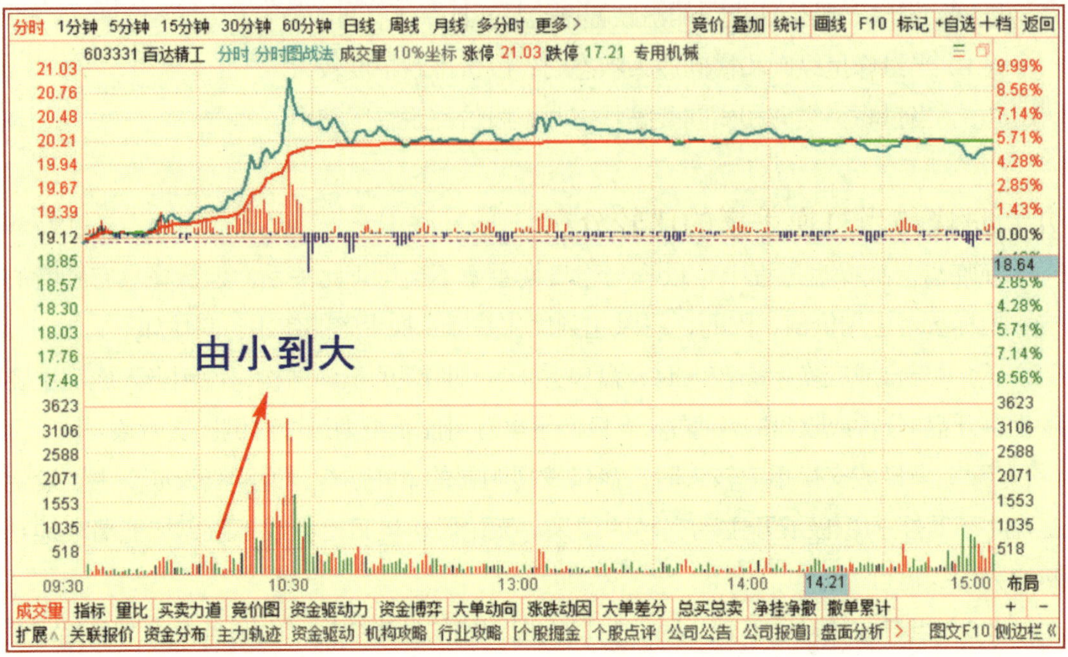

图101　量峰由小到大

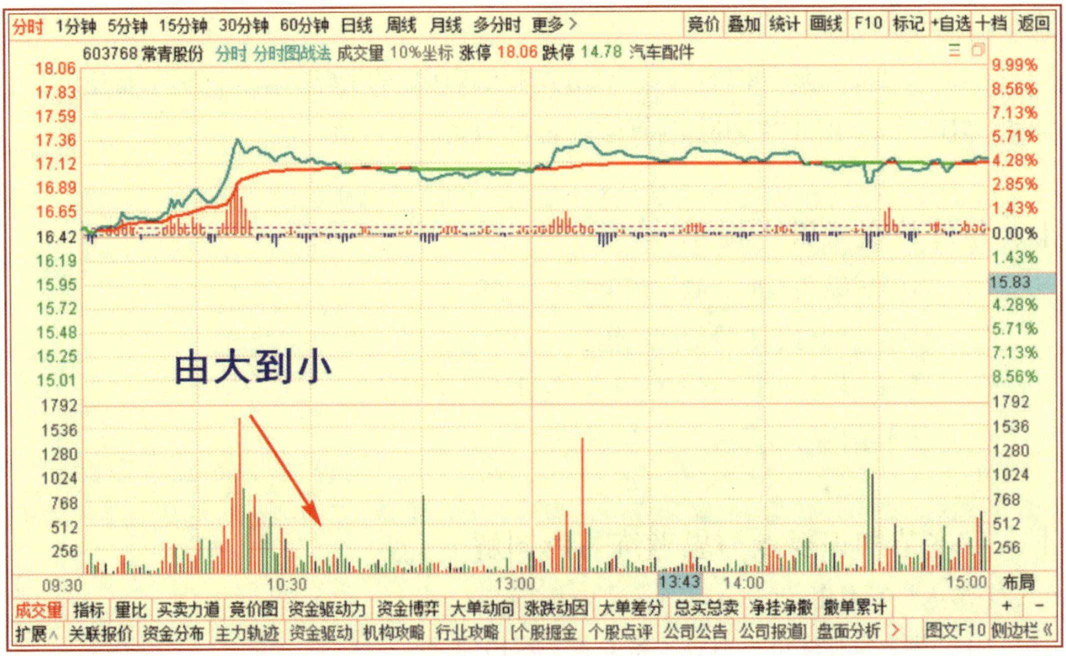

图102　量峰由大到小

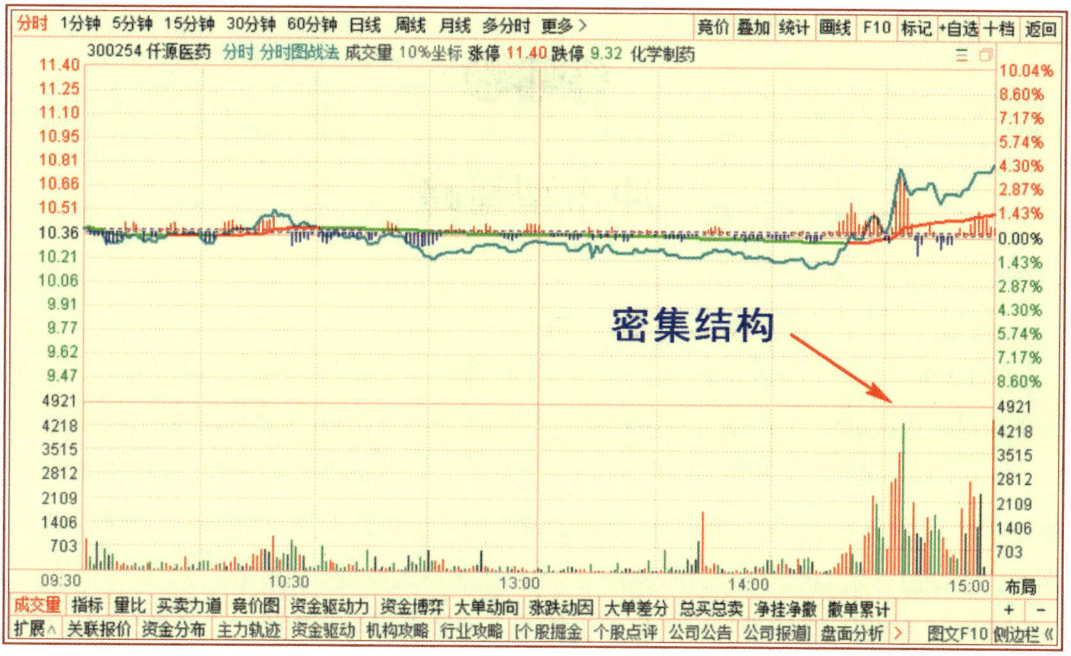

图103 量峰密集结构

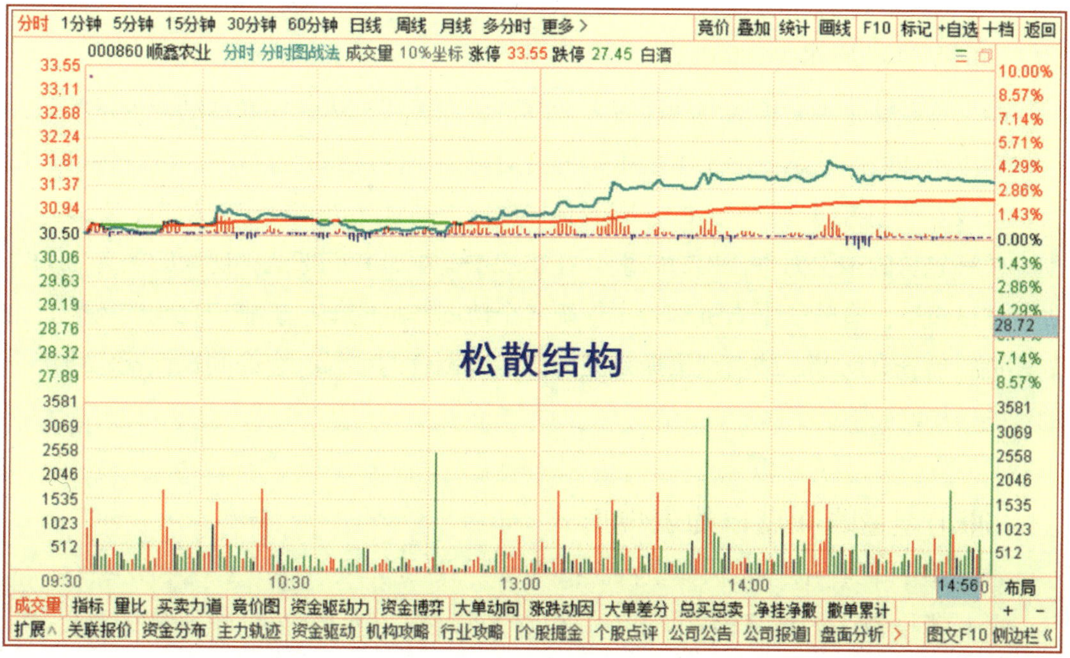

图104 量峰松散结构

第二节

SECTION 2

冲击型量峰

一、冲击与冲击型量峰的核心内涵

（1）冲击的基本含义。冲击是指在交易过程中主力机构间歇性、不持续、不密集大单积极买进或者大单卖出。冲击性买卖会造成股价在瞬间发生剧烈波动。

（2）冲击的特征。冲击所产生的持续力较弱，呈现间歇性的特点，股价瞬间波动幅度较大。由于主力机构的做盘行为不是持续地进行的，而是刻意采取一定的间隔，因此，成交量柱呈现出典型的间隔特征。大单或者特大单缺乏连贯性。

（3）冲击型量峰的含义。由主力机构冲击型做盘行为产生的对应量柱，即是冲击型量峰。它是股价在瞬间冲击时剧烈波动所产生的成交现量，纵向发展明显。

二、冲击型量峰的形成机理

冲击型量峰是主力机构间歇性投入大笔资金积极买进或者瞬间调动大批量筹码以大单卖出所造成的结果。由于主力机构的做盘行为仅仅是瞬间进行的、间歇性的，投入资金或者调用筹码是阶段性的，因而其操作缺乏持续买进和卖出的动力，对股价向某个单极趋势的牵引力也会相对较弱。在实战操盘中，我们把这种现象归类为主力在进行“试盘”。有时候主力机构为了平衡各个协同作战的拖拉机账户之间的筹码，也需要进行倒仓。所以，冲击型量峰是主力试盘或倒仓的结果，它的间歇性操作所产生的量能结构特征验证了这一点。

三、冲击型量峰在盘口的表现形式

冲击型量峰具有以下三大典型特征：

（1）瞬间爆发。量峰形成前没有温和放量的过程，属于突发性瞬间爆发形式。

（2）纵向放大。量峰形成时，呈纵向放大特征，没有横向的延续性。

（3）笔数较少。量峰形成时的现量结构通常由一笔、数笔或十余笔大单或特大单即时成交而生成。

根据冲击型量峰的三大表现特征，我们可以通过图表来进行分析验证，识破主力在做盘的时候究竟是想干什么，有什么特殊意图，从而判断是不是投资陷阱。

四、冲击型量峰与主力的做盘意图

通过分析冲击型量峰的形成机理，我们已得知它是由主力机构“试盘”或“倒仓”所形成的。但主力机构的这种操盘行为的目的究竟是什么？是什么因素导致了主力机构有这种独特的操盘行为？经过多年的实战操盘总结，我们发现冲击型量峰的出现，有两种因素与目的直接与主力操盘行为所导致的股价趋势发展方向有着巨大的关联。具体如下：

（1）建仓的需要。当股价处在阶段性低位，尤其是经过一轮熊市之后的历史性底部区域，主力机构在建仓时必须测试盘面筹码的稳定度，因而会通过这种“试盘”行为冲击股价。经过试盘动作的股价趋势将在不久之后形成向中期或中长期牛市方向转变。

（2）出货的需要。当股价处在阶段性整理平台或波段性高位，尤其是经过一轮大牛市之后的历史性高位区域，主力机构会想尽一切办法以达到出货的目的，而以协议价格向另一主力机构出货是最快速的手段。因而表现在盘面上就会发生“倒仓”行为冲击股价。经过倒仓出货动作的股价趋势在不久之后将会出现破位下跌的形态，股价从此向熊市方向转变。

五、冲击型量峰对当日股价走势的影响

冲击型量峰由于其瞬间爆发的特点，持续力较弱，不能单独改变股价在当天的运行趋势，但总是伴随股价趋势在当天向某个单极方向以大幅度震荡的方式运行。

（1）当股价震荡盘跌的过程中，突然出现冲击型量峰，当天股价出现带长下影线的概率较大。

（2）当股价震荡盘升的过程中，突然出现冲击型量峰，当天股价出现带长上影线的概率较大。

六、冲击型量峰常常发生的价格空间位置

（1）股价处在阶段性低位，尤其是经过一轮熊市之后的历史性底部区域，由于主力机构建仓的需要，在测试盘面筹码稳定度的过程中，较易出现冲击型量峰。

（2）股价处在阶段性整理平台或波段性高位，尤其是经过一轮大牛市之后的历史性高位区域，主力机构由于出货的需要，会以协议价格向另一主力机构通过对倒出货，此时较易出现冲击型量峰。

七、冲击型量峰与盘口交易活跃度

冲击型量峰的主要特点是瞬间爆发、间歇性大单成交、持续力较弱，因而表现在盘面上，盘口交易的活跃度一般。

冲击型量峰出现时，交易相对活跃。而当冲击型量峰消失后，则交易活跃度会迅速减弱。

八、冲击型量峰出现时的套利机会

（1）跟踪建仓的机会。当冲击型量峰出现时，如股价处在历史性或阶段性底部区域，说明主力已经开始进场建仓。此时，应根据股价的其他相关技术系统，确立阶段性建仓计划，迎接股价牛市趋势的到来。

（2）波段卖出的机会。当冲击型量峰出现时，如股价已经经过一个大波段行情或一轮大牛市级别的拉升行情并处在历史性高位区域，说明主力已经在对倒出货。此时，中长线投资者应及时卖出，以避免陷入熊市大调整趋势。

九、冲击型量峰出现时的投资陷阱与风险规避

冲击型量峰出现后，股价并不会马上向某个单极趋势发生转变，为避免陷入操盘陷阱，必须建立对股价趋势的跟踪计划。

（1）股价缩量横盘整理一段时间，于某天放量向上突破关键技术点位，则说明主力建仓完毕进入初步拉升期，此时可迅速跟进。

（2）股价横盘整理过程中，量能呈不规则放大或缩小状态，于某天放量向下击穿关键技术点位，则说明主力已经进入最后抛货阶段，大熊市已经来临，此时应及时卖出。

十、冲击型量峰读盘关键点提示

（1）冲击型量峰出现时，大单与特大单的成交状态是否活跃?

（2）冲击型量峰出现时，股价处在哪个趋势阶段?

（3）冲击型量峰出现时，当天总换手率是否为最近两个交易周最大？

（4）冲击型量峰出现时，是否同一板块个股也出现相同的股价涨跌特征？

十一、本节知识要点与思考练习题图解

【思考练习题】

（1）冲击型量峰具有什么特点？答案参见图105。

（2）如何识别冲击型量峰蕴含的投资机会？答案参见图106。

（3）如何识别冲击型量峰潜在的投资风险？答案参见图107。

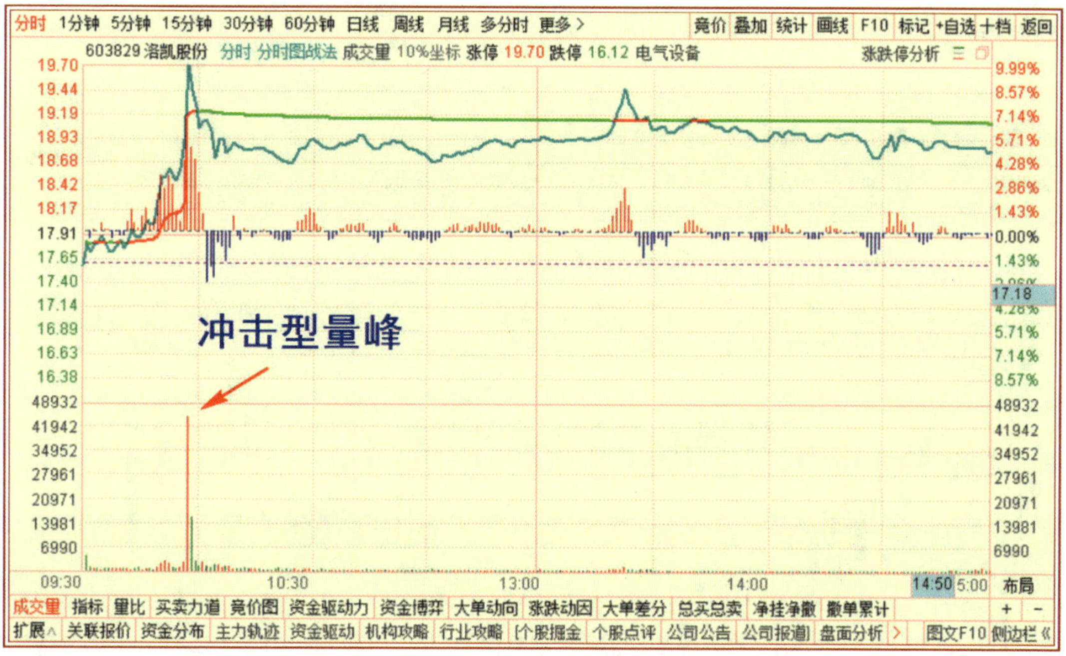

图105　冲击型量峰的特点

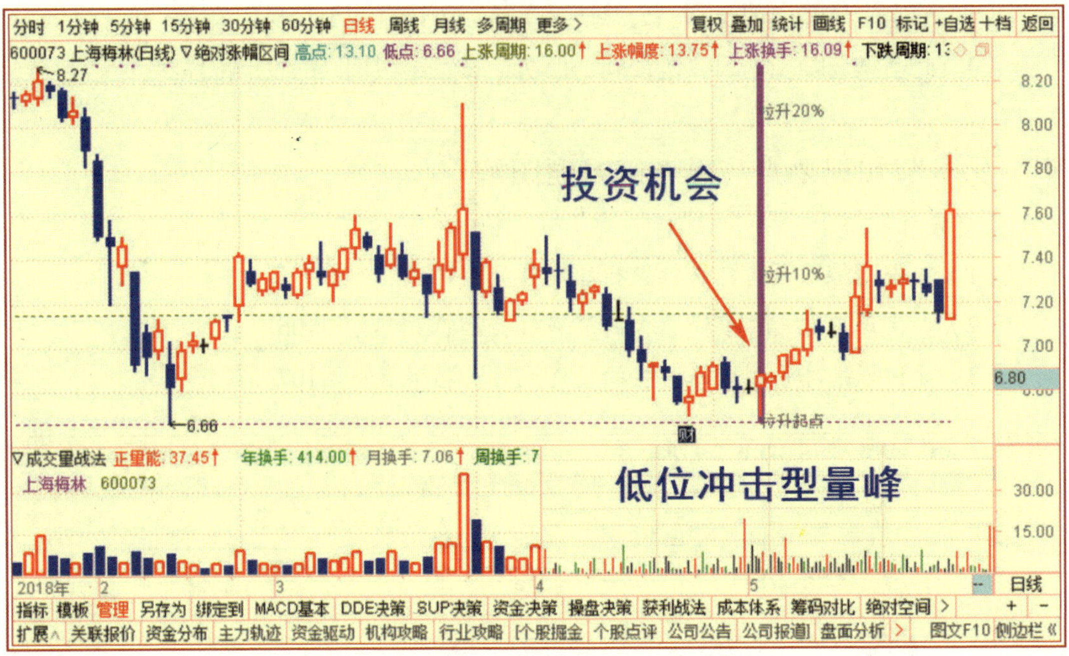

图106　冲击型量峰的投资机会

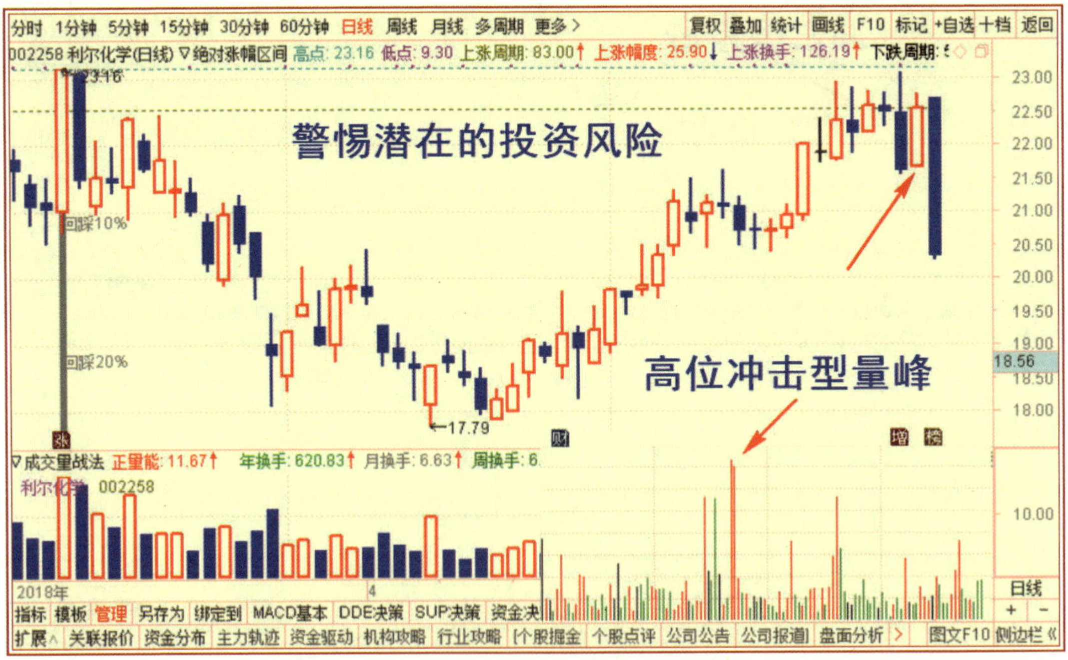

图107　冲击型量峰的投资风险

第三节
SECTION 3
攻击型量峰

一、攻击与攻击型量峰的核心内涵

（1）攻击的基本含义。攻击是指在交易过程中主力机构不间断、持续、密集地投入大笔资金积极买进或者调用大批筹码大单卖出。这就是攻击性做盘行为。

（2）攻击型量峰的基本含义。攻击性操作会造成股价在特定的时间段发生剧烈波动，这是主力机构刻意做盘现象。攻击所产生的持续力较强，呈现不间断的特点，股价在特定时间段波动幅度较大。这是攻击性做盘的根本特征。由股价在特定时间段持续攻击时所产生的成交现量，即是攻击型量峰。

二、攻击型量峰的形成机理

攻击型量峰是主力机构在盘中不间断、持续地投入大笔资金积极买进或调用大批筹码大单卖出所造成的结果。由于主力机构不间断地投入资金或调用大批筹码，因而其操作持续买进或卖出的动力极强，对股价向某个单极趋势的牵引力也会相对较强。在实战操盘中，我们把这种现象归类为主力在盘中主动攻击和对敲时所形成的结果。所以，攻击型量峰是主力在盘中主动攻击或对敲时，因不间断、持续地操作所产生的量能结构特征。

三、攻击型量峰在盘口的表现形式

攻击型量峰由于是持续地买进或卖出形成的巨大推动力，因而其量峰结构表现出以下三大典型特征：

（1）不间断、持续地爆发。量峰形成前会产生温和放量的过程，属于不间断、持续的爆发形式。

（2）纵向横向放大。量峰形成时，呈纵向和横向放大特征，具有非常标准的横向延续性。

（3）多笔大单成交。量峰形成时的现量结构通常由多笔密集的大单和特大单即时成交而组成。

四、攻击型量峰与主力的做盘意图

通过分析攻击型量峰的成因，我们已知攻击型量峰是由主力机构在盘中主动攻击和对敲所形成。经过多年的实战操盘总结，我们发现攻击型量峰的出现，有三种因素与目的直接与主力操盘行为所导致的股价趋势发展方向有着巨大的关联。具体如下：

（1）拉升的需要。当股价经过一段时间的低迷，主力在完成建仓计划后，会展开主动攻击拉升股价，以脱离持仓成本区。此时表现在盘面中就会出现股价上涨时的攻击型量峰结构，说明主力主动不间断、持续地投入大资金积极买进。

（2）洗盘的需要。当股价经过一轮初步拉升，主力在将股价拉升至基本脱离持仓成本区后，会通过在盘中对敲的手段逐步打压股价，清洗不坚定的投资者。这种对敲打压的行为就是我们通常所说的“洗盘”。主力利用洗盘手段来清洗不稳定的筹码，以达到阻止其他跟风性投资者买入的目的。

（3）出货的需要。当股价处在阶段性整理平台或波段性高位，尤其是经过一轮大牛市之后的历史性高位区域，主力机构会想尽一切办法以达到出货的目的，而在盘中凶狠地大单抛售，这也是一种快速的出货手段。因而表现在盘面上就会发生股价放量下跌。经过攻击性出货动作的股价趋势会迅速出现破位下跌的形态，股价从此向熊市方向转变。

五、攻击型量峰对当日股价走势的影响

攻击型量峰由于其在特定时间段不间断爆发的特点，持续力较强，往往能单独改变股价在当天的运行趋势，并伴随股价趋势在当天向某个单极方向以大幅度震荡的方式运行。

（1）在股价大幅下跌的过程中，盘中出现攻击型量峰，当天股价出现大阴线或中阳线报收的概率较大。

（2）在股价震荡盘升的过程中，盘中出现攻击型量峰，当天股价出现大阳线或中阴线报收的概率较大。

六、攻击型量峰常常发生的价格空间位置

攻击型量峰是一种常见的成交现量结构，几乎在股价所处的各个阶段均较易见到。以下是三种比较经典的阶段性攻击型量峰结构：

（1）当股价处在向上突破的拉升阶段，尤其是经过由大底部区域向上突破过程中，由于主力机构必须通过果断地主动性拉升，以脱离持仓成本区，因而较易出现攻击型量峰。

（2）当股价处在上升通道阶段，在股价刚刚脱离主力持仓成本区时，主力会通过对敲打压的洗盘手段来清洗浮筹，并阻止其他投资者跟风买进，此时，也会出现攻击型量峰。

（3）当股价处在阶段性整理平台或波段性高位，尤其是经过一轮大牛市之后的历史性高位区域，主力机构由于出货的需要，会疯狂地采用攻击性出货手段抛售，此时较易出现攻击型量峰。

七、攻击型量峰与盘口交易活跃度

攻击型量峰的主要特点是：特定时间段不间断爆发、持续性密集型大单成交、持续力极强。因而表现在盘面上，股价交易的活跃度极好。

（1）当攻击型量峰出现时，交易十分活跃。

（2）当攻击型量峰消失后，交易也会持续活跃。

（3）经过攻击型量峰带动的股价，其股性已经被充分激发，将在一段时间内持续保持活跃状态。也就是股价处于激活状态。

八、攻击型量峰出现时的套利机会

（1）跟踪买进的机会。当攻击型量峰出现时，如股价处在刚刚向上突破或上升通道之中，说明主力已经在积极地投入资金操盘。此时，应根据股价的其他相关技术系统，迅速做出操盘买进决策，迎接股价主升趋势。

（2）波段卖出的机会。当攻击型量峰出现时，如股价已经经过一个大波段行情或一轮大牛市级别的拉升行情并处在历史性高价格区域，说明主力已经在疯狂出货。此时，投资者应及时卖出，以避免陷入熊市大调整趋势。

九、攻击型量峰出现时的投资陷阱与风险规避

攻击型量峰出现后，股价在盘中会迅速向某个单极趋势发生转变，为避免陷入操盘陷阱，必须建立对股价趋势的跟踪计划。

（1）如果股价当天放量向上突破关键技术点位，突破机构持筹成本区，则说明主

力建仓已经完毕，当下进入初步拉升期，此时可迅速跟进。

（2）如果股价当天放量向下击穿关键技术点位，跌破机构持筹成本线，则说明主力已经进入最后抛货阶段，大熊市已经来临，此时应及时卖出。

十、攻击型量峰与冲击型量峰的比较

（1）出现时间。冲击型量峰具有偶发性、瞬间爆发的特点，几乎没有密集性。而攻击型量峰在特定的时间段不间断、持续地爆发，密集程度高。

（2）持续力强弱。冲击型量峰持续性差，持续力较弱。而攻击型量峰持续、密集地成交，持续力极强，持续时间长。

（3）趋势推动力。冲击型量峰只对趋势有试探性引导的作用，基本不具备趋势推动力。而攻击型量峰直接在当天推动股价向某个单极趋势方向积极运行，具备极强的趋势推动力。

（4）量峰结构。冲击型量峰在盘中只有纵向放大特征，没有横向延展性。而攻击型量峰呈纵向和横向放大特征，攻击型量峰还具有明显的多浪形峰谷结构。

十一、攻击型量峰读盘关键点提示

（1）攻击型量峰出现时，大单与特大单的成交状态是否活跃？

（2）攻击型量峰出现时，股价处在哪个趋势阶段？

（3）攻击型量峰出现时，当天总换手率是否为最近两个交易周最大？

（4）攻击型量峰出现时，是否同一板块个股也出现相同的股价涨跌特征？

十二、本节知识要点与思考练习题图解

【思考练习题】

（1）攻击型量峰具有什么特点？答案参见图108。

（2）如何识别攻击型量峰蕴含的投资机会？答案参见图109。

（3）如何识别攻击型量峰潜在的投资风险？答案参见图110。

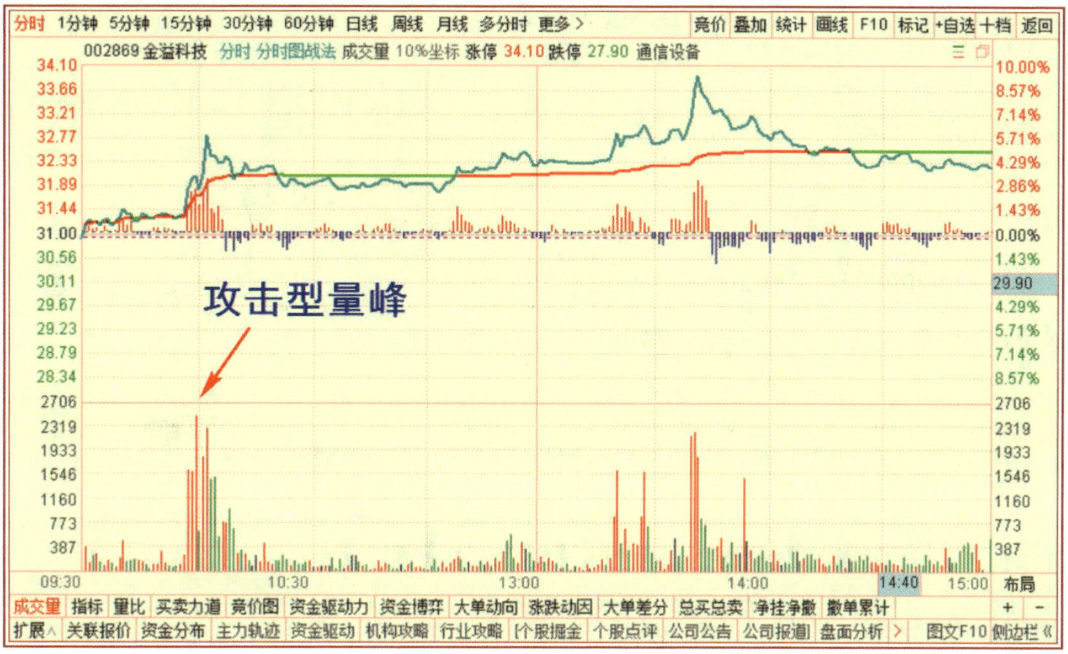

图108 攻击型量峰的特点

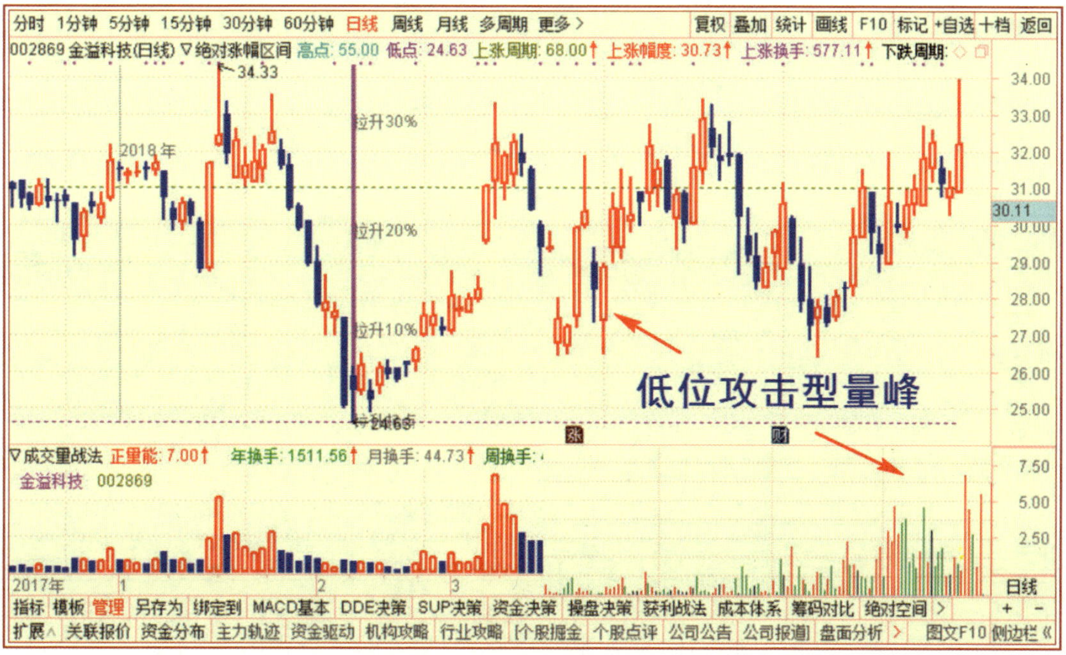

图109 攻击型量峰的投资机会

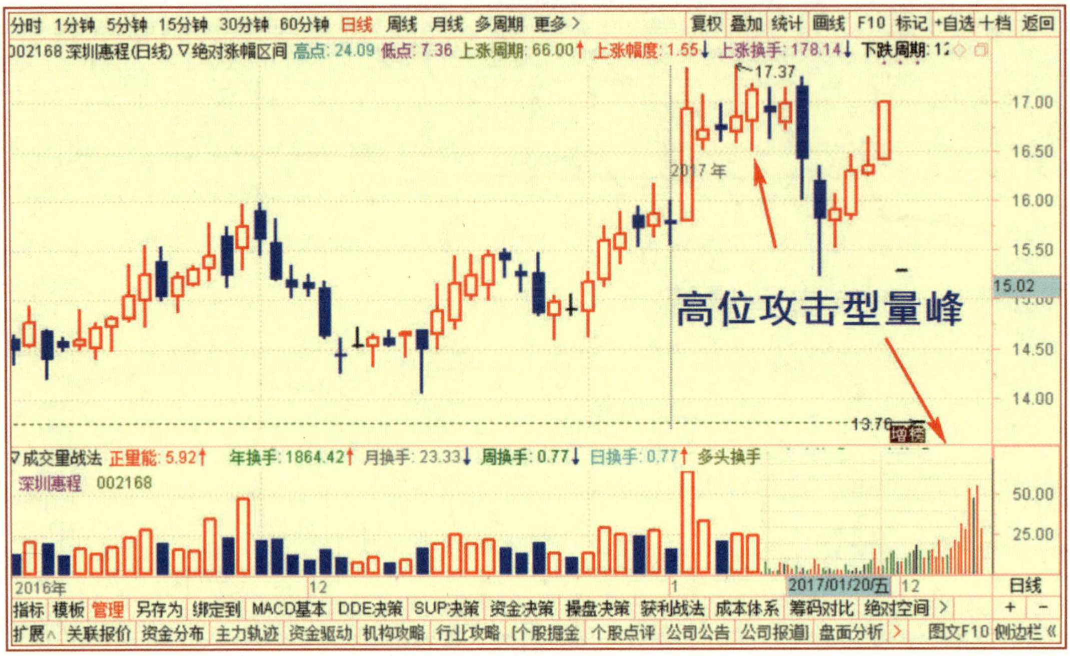

图110 攻击型量峰的投资风险

第四节
SECTION 4

萎缩型量峰

一、萎缩与萎缩型量峰的核心内涵

（1）萎缩的基本含义。萎缩是指在交易过程中主力机构仅仅通过少量资金买进或小单卖出所造成的股价发生窄幅波动的现象。萎缩性交易呈现涨跌乏力、多空平衡的特点，股价在盘中波动幅度较小，成交活跃程度比较低。

（2）萎缩型量峰的基本含义。萎缩是主力机构常用的做盘手段。股价在多空平衡时通过窄幅波动所产生的成交现量，即是萎缩型量峰。

（3）萎缩型量峰与攻击型量峰的差异。最大的差异就是量峰变短了，成交量变少了，成交密度降低了。即经过数轮攻击型量峰之后，盘中突然出现萎缩型量峰结构，这种状态由主力机构在盘中降低资金投入量所致。

二、萎缩型量峰的形成机理

萎缩型量峰是主力机构在盘中以少量资金买进或小单卖出所造成的结果。由于主力机构仅仅投入少量资金或小单筹码，因而其操作持续买进和卖出的动力极弱，对股价向某个单极趋势的牵引力也会相对较弱，当天盘面较易出现平衡整理状态。在实战操盘中，我们把这种现象归类为自然交易或主力在盘中对敲所形成的结果。所以，萎缩型量峰是在自然交易状态下或主力对敲时所产生的量能结构特征。

三、萎缩型量峰在盘口的表现形式

萎缩型量峰由于是在自然交易或主力对敲状态下，通过小单交易而产生的盘面现象，因而其量峰结构表现出以下三大典型特征：

（1）缺乏爆发力。量峰形成时没有明显的放量过程，缺乏爆发力。

（2）不能纵向和横向放大。量峰形成时，没有出现纵向和横向放大特征。

（3）小单或中单成交。量峰通常由零散的小单和中单即时成交而组成。

四、萎缩型量峰与主力的做盘意图

通过分析萎缩型量峰的成因，我们已知其是由主力机构在盘中对敲或通过自然交易所形成。经过多年的实战操盘总结，我们发现萎缩型量峰的出现，有两种因素与目的直接与主力操盘行为所导致的股价趋势发展方向有着巨大的关联。具体如下：

（1）建仓的需要。当股价经过一轮大跌之后处在底部区域，主力为完成建仓计划，会在盘中以自然交易的形式悄悄买进筹码。此时表现在盘面中，就会出现股价窄幅波动的萎缩型量峰结构。也就是慢慢地吃进，悄悄地吸筹。

（2）洗盘的需要。当股价经过一轮初步拉升，主力在将股价拉升至基本脱离持仓成本区后，会通过在盘中对敲的手段逐步打压股价。表现在当天的盘口，我们会发现股价在出现攻击型量峰之后的冲高过程中，萎缩型量峰结构也会同时出现在盘口，这是股价即将回落进行洗盘的重要特征。也就是先攻击后萎缩，让人出局。

五、萎缩型量峰对当日股价走势的影响

萎缩型量峰由于缺乏爆发力，往往不能改变股价在当天的运行趋势，但可以在某个单极趋势中有预示反转的作用。

（1）在股价大幅下跌的过程中，盘中出现萎缩型量峰，当天股价出现止跌反弹的概率较大。

（2）在股价攻击拉升的过程中，盘中出现萎缩型量峰，当天股价出现见顶回落的概率较大。

六、萎缩型量峰常常发生的价格空间位置

萎缩型量峰是一种常见的成交现量结构，几乎在股价所处的各个阶段均较易见到。以下是三种比较经典的阶段性萎缩型量峰结构：

（1）股价处在向上拉升阶段，尤其是经过一轮拉升之后，主力需要展开洗盘时，盘中较易出现萎缩型量峰。

（2）股价处在下降通道阶段，尤其是经过一轮下跌之后，做空动能开始衰竭，此时，盘中较易出现萎缩型量峰。

（3）股价处在阶段性整理平台或波段性高位，尤其是经过一轮大牛市之后的历史性高位区域，盘中陷入多空平衡的整理时期，此时，盘中较易出现萎缩型量峰。

七、萎缩型量峰与盘口交易活跃度

萎缩型量峰的主要特点是：缺乏爆发力、小单成交、持续力极弱。因而表现在盘面上，盘口交易的活跃度极差。

萎缩型量峰出现时，交易十分清淡。

经过攻击型量峰之后出现萎缩型量峰，说明资金投入量减少，盘口交易活跃度将在一段时间内开始由强转弱。

八、萎缩型量峰出现时的套利机会

（1）波段卖出的机会。当在攻击型量峰之后出现萎缩型量峰时，如股价已经经过一个大波段拉升行情并处在历史性高位区域，说明股价已经见顶。此时，投资者应及时卖出，以避免陷入阶段性大调整趋势。

（2）持币观望。当萎缩型量峰出现时，说明盘中多空双方以平衡态势出现，股价发生的趋势方向不明朗，因而此时宜以持币观望，等待时机。

九、萎缩型量峰出现时的投资陷阱与风险规避

在某个极端趋势运行过程中，当萎缩型量峰出现后，股价在盘中会迅速向另一个单极趋势发生转变，为避免陷入操盘陷阱，必须建立对股价趋势的跟踪计划。

（1）如果股价在上升阶段，当天盘中在经历攻击型量峰之后出现萎缩型量峰，则说明股价趋势将发生逆转，此时可迅速卖出。

（2）如果股价在横盘整理阶段，当天盘中出现萎缩型量峰，则说明趋势方向不明朗，不宜轻易入市，以免遭受不可预知的损失。

（3）如果股价在下跌阶段，当天盘中在经历攻击型量峰之后出现萎缩型量峰，则说明股价做空动能减弱，即将止跌，此时可等待抢反弹时机的来临。

十、萎缩型量峰读盘关键点提示

（1）当萎缩型量峰出现时，小单与中单的成交状态是否活跃？

（2）当萎缩型量峰出现时，股价处在哪个趋势阶段？

（3）当萎缩型量峰出现时，当天总换手率是否已经持续减小？

（4）当萎缩型量峰出现时，是否同一板块个股也出现相同的股价涨跌特征？

十一、本节知识要点与思考练习题图解

【思考练习题】

（1）萎缩型量峰具有什么特点？答案参见图111。

（2）如何识别萎缩型量峰蕴含的投资机会？答案参见图112。

（3）如何识别萎缩型量峰潜在的投资风险？答案参见图113。

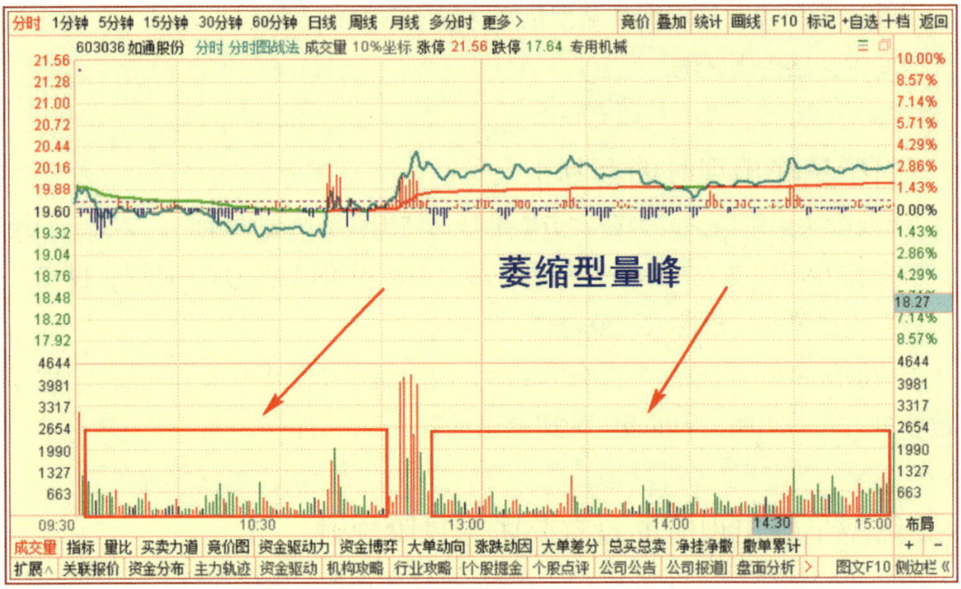

图111 萎缩型量峰的特点

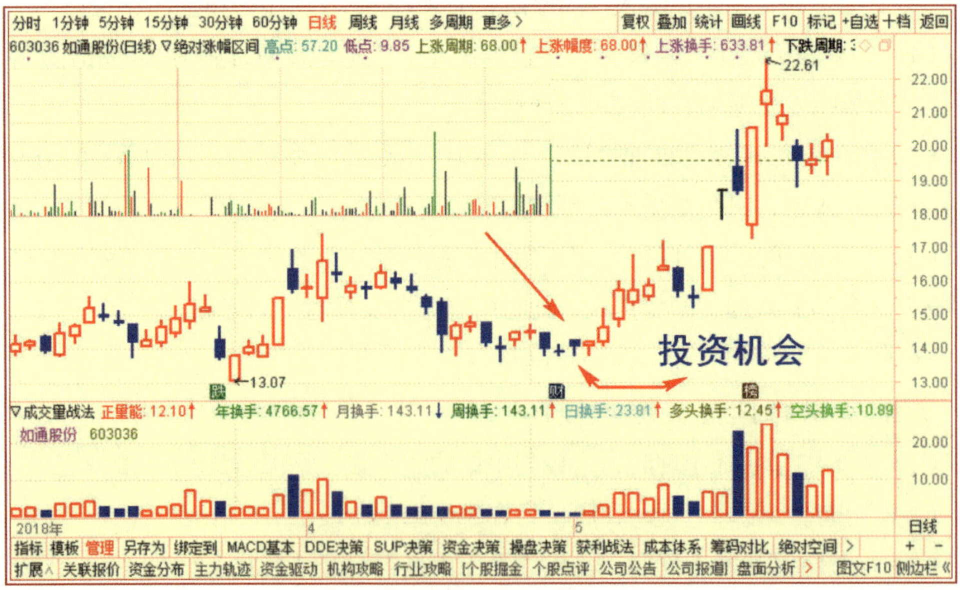

图112 萎缩型量峰的投资机会

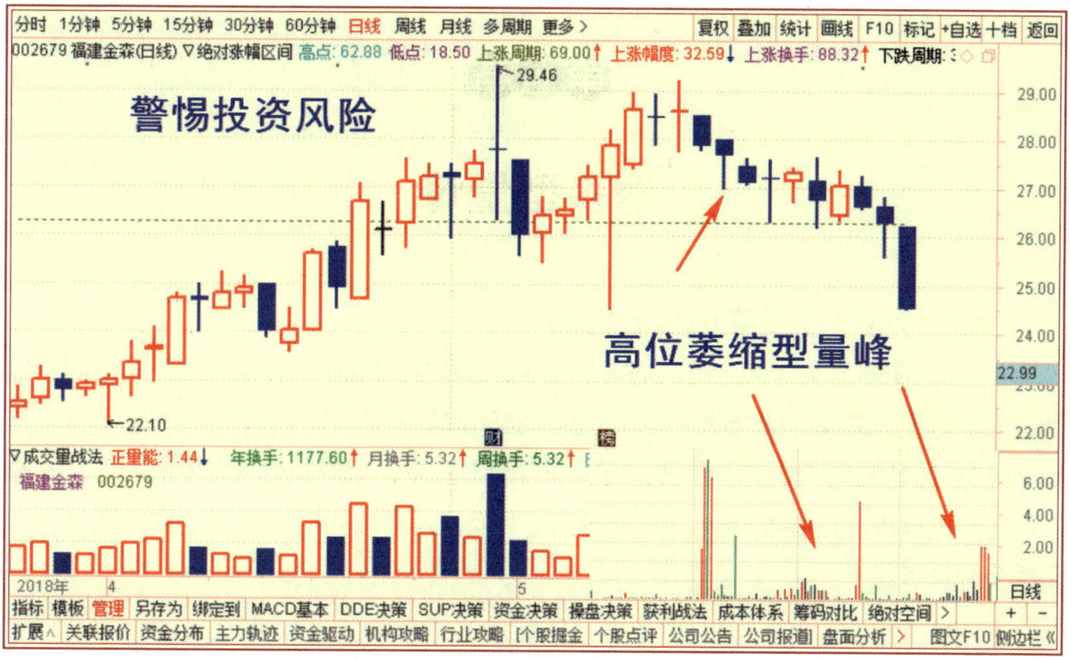

图113 萎缩型量峰的投资陷阱

第五节
SECTION 5
诱多型量峰

一、诱多与诱多型量峰的核心内涵

（1）诱多的基本含义。诱多是指在交易过程中主力机构在特定时间段、不间断地通过大单对敲所造成的股价发生短暂的猛烈拉升现象。

（2）诱多型量峰的基本含义。诱多的持续力较差，呈现短暂性爆发的特点，股价在特定时间段内波动幅度较大。股价在特定时间段短暂攻击时所产生的成交现量，即是诱多型量峰。

二、诱多型量峰的形成机理

诱多型量峰是主力机构在盘中特定时间段通过大单对敲拉升股价时所产生的成交现量。由于主力机构仅仅依靠在短时间内通过对敲性手段买进，因而其持续买进的动力较弱，对股价向某个单极趋势的牵引力也会相对较弱。在实战操盘中，我们把这种现象归类为主力在盘中对敲诱多时所形成的结果。

所以，诱多型量峰是主力在盘中快速对敲拉升股价时，因在短时间内不间断地持续性操作所产生的量能结构特征。

三、诱多型量峰在盘口的表现形式

诱多型量峰由于是完全在主力对敲状态下，通过多笔密集大单交易而产生的盘面现象，因而其量峰结构表现出以下四大典型特征：

（1）具备短暂的爆发力。量峰形成时产生明显的放量过程，短时间内爆发力强。

（2）呈纵向和横向放大。量峰形成时，出现纵向和横向放大特征。

（3）密集大单成交。量峰形成时的现量结构由密集大单即时成交而组成。

（4）发生时间短。量峰形成后容易在短时间内迅速结束，一般情况下，会在30分钟以内结束。

四、诱多型量峰与主力的做盘意图

通过分析诱多型量峰的成因，我们已知其是由主力机构在盘中通过对敲所形成。经过多年的实战操盘总结，我们发现诱多型量峰的出现，有两种因素与目的直接与主力操盘行为所导致的股价趋势发展方向有着巨大的关联。具体如下：

（1）洗盘的需要。当股价经过一轮初步拉升，主力在将股价拉升至基本脱离持仓成本区后，会通过在盘中使用对敲的手段先迅速拉升股价，然后再实施打压，这种以对敲方式先拉后打的行为就是我们通常所说的“洗盘”。主力利用洗盘手段来达到清洗不稳定的筹码、阻止其他跟风性投资者买入的目的。

（2）出货的需要。当股价处在阶段性整理平台或波段性高位，尤其是处在经过一轮大牛市之后的历史性高位区域时，主力机构会想尽一切办法以达到出货的目的，而在盘中通过诱多拉升吸引投资者跟风买进，也是一种快速的出货手段。因而表现在盘面上就会发生股价出现短暂的放量上升。经过诱多性出货动作的股价趋势会在短暂冲高之后迅速出现回头波下跌的形态。

五、诱多型量峰常常发生的价格空间位置

诱多型量峰是一种常见的成交现量结构，几乎在股价所处的各个阶段均较易见到。以下是两种比较经典的阶段性诱多型量峰结构：

（1）在股价处在上升通道阶段，当股价刚刚脱离主力持仓成本区时，主力会通过对敲手段先拉后打来清洗浮筹，并阻止其他投资者跟风买进，此时，就会出现诱多型量峰。

（2）当股价处在阶段性整理平台或波段性高位，尤其是处在经过一轮大牛市之后的历史性高位区域时，主力机构由于出货的需要，会通过诱多式拉升吸引投资者跟风买进，此时较易出现诱多型量峰。

六、诱多型量峰出现时的套利机会

（1）等待买进的机会。当诱多型量峰出现时，如股价处在刚刚向上突破或上升通道之中，说明主力已经开始进行诱多性操盘计划。此时，应根据股价的其他相关技术系统，等待股价回调到重要支撑区时再择机买进。

（2）波段卖出的机会。当诱多型量峰出现时，如股价已经经过一个大波段行情或一轮大牛市级别的拉升行情并处在历史性高价区域，说明主力在通过诱多拉高出货。

此时，投资者应及时卖出，以避免陷入熊市大调整趋势。

七、诱多型量峰与攻击型量峰的比较

（1）出现时间。攻击型量峰具有在特定的时间段不间断、持续地爆发的特征。而诱多型量峰较易在开盘或盘中30分钟内结束。

（2）持续力强弱。攻击型量峰表现为持续、密集地成交，持续力极强。而诱多型量峰也有持续、密集地成交的表现，但持续力较弱。

（3）趋势推动力。攻击型量峰直接在当天推动股价向某个单极趋势方向积极运行，具备极强的趋势推动力。而诱多型量峰只在当天较短的时间内向上推动股价拉升，基本不具备趋势推动力。

（4）量峰结构。攻击型量峰呈纵向和横向放大特征，而且具有明显的多浪形峰谷结构。诱多型量峰也呈纵向和横向放大特征，但仅仅为单浪式峰形结构。

八、诱多型量峰读盘关键点提示

（1）当诱多型量峰出现时，大单的成交状态是否活跃？

（2）当诱多型量峰出现时，股价处在哪个趋势阶段？

（3）当诱多型量峰出现时，当天总换手率是否为最近三周最大？

（4）当诱多型量峰出现时，是否同一板块个股也出现相同的股价涨跌特征？

九、本节知识要点与思考练习题图解

【思考练习题】

（1）诱多型量峰具有什么特点？答案参见图114。

（2）如何识别诱多型量峰潜在的投资风险？答案参见图115。

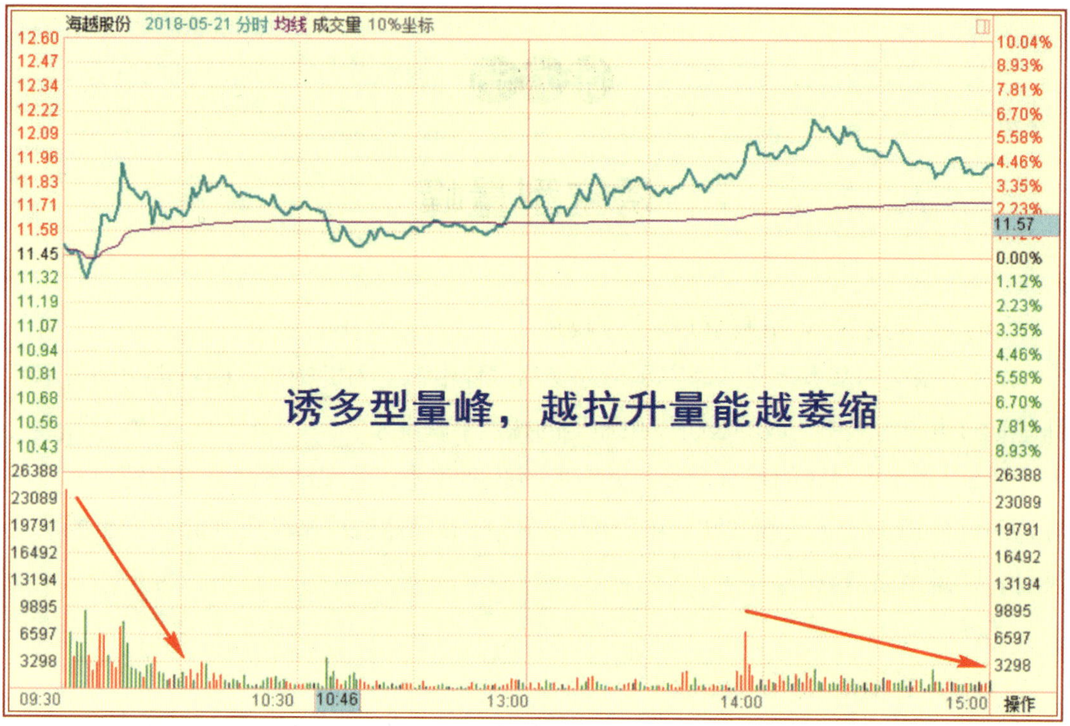

图114　诱多型量峰的特点

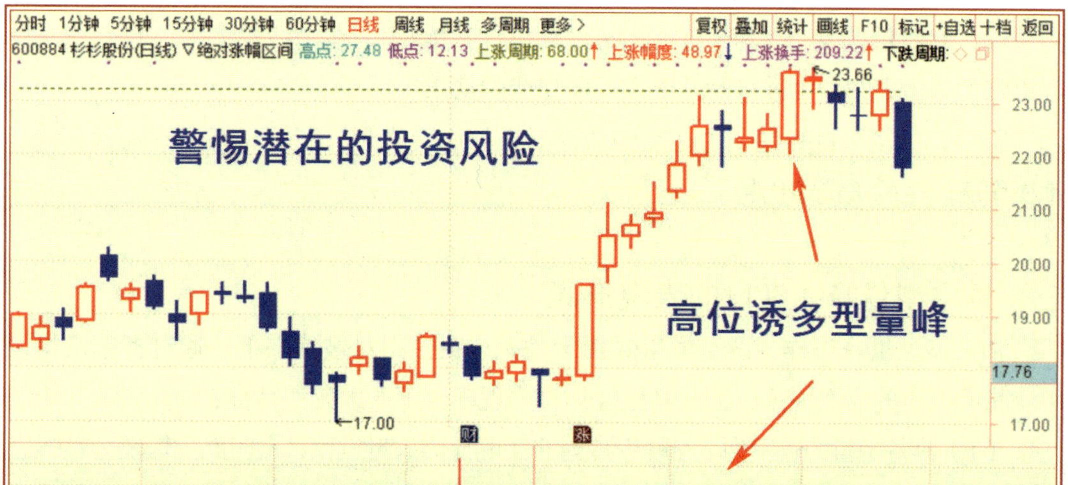

图115　诱多型量峰潜在的投资风险

第六节

SECTION 6

诱空型量峰

一、诱空与诱空型量峰的核心内涵

（1）诱空的基本含义。诱空是指在交易过程中，主力机构在盘中特定时间段不间断地通过大单对敲所造成的股价发生短暂的猛烈下跌现象。

（2）诱空型量峰的基本含义。诱空的持续力较差，呈现短暂性爆发的特点，股价在短时间内迅速产生大幅下跌。由股价在特定时间段短暂攻击性下跌时所产生的成交现量，即是诱空型量峰。

二、诱空型量峰的形成机理

诱空型量峰是主力机构在盘中特定时间段通过大单对敲打压股价时所产生的成交现量。由于主力机构仅仅依靠在短时间内通过对敲性手段卖出，导致其持续卖出的动力较弱，对股价向某个单极趋势的牵引力也会相对较弱。在实战操盘中，我们把这种现象归类为主力在盘中进行对敲诱空时所形成的结果。

所以，诱空型量峰是主力在盘中快速对敲打压股价时，在短时间内不间断、持续地操作所产生的量能结构特征。

三、诱空型量峰在盘口的表现形式

和诱多型量峰一样，诱空型量峰由于是完全在主力对敲状态下，通过多笔密集大单交易而产生的盘面现象，因而其量峰结构表现出以下五大典型特征：

（1）具备短暂的爆发力。量峰形成时产生明显的放量过程，短时间内爆发力较强。

（2）呈纵向和横向放大。量峰形成时，出现纵向和横向放大特征。

（3）密集大单成交。量峰形成时的现量结构由密集大单即时成交而组成。

（4）发生时间短暂。量峰容易在短时间内迅速结束，一般情况下，会在30分钟以内结束。

（5）量峰呈单浪形。量峰经常以独立的单浪形态出现，然后迅速萎缩。

四、诱空型量峰与主力的做盘意图

通过多年的实战操盘总结，我们发现诱空型量峰的出现，有两种因素与目的直接与主力操盘行为所导致的股价趋势发展方向有着巨大的关联。具体如下：

（1）洗盘的需要。当股价经过一轮初步拉升，主力在将股价拉升至基本脱离持仓成本区后，会通过在盘中使用对敲的手段迅速实施打压动作，这种以对敲方式打压股价的行为就是我们通常所说的“洗盘”。主力利用洗盘手段来达到清洗不稳定的筹码、阻止其他跟风性投资者买入的目的。

（2）建仓的需要。当股价处在阶段性底部区域，主力要想获得更多低成本建仓机会，会在盘中实施诱空性打压动作，以迫使更多的投资者因恐惧股价下跌而低价抛出筹码。

五、诱空型量峰常常发生的价格空间位置

诱空型量峰也是一种常见的成交现量结构，几乎在股价所处的各个阶段均较易见到。以下是两种比较经典的诱空型量峰结构：

（1）在股价处在上升通道阶段，当股价刚刚脱离主力持仓成本区时，主力会通过对敲打压股价的洗盘手段来清洗浮筹，并阻止其他投资者跟风性买进，此时，会出现诱空型量峰。

（2）当股价处在阶段性底部区域，尤其是经过一轮大跌之后的历史性底部区域时，主力机构由于建仓的需要，会通过诱空式打压迫使投资者跟风低价卖出，此时较易出现诱空型量峰。

六、诱空型量峰出现时的套利机会

当诱空型量峰出现时，如股价处在上升通道之中或阶段性底部区域，说明主力已经开始进行诱空性操盘计划。此时，应根据股价的其他相关技术系统在盘中选择重要支撑价格积极买进。

七、诱空型量峰与诱多型量峰的比较

（1）出现时间。诱空型量峰与诱多型量峰均较易在开盘或盘中30分钟内结束。

（2）持续力强弱。诱空型量峰与诱多型量峰均会产生持续、密集的成交，但持续

力较弱。

（3）趋势推动力。诱空型量峰与诱多型量峰分别只在当天较短的时间内向下打压股价和向上拉升股价，基本不具备趋势推动力。

（4）量峰结构。诱空型量峰与诱多型量峰均呈纵向和横向放大特征，都属于单浪式峰形结构。

（5）趋势方向。诱多型量峰出现后，股价趋势向下转变的概率较大。而诱空型量峰出现后，股价向上的概率极大。

八、诱空型量峰与攻击型量峰的比较

（1）出现时间。攻击型量峰具有在特定的时间段不间断、持续地爆发的特征。而诱空型量峰一般在开盘或盘中30分钟内结束。

（2）持续力强弱。攻击型量峰表现为持续、密集地成交，持续力极强。而诱空型量峰也有持续、密集地成交的表现，但持续力较弱。

（3）趋势推动力。攻击型量峰直接在当天推动股价向某个单极趋势方向积极运行，具备极强的趋势推动力。而诱空型量峰只在当天较短的时间向下打压股价，基本不具备趋势推动力。

（4）量峰结构。攻击型量峰呈纵向和横向放大特征，而且具有明显的多浪形峰谷结构。诱空型量峰也呈纵向和横向放大特征，但仅仅为单浪式峰形结构。

九、诱空型量峰读盘关键点提示

（1）当诱空型量峰出现时，向下打压卖出大单的成交状态是否活跃？

（2）当诱空型量峰出现时，股价处在哪个趋势阶段？

（3）当诱空型量峰出现时，当天总换手率是否为最近三周最大？

（4）当诱空型量峰出现时，是否同一板块个股也出现相同的股价下跌特征？

十、本节知识要点与思考练习题图解

【思考练习题】

（1）诱空型量峰具有什么特点？答案参见图116。

（2）如何识别诱空型量峰蕴含的投资机会？答案参见图117。

图116 诱空型量峰的特点

图117 诱空型量峰的投资机会

第五章
主力特大交易单深度解析

本章学习重点内容

一、认识大单和特大单，深刻领会它们的真实内涵

二、掌握大单和特大单的基本标准，并在实战中灵活应用

三、学习大单和特大单形成的市场意义，深刻领会主力机构的做盘意图

四、学习并掌握单笔大单成交的技术特征，理解主力机构的技术手段

五、学习并掌握多笔大单成交的技术特征，理解主力机构的做盘风格

第一节
SECTION 1

大单与特大单

一、大单与特大单的核心内涵

（1）大单和特大单的基本含义。大单是指单笔成交基准数量超过100手（即1万股）的成交现量。不同规模的流通盘，其大单标准也会有适当的调整变化。而特大单则是指单笔成交基准数量超过1000手（即10万股）的成交现量。和大单一样，特大单的标准也会针对不同规模流通盘而作适度的调整。

（2）大单和特大单的意义。在股市交易过程中，大单与特大单的成交是一个非常重要的技术现象，因此，必须引起职业操盘手的高度重视。

二、大单的标准

本着职业操盘的需要，对不同规模流通盘的目标品种按大单的标准档次进行划分，其目的是判断股价内在涨跌源动力的强弱，以利于做出正确的操盘决策。

因此，共分为三档标准，具体划分如下。

第一档标准：流通盘1000万股~5000万股，单笔成交基准数达100手以上，可称之为“大单”。

第二档标准：流通盘5000万股~1亿股，单笔成交基准数达200手以上，可称之为“大单”。

第三档标准：流通盘1亿股以上，单笔成交基准数达300手以上，可称之为“大单”。

上述大单的标准设置仅为相对性概念，具体操作中可视个股实际交易状态而灵活调节。

三、特大单的标准

在临盘实战过程中，对不同规模流通盘的目标品种按特大单的标准档次进行划分，有利于通过这种巨量大单成交的情况进一步分析股价上涨的内在动力，从而判断股价趋势的强弱，做出正确的操盘决策。本次特大单的划分标准共分为七档，具体划分如下。

第一档标准：流通盘1000万股~5000万股，单笔成交基准数达500手以上，可称之为“特大单”。

第二档标准：流通盘5000万股~1亿股，单笔成交基准数达800手以上，可称之为“特大单”。

第三档标准：流通盘1亿股~2亿股，单笔成交基准数达1000手以上，可称之为“特大单”。

第四档标准：流通盘1亿股~2亿股，单笔成交基准数达1500手以上，可称之为“超级特大单”。

第五档标准：流通盘2亿股~5亿股，单笔成交基准数达2000手以上，可称之为“超级特大单”。

第六档标准：流通盘5亿股~10亿股，单笔成交基准数达3000手以上，可称之为“超级特大单”。

第七档标准：流通盘10亿股以上，单笔成交基准数达5000手以上，可称之为“超级特大单”。

上述特大单的标准设置仅为相对性概念，具体操作中可视个股实际交易状态而灵活调节。

四、大单与特大单的形成机理

大单是大户资金做出买卖行为的结果，而特大单则是大主力机构在盘中做出积极的买卖行为的结果。在实际交易过程中，单笔大单成交可能是某个中小投资者单独做出的买卖动作，但持续多笔大单成交，则可以肯定是主力机构在盘中做出的积极性买卖行为。

在盘面中，持续发生的特大单成交则说明是大主力机构在进行积极的买进或卖出动作。

五、大单与特大单的市场内涵

如前所述，大单是大户资金做出买卖行为的结果。对中小投资者而言，大单买进和卖出行为是一个重大的决策性结果，但这种大单交易的持续能力较弱，也缺乏对股价的推动力。尤其以特大单而论，中小投资者根本无缘于这种超级大宗交易形式。

因此，我们通过“大单与特大单的形成机理”可以非常清晰地发现，正是有了主力机构在盘中做出积极的买卖行为，才有了大单和特大单对股价的推动力。

在大单和特大单交易的背后，则是主力对股价涨跌趋势的操盘决策取向。如在股价下跌时，盘中大单和特大单交易活跃，则大多是主力机构在不断卖出所致。同理，当股价上涨时，盘中大单和特大单交易活跃，则肯定是主力机构在不断买进而持续推高股价所致。

六、大单与特大单的表现形式

（1）单一性的大单交易。临盘特点是：缺乏持续性，间接式成交，或偶尔成交一至两笔大单。这种现象基本上属于中小投资者的自然交易形式。

（2）单一性的特大单交易。临盘特点是：缺乏持续性，全天间歇式成交，或偶尔成交一至数笔特大单。这种现象基本上属于大户或主力机构的盘中随机交易形式。

（3）持续性大单和特大单交易。临盘特点是：交易节奏紧密，持续性强，成交果断、及时，能够集中于某个时间段持续出现大单和特大单交易。这种现象基本上完全属于大户和主力机构的有计划的、积极的操盘形式。

七、大单与特大单对应的价格空间位置

大单与特大单的出现时机与股价趋势有非常密切的趋同性，以职业操盘的视角来看，大单与特大单对应的股价趋势具备下列特征：

（1）当股价处在阶段性调整和平衡整理市况的趋势之中，大单与特大单通常情况下会以单一性的交易形式出现，这说明市场的趋势还会以平衡方式延续。

（2）当股价处在阶段性上涨趋势之中，大单与特大单通常情况下会以持续性的交易形式出现，这说明市场的趋势还会以多头趋势延续。

（3）当股价处在阶段性下跌趋势之中，大单与特大单通常情况下会以持续性的交易形式出现，这说明市场的趋势还会以空头趋势延续。

八、大单与特大单读盘关键点提示

（1）大单出现在相应价格区间的持续性。

（2）特大单出现在相应价格区间的持续性。

（3）大单和特大单出现时所在的股价趋势形态。

九、本节知识要点与思考练习题图解

【思考练习题】

（1）单一性的大单和特大单有何特点？答案参见图118。

（2）持续性的大单和特大单有何特点？答案参见图119。

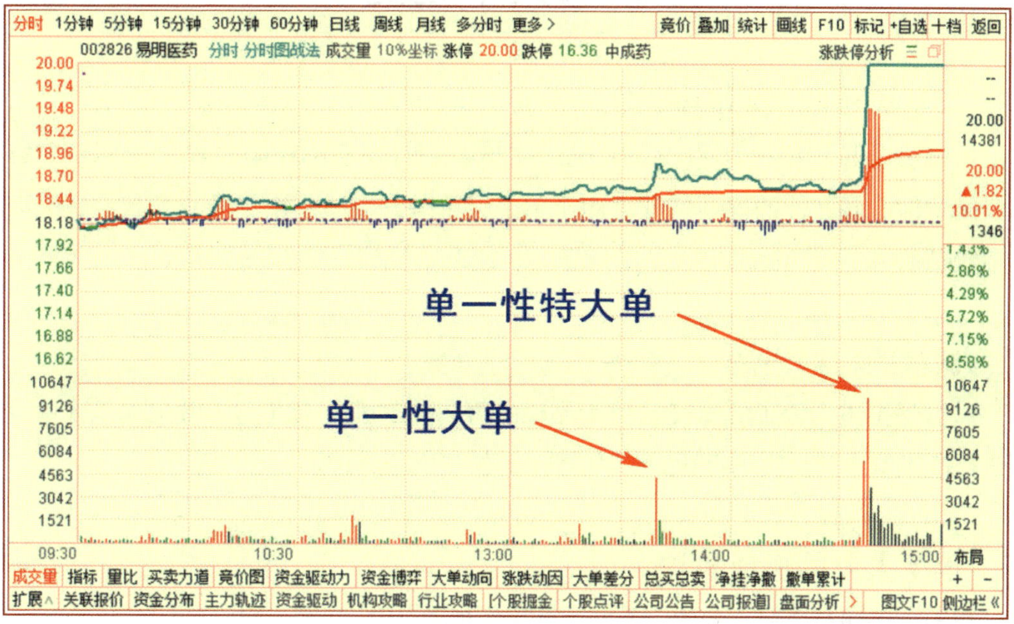

图118 单一性的大单和特大单

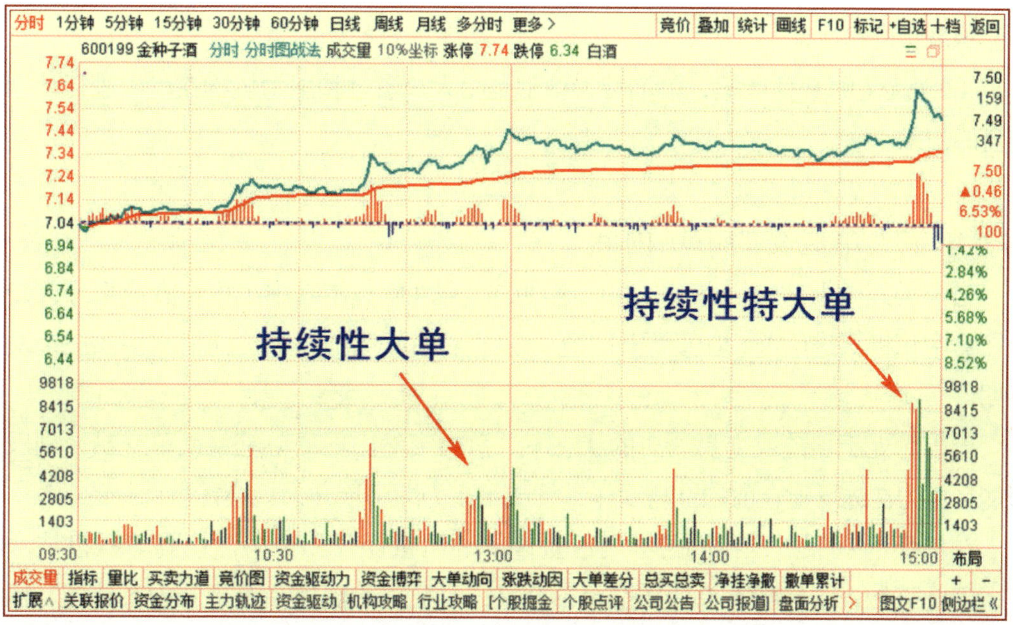

图119 持续性的大单和特大单

第二节
SECTION 2
单笔大单成交

一、单笔大单的核心内涵

单笔大单是指单一性的成交大单。在盘中即时交易过程中，单笔大单呈现单一性、间歇性、偶然性的表现特征。由于单笔大单缺乏持续、密集成交的状态，因而在盘中较易被中小投资者忽视。

二、试盘的核心内涵

试盘是指主力为了测试交易目标品种的筹码稳定度，而在盘中做出单笔大单突然买进拉高股价或突然卖出打压股价的交易行为。

三、单笔大单的形成机理

单笔大单通常情况下是由以下两大成因组成。

（1）在市场平静、交易清淡的情况下，普通的单笔大单是市场中小投资者或大户资金积极买进的结果。

（2）无论哪一种市况，单笔特大单都是由大户资金和主力机构在盘中进行计划性操盘的结果。

四、单笔大单成交的市场内涵

当市场处于平静的状态下，间或出现的单笔大单基本是中小投资者或部分大户资金在盘中积极买进所为，主要原因在于，投资者看好当前的股价估值水平及后市发展预期。

当市场处于平静或交易清淡的状态下，盘中突然出现的单笔特大单交易，则极有可能是主力在进场建仓前的试盘动作，抑或是主力即将展开大规模操盘计划的前奏。

在前面的章节中，我们曾学习巨量高开、巨量低开和突击性拉高等操盘技术特征，由此可知，单笔特大单的成交也不会是一个孤立的现象，而是主力有计划、积极地操盘的结果。

五、单笔大单成交的表现形式

单笔大单的成交在实时盘中具有偶发性、单一性的特征，临盘表现有以下特点：

（1）大单成交之前与之后，盘面表现平静、清淡，价格没有出现大的波动。

（2）盘口五档买卖盘没有大单排队委托。

（3）大单以盘口即时成交状态出现。

（4）单笔特大单出现时，较易引发股价短暂的大幅波动。

六、单笔大单成交对应的价格空间位置

当股价处在阶段性调整和平衡整理市况的趋势之中时，大单与特大单通常会以单一性的交易形式出现，这说明市场的趋势还会以平衡方式延续。

七、异常单笔大单成交

异常单笔大单通常是指盘中突然成交的单笔特大单。因为，这种单笔特大单在发生之前没有出现在五档买卖盘的委托队列中，而是以即时的交易形式出现，所以，在临盘实战中，应针对异常单笔大单的成交加以特别关注。

八、异常单笔大单成交与主力的试盘动机

当市场处于平静或交易清淡的状态下，盘中突然出现的单笔特大单交易，则极有可能是主力在进场建仓前的试盘动作，抑或是主力即将展开大规模操盘计划的前奏。

试盘通常发生在股价处在阶段性底部区域时期，主力试盘是为了下一步建仓的需要。当盘中筹码稳定度较高时，意味着流动性较差，主力建仓的难度会较高，因此，主力会采取进一步措施（包括通过积极买进突然拉升或抛出持仓筹码突然下跌打压）以诱使盘中筹码松动，从而完成建仓计划。而当盘中筹码稳定度较差时，则意味着流动性较好，主力建仓难度较低，主力较易顺利完成建仓性操盘计划。

九、异常单笔大单成交跟踪统计表

由于单笔成交大单具有偶然性和突然性的特点，加之成交现量对股价的推动作用较小，因此不具备研究分析价值。而异常单笔大单由于成交现量较大，对股价在盘中的推动作用极大，容易引发股价的大幅波动，因而是临盘实战研究的重点。

为了方便分析、研究，判断主力机构的操盘计划与发展方向，可以针对这一技术特征建立如表5-2-1所示的专业的跟踪统计表加以追踪分析。

表5-2-1　职业操盘手异常单笔大单成交跟踪统计表

跟踪目标：　　　　　　　　流通盘：

当日大盘	跟踪日期	特大单量	成交价格	成交时间	股价趋势	当日换手率	当日涨跌幅	当日振幅

十、单笔大单读盘关键点提示

（1）观察单笔大单成交时的盘中股价波动变化。

（2）观察单笔特大单成交时的盘中股价波动变化特征。

（3）记录异常单笔大单成交跟踪统计表，定期跟踪股价趋势变化。

（4）观察盘中出现的单笔大单，分析、研究主力的操盘计划和做盘意图。

十一、本节知识要点与思考练习题图解

【思考练习题】

（1）向上拉升的单笔特大单有何特点？答案参见图120。

（2）向下打压的单笔特大单有何特点？答案参见图121。

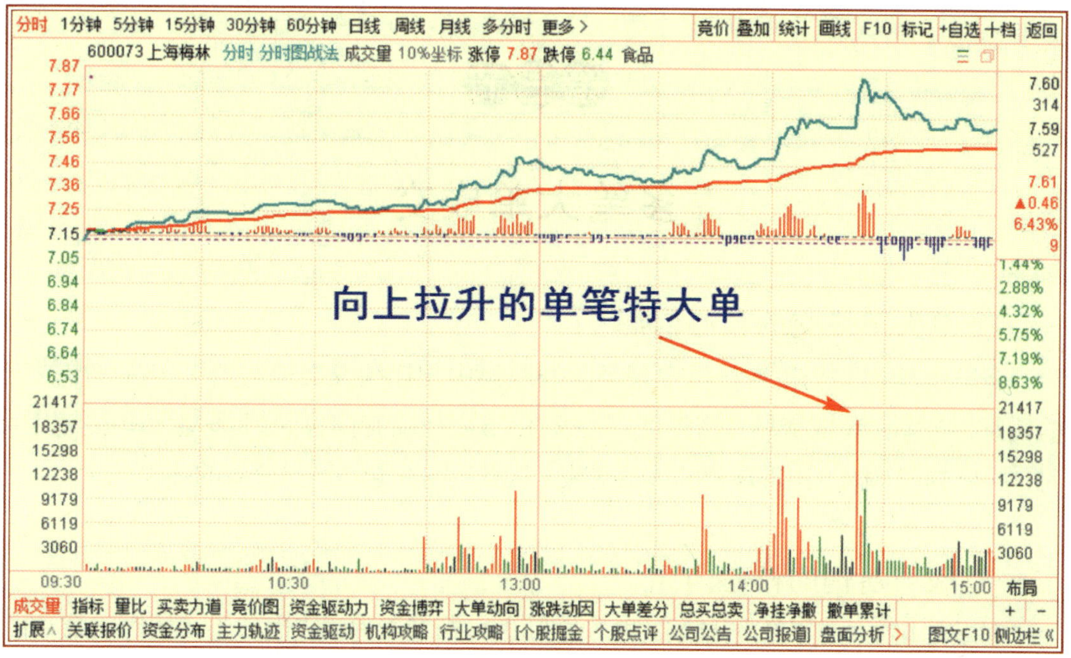

图120　向上拉升的单笔特大单

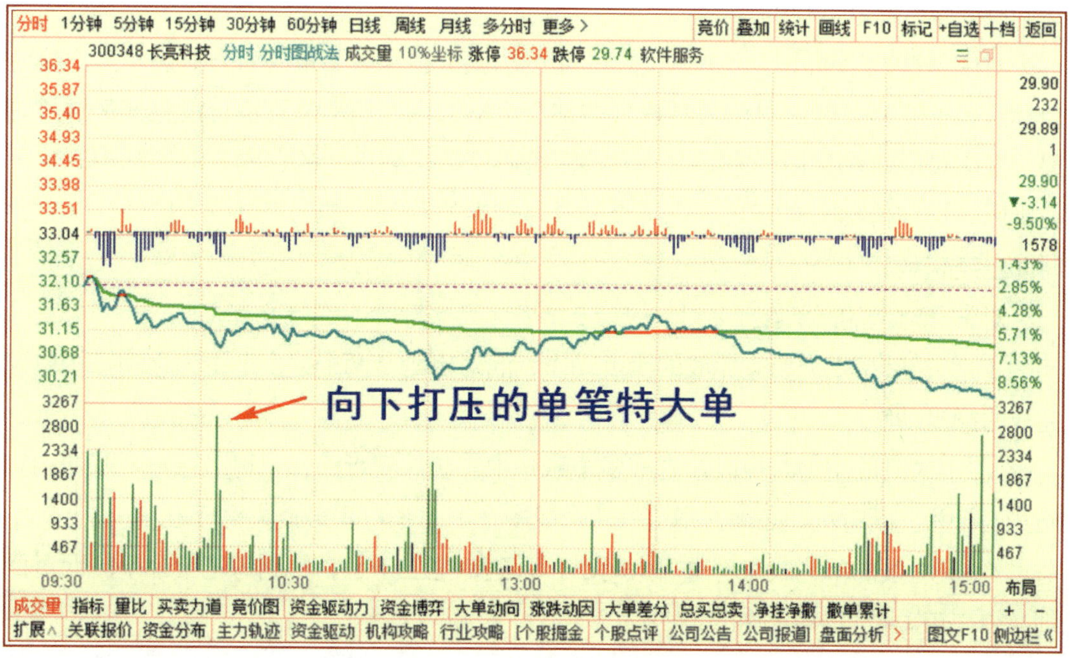

图121　向下打压的单笔特大单

第三节

SECTION 3

多笔大单成交

一、多笔大单成交的核心内涵

多笔大单成交是指当日盘中某一时间段集中地连续发生多笔大单和特大单成交的现象，多笔大单成交具有密集性、持续性、连贯性的特点。由于多笔大单成交发生时，股价的波动幅度出现剧烈的震荡变化，因此容易引起市场投资者的高度关注。

二、对敲与对倒的核心内涵

对敲是指主力机构在所控制的账户之间进行相互买进和卖出行为。如将A1账户的筹码卖出，由A2账户的资金迅速买进，通过这种内部账户之间的买进和卖出动作，以达到操纵股价涨跌的目的。

对倒是指两个或多个主力机构之间通过协议价格和成交量向对方买进和卖出指定目标股票的交易行为。对倒较易发生在某个价格区域，通常是股价阶段底部区域或阶段头部区域。对倒是由一方向另一方移交筹码，以达到出货的目的。而接纳筹码的一方则因为协议价格与实际盘面交易价格具有较大的利差，实际交易成本极低，买进之时即已经获利。

对敲和对倒的区别在于：

（1）对敲是主力独立完成的操盘动作，而对倒则是两个或多个主力之间互相协议完成的操盘动作。

（2）对敲的主力既可以在内部多个账户中实施买卖行为，也可以在一个账户内实施买卖行为。而对倒则必须在指定的两个或多个主力账户间实施买卖行为。

（3）对敲的单笔成交现量可大可小，大到每笔上千手，小到每笔十余手。而对倒则必须在较短时间内实施特大单交易。

（4）对敲发生时的股价一般处在以波段性上涨和下跌为主的阶段。而对倒一般发生在股价阶段性底部或头部平台区域。

（5）以成交性质划分，对敲的虚假成交的性质较多。而对倒，则基本属于真实性成交。

三、多笔大单成交的形成机理

多笔大单成交具有密集性、持续性、连贯性的特点，对中小投资者而言，由于买进和卖出行为缺乏统一性，因此不会在较短时间内集中地发生这种多笔大单成交现象。基于这一事实可推断，多笔大单成交是主力机构主动发起的积极性买卖行为所产生的结果。

多笔大单成交的三种形式：

（1）自然成交。即是指在交易过程中，通过主力机构的调节引导，致使场外中小投资者和大户资金积极跟风介入所产生的交易行为。

（2）对敲成交。即是指在交易过程中，主力机构在内部账户之间实施互相买卖的行为，以达到控制股价波动趋势与波动幅度的目的。

（3）对倒成交。即是指在交易过程中，主力机构由一方向另一方或多方以协议价格和成交量进行的指定性买卖行为，以达到移交筹码、转移持仓出货的目的。

四、多笔大单成交的市场内涵

多笔大单成交是基于主力机构主动发起的积极性买卖行为，因此，由主力机构操纵的密集性、连续性、连贯性多笔大单成交就反映了最真实的市场内涵。那么，如此巨大的买卖行为其背后的真实目的是什么呢？

我们必须通过股价所处的阶段位置来推测和判断主力的真实目的。

（1）如股价经过大跌之后处于阶段性底部区域，盘中实时交易发生这种多笔大单成交行为，导致当日的换手率较大，则一般以对倒出货为主要目的。

（2）如股价经过底部震荡整理之后出现向上突破性拉升行情，当日盘中实时交易发生这种多笔大单成交行为，导致当日的换手率较大，则一般以对敲拉升为主要目的。

（3）如股价经过一个较大波段性上涨行情之后，当日盘中实时交易发生这种多笔大单成交行为，导致当日的换手率较大，则一般以对倒出货为主要目的。

（4）如股价处于经过一波上涨行情之后的盘头整理阶段，当日盘中实时交易发生这种多笔大单成交行为，导致当日的换手率较大，则一般以对倒出货为主要目的。

（5）如股价经过盘头整理阶段之后，当日出现向下破位下跌趋势，盘中实时交易发生这种多笔大单成交行为，导致当日的换手率较大，则一般以自然成交出货为主要目的。

五、多笔大单成交的表现形式

（1）五档买卖委托队列中出现大单排队现象。

（2）即时成交现量较大。

（3）每笔成交间隔时间较短，经常在一分钟内出现多笔大单成交。

（4）时间段较短，常集中于当日盘中的某个时间段成交。

（5）具有持续性密集性爆发的特点，连贯性强。

（6）多笔大单成交时，股价波动幅度剧烈。

六、多笔大单成交对应的价格空间位置

（1）股价经过大跌之后处于阶段性底部区域，盘中实时交易会发生这种多笔大单成交行为。

（2）股价经过底部震荡整理之后出现向上突破性拉升行情，当日盘中实时交易会发生这种多笔大单成交行为。

（3）股价经过一个较大波段的上涨行情之后，当日盘中实时交易会发生这种多笔大单成交行为。

（4）股价处于经过一波上涨行情之后的盘头整理阶段，当日盘中实时交易会发生这种多笔大单成交行为。

（5）股价处于经过一段时间的盘头整理阶段末期，当日出现向上拉升或向下打压的走势，盘中实时交易会发生这种多笔大单成交行为。

七、多笔大单成交与主力做盘意图的对应关系

（1）当股价处在经过大跌之后的阶段性底部区域，若盘中实时交易发生这种多笔大单成交，一般以对倒出货为主要目的。

（2）当股价经过底部震荡整理之后出现向上突破性拉升行情，若盘中实时交易发生这种多笔大单成交，一般以对敲拉升为主要目的。

（3）当股价经过一个较大波段的上涨行情之后见顶，若盘中实时交易发生这种多笔大单成交，一般以对倒出货为主要目的。

（4）当股价处于经过一波上涨行情之后的盘头整理阶段，若盘中实时交易发生这种多笔大单成交，一般以对倒出货为主要目的。

（5）当股价处于经过盘头整理阶段之后的向下破位下跌阶段，若盘中实时交易发生这种多笔大单成交，一般以自然成交出货为主要目的。

八、多笔大单成交对当日股价的影响

多笔大单成交容易引发当日股价的剧烈震荡，随着震荡幅度的加剧，股价趋势容易向一个单极的方向发生转移。

（1）如果当日买进性大单超过卖出性大单，则股价会出现上涨趋势，当日以阳K线报收。

（2）如果当日卖出性大单超过买进性大单，则股价会出现下跌趋势，当日以阴K线报收。

九、多笔大单成交对未来数日股价走势的影响

多笔大单成交表现在即时盘面的信息是主力机构对股价未来走向与发展趋势的态度。如当日股价上涨，则基本表明主力机构在盘中积极买进，促使股价趋势向多头方向发展。如当日股价下跌，则说明主力机构在盘中积极卖出，促使股价趋势向空头方向发展。

在重要的技术性关口，如股价向上突破，当日盘中如出现持续性买进大单，并以大阳K线报收，则随后数日的股价趋势将可能会以波段性上涨行情为主。

在重要的技术性关口，如股价向下突破，当日盘中如出现持续性卖出大单，并以大阴K线报收，则随后数日的股价趋势将可能会以波段性下跌行情为主。

十、多笔大单成交对股价转折趋势的影响

（1）当股价经过较长时间的大波段下跌之后，如再次在盘中出现急跌现象，即时交易呈现持续性多笔大单成交，则往往可能是主力机构介入抄底、积极买进所致。当日以带长下影线的小阳、中阳或小阴K线报收时，就会形成股价由空头趋势向多头趋势的逆转。

（2）当股价经过较长时间的大波段上涨之后，如再次在盘中出现急升现象，即时交易呈现持续性多笔大单成交，则往往可能是主力机构在高位通过大笔对倒卖出所致。当日以带长上影线的小阳、中阳或小阴K线报收时，就会形成股价由多头趋势向空头趋势的逆转。

十一、多笔大单成交的必然性

根据本节的多笔大单成交的形成机理可知，多笔大单成交是主力机构通过三种交易方式所形成的积极性计划性操盘的结果。因而，多笔大单成交具备了必然性的发展结果。

多笔大单成交的必然性来自以下几大因素：

（1）多笔大单成交的数量与规模由主力机构的操盘计划所决定。

（2）多笔大单成交出现的时机与成交时间由主力机构操盘计划所决定。

（3）多笔大单成交出现后引发积极的交易现象是由主力机构操盘计划所决定。

基于以上分析，多笔大单成交的内因乃是主力机构操盘计划。

十二、多笔大单成交对投资者心理的影响

多笔大单成交发生时，股价的波动幅度出现剧烈的变化，因而容易引起市场投资者的高度关注。市场投资者关注度的提高与增加，同时又加剧了多笔大单成交的规模变化，促使股价更快速地向一个单极的方向发生逆转。

（1）如多笔大单成交发生在股价向上突破压力位之时，盘中积极的买进气氛和多笔大单成交状态会激发中小投资者的渴望盈利心理，容易推动跟风性买进行为，同时加剧股价的上涨速度。

（2）如多笔大单成交发生在股价向下跌穿支撑位之时，盘中猛烈的卖出气氛和多笔大单成交状态会引发中小投资者的恐慌心理，更容易推动跟风性卖出行为，同时加剧股价的下跌速度。

十三、多笔大单成交出现时的套利机会与投资陷阱

（1）当股价经过大跌之后，处在阶段性底部区域，若盘中实时交易发生这种多笔大单成交行为，导致当日的换手率较大，则一般以对倒出货为主要目的。因而操盘机会极少，投资陷阱极多。

（2）当股价经过底部震荡整理之后，出现向上突破性拉升行情，若当日盘中实时交易发生这种多笔大单成交行为，导致当日的换手率较大，则一般以对敲拉升为主要目的。因而操盘机会极多，投资陷阱极少。

（3）当股价经过一个较大波段的上涨行情之后见顶，若当日盘中实时交易发生这

种多笔大单成交行为，导致当日的换手率较大，则一般以对倒出货为主要目的。因而操盘机会极少，投资陷阱极多。

（4）当股价处于经过一波上涨行情之后的盘头整理阶段，若当日盘中实时交易发生这种多笔大单成交行为，导致当日的换手率较大，则一般以对倒出货为主要目的。因而操盘机会极少，投资陷阱极多。

（5）当股价经过盘头整理阶段之后，当日出现向下破位下跌趋势，若盘中实时交易发生这种多笔大单成交行为，导致当日的换手率较大，则一般以自然成交出货为主要目的。因而操盘风险巨大，投资陷阱极多。

十四、操盘手面对多笔大单成交的应对策略

（1）多笔大单成交于股价大波段上涨阶段之后，当日盘中出现带长上影线的K线，临盘应以观望或卖出持仓为主。

（2）多笔大单成交于股价波段性平台整理阶段之中，当日盘中出现中阳K线，临盘应以短线跟风买进操盘为主。

（3）多笔大单成交于股价波段性平台整理阶段之中，当日盘中出现中阴K线，临盘应以观望或卖出持仓为主。

（4）多笔大单成交于股价向下击穿支撑位，当日盘中出现中阴K线，临盘应以观望或卖出持仓为主。

（5）多笔大单成交于股价向上突破压力位，当日盘中出现中阳K线，临盘应以积极跟进中线建仓为主。

十五、多笔大单成交读盘关键点提示

（1）当日盘中多笔大单成交的时间段。

（2）当日盘中多笔大单成交时的股价所处阶段趋势。

（3）当日盘中多笔大单成交时的股价涨跌幅度。

（4）当日盘中多笔大单成交后的总换手率大小。

（5）当日盘中多笔大单成交后的K线结构状态。

十六、本节知识要点与思考练习题图解

【思考练习题】

（1）向上拉升的多笔特大单有何特点？答案参见图122。

（2）向下打压的多笔特大单有何特点？答案参见图123。

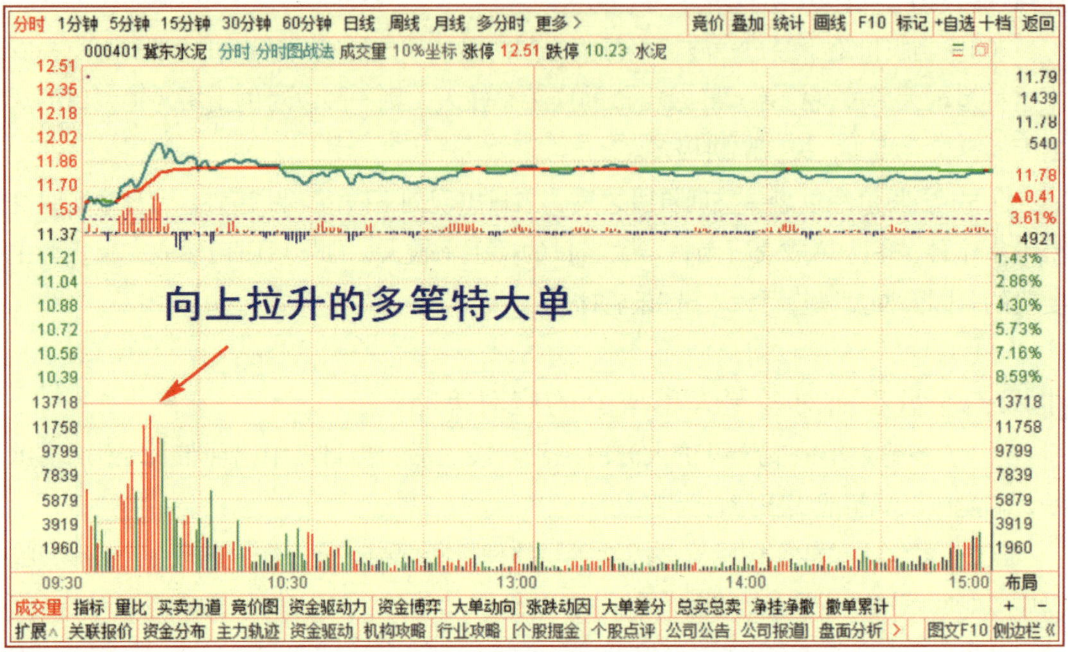

图122　向上拉升的多笔特大单

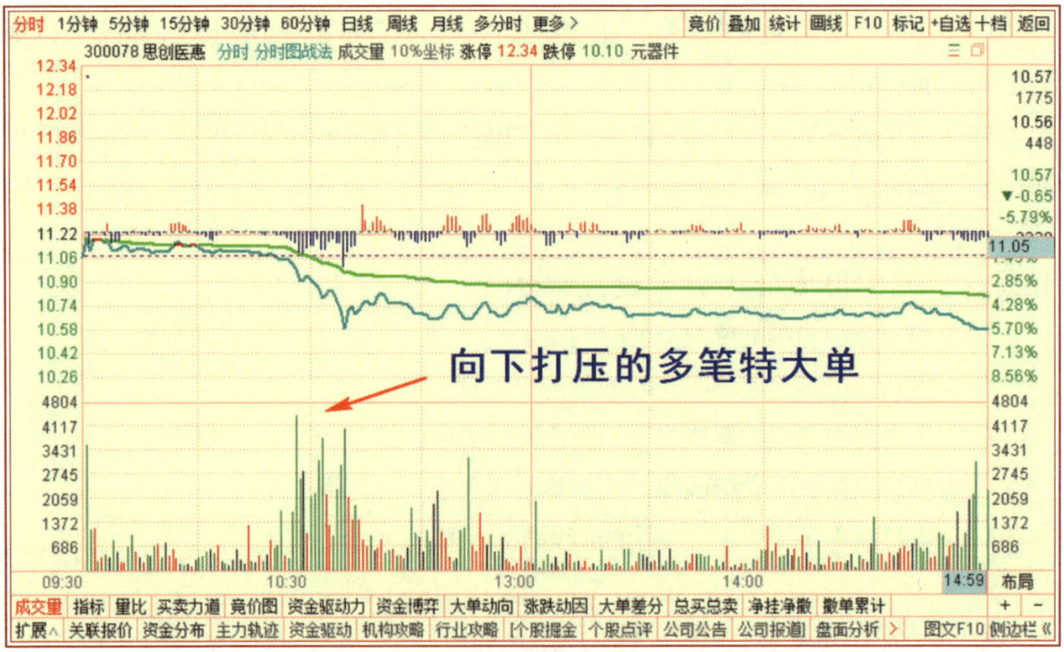

图123　向下打压的多笔特大单

第四节

SECTION 4

主力涨停大封单

一、涨停板的核心内涵

涨停板是指股价在每天盘中交易时间段内上涨幅度的限制目标。在我国证券交易制度中，A股涨停板幅度为+10%，ST类股票的涨停板幅度为+5%。

涨跌停板制度源于国外早期证券市场，是证券市场中为了防止交易价格的暴涨暴跌，抑制过度投机现象，对每只证券当天价格的涨跌幅度予以适当限制的一种交易制度。我国证券市场现行的涨跌停板制度是在1996年12月13日发布，于1996年12月26日开始实施的。设立涨跌停板制度旨在保护广大投资者利益，保持市场稳定，进一步推进市场的规范化。涨跌停板制度规定，除上市首日之外，股票（含A、B股）、基金类证券在一个交易日内的交易价格相对上一交易日收市价格的涨跌幅度不得超过10%（以S，ST，S*ST开头的股票不得超过5%），超过涨跌限价的委托为无效委托。

另外，按当天交易时间的先后顺序划分，涨停板又可分为早盘高开涨停、盘中涨停和尾盘涨停三种。在本人所著的《道破涨停天机》彩图版（上、下册）一书中，将涨停板按全天六个交易时间段进行了划分，可供参考。为了适应市场发展的需要，也可以进行自定义划分，此处不赘述。

二、涨停大封单的核心内涵

涨停大封单是指当股价触及涨停板价格时，卖1位置的最后一笔大卖单消失，五档买盘中的买1位置将成为涨停板最高限制买进价，在此位置所出现的大量委托买进单就是我们通常所称的涨停大封单。当出现涨停大封单之后，在买1以下位置委托的买单必须等待涨停大封单消失之后才会有机会发生交易，否则，只能等待次日或以更高的价格买进。

三、早盘高开涨停大封单的表现形式

早盘高开涨停大封单共有两种表现形式：

（1）股价直接以涨停价开盘，五档买盘中的买1位置出现涨停大封单，这种大封单往往超过5000手甚至达到10000手，气势非常庞大。

（2）股价高开之后直接展开攻击，早盘一波或两波涨停，涨停速度极快，基本在25分钟以内完成。此时，五档买盘中的买1位置出现超过10000手的涨停大封单，气势不凡。

四、早盘高开涨停大封单与主力的操盘意图

如无突发性意外利好事件的影响，早盘高开涨停是主力高举高打的一种主动性进攻的操盘行为。表现在操盘计划方面有三种意图可供判断：

（1）若股价处在大跌之后的阶段性底部，则是短线主力展开的短线反弹行情，也有中线主力低位强势战略性建仓的操盘意图。

（2）若股价处在当天向上突破压力位的趋势阶段，在短期均线系统金叉向上的情况下，这是短中线主力发起波段性拉升行情的开始，体现了主力波段趋势操盘意图。

（3）若股价处在击穿支撑位的下跌初期阶段，在短期均线系统全部死叉向下的情况下，这是中线主力发动短线反弹性出货行情，体现了主力借反弹拉高出货的操盘意图。

五、盘中涨停大封单的表现形式

股价在盘中涨停所遭遇的阻力非常大，因此，盘中股价涨停的形式多种多样，有三波涨停，也有反复震荡盘升的多波涨停，但股价最终在涨停时的表现手法基本一致，这就是：

当卖1位置的最后一笔大卖单消失，五档买盘中的买1位置成为涨停板最高买进价，因而，五档买盘中的买1位置将迅速出现涨停大封单，这种大封单往往超过10000手，盘中买进气势如虹，不可阻挡。

六、盘中涨停大封单的市场背景与意义

盘中涨停的过程比较复杂，也极为艰难。股价在涨停的途中必然遭遇卖方的大单抛压和反复狙击，因而股价在到达涨停价格时所付出的操盘成本较高。

盘中涨停除了充分表明股价趋势的逆转和强势特征之外，更重要的是，通过盘中涨停大封单，完全体现了主力机构的操盘决心和态度，并充分展示了其强大而雄厚的

操盘实力。以下有三种环境演示来说明盘中涨停和盘中涨停大封单的实质意义：

（1）当大盘下跌时，股价在盘中涨停，并出现涨停大封单，说明主力极强，股价趋势将出现逆转。

（2）当大盘平衡震荡时，股价在盘中涨停，并出现涨停大封单，说明主力极强，股价趋势将出现逆转。

（3）当大盘上涨时，股价在盘中涨停，并出现涨停大封单，说明主力较强，股价将顺势上涨。

基于上述三种环境的演示分析，我们可以发现，股价盘中涨停和盘中涨停大封单的出现具有重要的操盘价值和战略意义。

七、盘中涨停大封单与主力的操盘意图

盘中涨停是主力高举高打的一种主动性进攻的操盘行为。表现在操盘计划方面的三种意图和早盘高开涨停一样，在此不赘述。

八、尾盘涨停大封单的表现形式

和股价盘中涨停一样，股价尾盘涨停的形式也是多种多样，有一波涨停、两波涨停、三波涨停，也有反复震荡盘升的多波涨停，但和盘中涨停有所不同的是，股价最终在尾盘涨停时的表现手法分为两种，这就是：

（1）盘中交易时间距离收市半小时以内，股价出现涨停。涨停时，五档买盘中的买1位置迅速出现超过10000手的涨停大封单。

（2）盘中交易时间距离收市1分钟以内，股价出现涨停。涨停时，五档买盘中的买1位置由于交易时间即将结束，因此没有出现涨停大封单。但最终在涨停时，盘中以大单和特大单现量成交。

九、尾盘涨停大封单的市场背景与意义

尾盘涨停不如盘中涨停来得艰难，由于尾盘交易时间段的特殊性，大部分中小投资者在最后半小时的交易时间段内较易出现松懈的心理特征，因此，尾盘涨停具有巨大的技巧性成分。因而也可称之为“偷袭战术”。尾盘涨停在实际的操盘过程中也具有巨大的操盘价值，以下有三种环境演示来说明尾盘涨停和尾盘涨停大封单的实质意义：

（1）当大盘下跌时，股价在尾盘涨停，并出现涨停大封单，说明主力极强，股价趋势将出现逆转。

（2）当大盘平衡震荡时，股价在尾盘涨停，并出现涨停大封单，说明主力极强，股价趋势将出现逆转。

（3）当大盘上涨时，股价在尾盘涨停，并出现涨停大封单，说明主力较强，股价将顺势上涨。

基于上述三种环境的演示分析，我们可以发现，股价尾盘涨停和尾盘涨停大封单的出现同样具有重要的操盘价值和战略意义。

十、尾盘涨停大封单的“偷袭战术”

在实际的操盘过程中，尾盘涨停具有巨大的技巧性成分。基于职业操盘领域，我们通常把尾盘涨停这种操盘形式称为“偷袭战术”。“偷袭战术”的成功因素主要来自以下几点：

（1）大部分中小投资者在最后半小时的交易时间段内较易出现松懈的心理特征。

（2）容易制造大阳K线技术特征，形成较好的强势技术形态。

（3）为次日股价继续上涨打下基础，并避开投资者的大量抛售压力。

尾盘涨停之后，出现涨停大封单容易给场中投资者以惜售的信心。因而，这种“偷袭战术”经常被主力机构运用，且屡试不爽。

十一、尾盘涨停大封单与主力的操盘意图

尾盘涨停及所出现的涨停大封单，在主力操盘意图的表现形式和表现结果方面基本一致，在临盘实战运用中，我们可以根据主力操盘计划的倾向有三种意图可供判断，这三种意图与早盘高开涨停一样，在此不赘述。

十二、涨停大封单的强弱度

在实际的操盘过程中，通过涨停大封单的规模可以判断主力在操盘的实力和股价上涨力度的强弱，以借此跟踪最强势的目标品种进行操作。但是，在现实情况中，我们往往极难判断涨停大封单与股价上涨力度强弱的真实标准。以下是通过多年的实践得出的一些经验性判断值，仅供参考：

（1）流通盘5000万股以内，涨停大封单达到8000手以上，股价上涨力度为强势。

反之，则稍弱。

（2）流通盘5000万股~1亿股，涨停大封单达到15000手以上，股价上涨力度为强势。反之，则稍弱。

（3）流通盘1亿股~2亿股，涨停大封单达到20000手以上，股价上涨力度为强势。反之，则稍弱。

（4）流通盘2亿股~3亿股，涨停大封单达到30000手以上，股价上涨力度为强势。反之，则稍弱。

（5）流通盘3亿股以上，涨停大封单达到40000手以上，股价上涨力度为强势。反之，则稍弱。

在临盘交易过程中，我们发现，涨停大封单的规模越大，股价的爆发力就越强。而涨停大封单的规模越小，股价在盘中经受抛压的能力越弱，因此就易影响后续上涨的爆发力。

在此值得提醒的是：当股价被主力机构高度控盘后，涨停大封单的规模并不是越大越好，而是适中就行。这一点需要学员在实践中多多体会。

十三、涨停大封单出现时的操盘对策与投资陷阱

当股价发生涨停时，在很多情况下，都代表着一个强势主力的崛起，以及极端财富的强势展现。因此，其临盘机会往往大于风险。

前面我们提到通过涨停大封单来判断主力的操盘意图，其实，这种判断方式也是临盘操盘对策和风险防范的一个重要体现，具体策略如下：

（1）若股价处在大跌之后的阶段性底部，说明短线主力展开短线反弹行情，因此应实时买进。

（2）若股价处在当天向上突破压力位的趋势阶段，在短期均线系统金叉向上的情况下，这是短中线主力发起波段性拉升行情的开始，临盘必须重仓买进。

（3）若股价处在击穿支撑位的下跌初期阶段，在短期均线系统全部死叉向下的情况下，这是中线主力发动短线反弹性出货行情，涨停是主力的操盘陷阱，临盘应以观望为宜。

十四、涨停大封单读盘关键点提示

（1）股价涨停时的规模大小与股价对应的阶段趋势。

（2）股价涨停时的大盘环境如何？

（3）股价涨停时的规模与流通盘对应的强弱标准。

（4）股价涨停时的是否不断减少甚至消失？

十五、本节知识要点与思考练习题图解

【思考练习题】

（1）早盘高开涨停大封单有何特点？答案参见图124。

（2）盘中涨停大封单有何特点？答案参见图125。

（3）尾盘涨停大封单有何特点？答案参见图126。

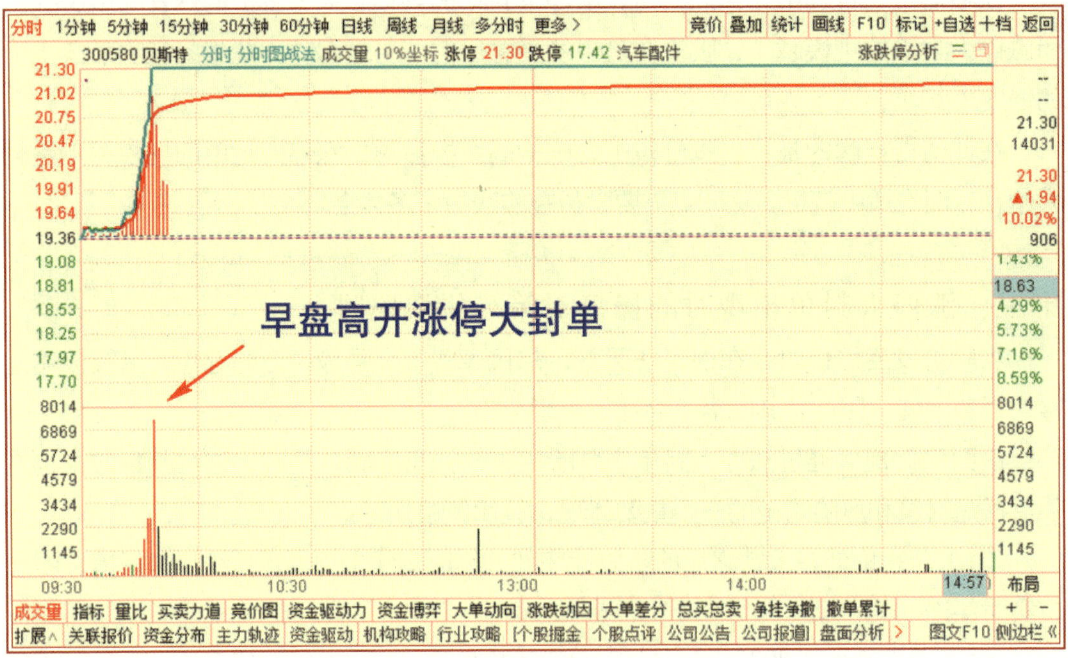

图124 早盘高开涨停大封单

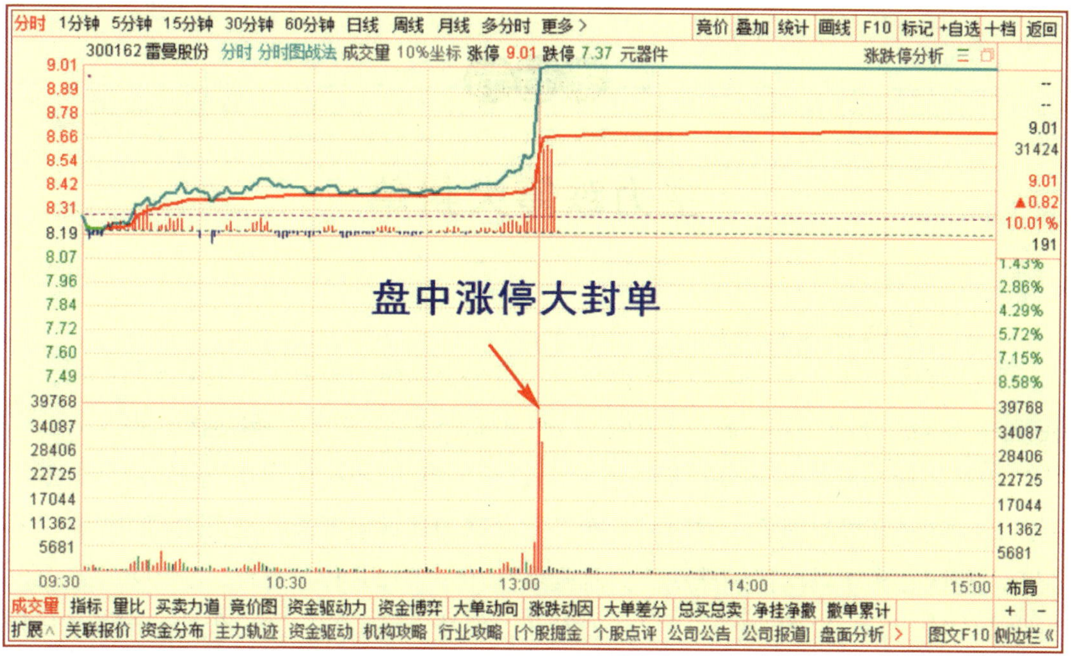

图125 盘中涨停大封单

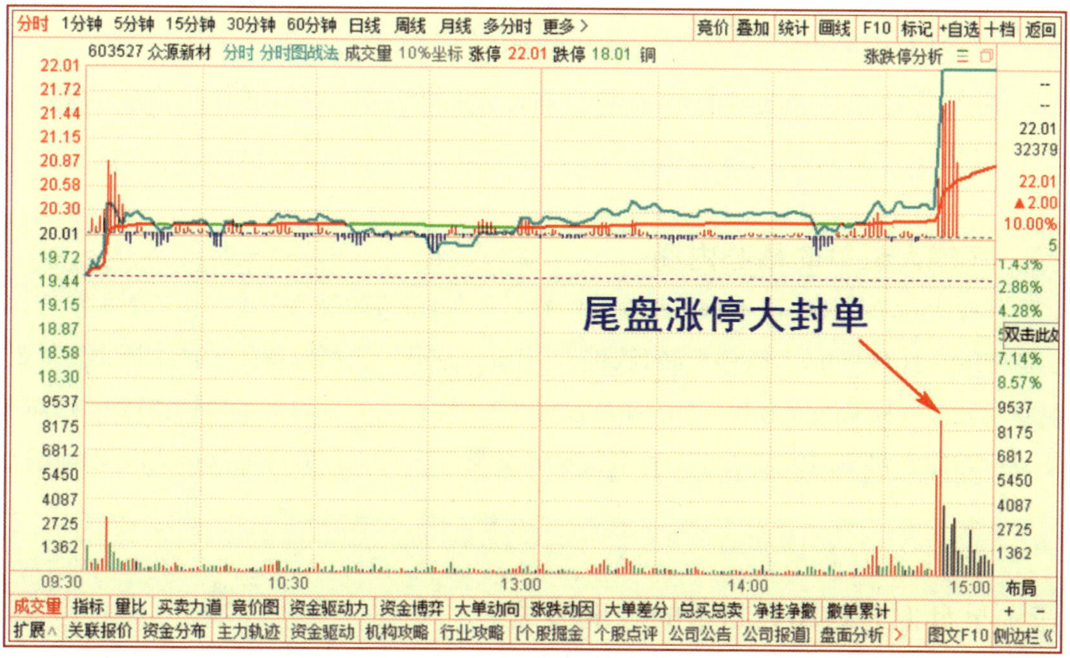

图126 尾盘涨停大封单

第五节

SECTION 5

主力跌停大封单

一、跌停板的核心内涵

和涨停板一样，跌停板是指股价在每天盘中交易时间段内下跌幅度的限制目标。在我国证券交易制度中，A股跌停板幅度为-10%，ST类股票的跌停板幅度为-5%。

涨跌停板制度源于国外早期证券市场，是证券市场中为了防止交易价格的暴涨暴跌，抑制过度投机现象，对每只证券当天价格的涨跌幅度予以适当限制的一种交易制度。我国证券市场现行的涨跌停板制度是在1996年12月13日发布，于1996年12月26日开始实施的。它旨在保护广大投资者利益，保持市场稳定，进一步推进市场的规范化。涨跌停板制度规定，除上市首日之外，股票（含A、B股）、基金类证券在一个交易日内的交易价格相对上一交易日收市价格的涨跌幅度不得超过10%（以S，ST，S*ST开头的股票不得超过5%），超过涨跌限价的委托为无效委托。

另外，按当天交易时间的先后顺序划分，跌停板又可分为早盘低开跌停、盘中跌停和尾盘跌停三种。

二、跌停大封单的核心内涵

跌停大封单是指当股价触及跌停板价格时，买1位置的最后一笔大买单消失，五档卖盘中的卖1位置将成为跌停板最低限制卖出价，在此位置所出现的大量委托卖出单就是我们通常所称的跌停大封单。当出现跌停大封单之后，在卖1以上位置委托的卖单必须等待跌停大封单消失之后才会有机会发生交易，否则，只能等待次日或以更低的价格卖出。

三、早盘低开跌停大封单的表现形式

早盘低开跌停大封单也有两种表现形式：

（1）股价直接以跌停价开盘，五档卖盘中的卖1位置出现跌停大封单，这种大封单往往超过5000手甚至达到10000手。气势非常恐怖。

（2）股价低开之后直接展开下跌，早盘一波跌停，跌停速度极快，基本是在5分钟以内完成。此时，五档卖盘中的卖1位置出现超过1000手甚至达到5000手的跌停大封单（小盘ST类股票跌停封单相对会较少），下跌气势不可阻挡。

四、早盘低开跌停大封单与主力的操盘意图

如无突发意外性利空事件的影响，早盘低开跌停是主力凶狠砸盘的一种主动性抛售的操盘行为。表现在操盘计划方面有三种意图可供判断：

（1）若股价处在大跌之后的阶段性底部，则是中长线主力展开的最后一轮疯狂杀跌行情，主力通过这种最后的疯狂，意图在更低价格区域完成战略性建仓计划。

（2）若股价处在突破压力位后的上升趋势阶段，在短期均线系统金叉向上的情况下，这是中线主力发起凶狠的阶段性洗盘调整行情，主力意图在盘中清洗不坚定的中小投资者，以减轻股价上涨压力。

（3）若股价处在击穿支撑位的下跌初期阶段，在短期均线系统全部死叉向下的情况下，这是中线主力发动最后不计成本的疯狂出货动作。

五、盘中跌停大封单的表现形式

和盘中涨停的表现形式一样，盘中股价跌停的形式也是多种多样，有三波跌停，也有反复震荡盘跌的多波跌停，但股价最终在跌停时的表现手法基本一致，这就是：

当买1位置的最后一笔大买单消失，五档卖盘中的卖1位置成为跌停板最低卖出价，因而在五档卖盘中的卖1位置将迅速出现跌停大封单，这种大封单往往超过5000手，盘中卖出单量巨大，抛压沉重。

六、盘中跌停大封单的市场背景与意义

盘中跌停除了充分表明股价趋势的逆转和弱势特征之外，更重要的是，通过盘中跌停大封单，完全体现了主力机构的操盘决心，并充分展示了其对股价未来趋势的发展不甚乐观的态度。

以下用三种环境演示来说明盘中跌停和盘中跌停大封单的实质意义：

（1）当大盘下跌时，股价在盘中跌停，并出现跌停大封单，说明主力极弱，股价将继续下跌。

（2）当大盘平衡震荡时，股价在盘中跌停，并出现跌停大封单，说明主力极弱，

股价将继续下跌。

（3）当大盘上涨时，股价在盘中跌停，并出现跌停大封单，说明主力转弱，股价将继续下跌或展开阶段性调整。

基于上述三种环境的演示分析，我们可以发现，股价盘中跌停和盘中跌停大封单的出现具有重要的操盘价值和战略意义。

七、盘中跌停大封单与主力的操盘意图

盘中跌停的动作是主力凶狠砸盘的一种主动性抛售的操盘行为。表现在操盘计划方面的三种意图与早盘低开跌停一样，在此不赘述。

八、尾盘跌停大封单的表现形式

股价尾盘跌停的形式也是多种多样，有一波跌停、两波跌停、三波跌停，也有反复震荡盘跌的多波跌停，但所不同的是，股价最终在跌停时的表现手法分为两种，这就是：

（1）盘中交易时间距离收市半小时以内，股价出现跌停。跌停时，五档卖盘中的卖1位置迅速出现超过5000手的跌停大封单。

（2）盘中交易时间距离收市1分钟以内，股价出现跌停。跌停时，五档卖盘中的卖1位置由于交易时间即将结束，因而较少出现超过5000手的跌停大封单。但最终在跌停时，盘中以大单和特大单现量成交。

九、尾盘跌停大封单的市场背景与意义

由于尾盘跌停具有非常大的技巧性成分，基于职业操盘领域，我们通常把尾盘跌停这种操盘形式称为“砸盘战术”。以下用三种环境演示来说明尾盘跌停和尾盘跌停大封单的实质意义：

（1）当大盘下跌时，股价在尾盘跌停，并出现跌停大封单，说明主力极弱，股价将继续下跌。

（2）当大盘平衡震荡时，股价在尾盘跌停，并出现跌停大封单，说明主力极弱，股价将继续下跌。

（3）当大盘上涨时，股价在尾盘跌停，并出现跌停大封单，说明主力转弱，股价将继续下跌或展开阶段性调整。

基于上述三种环境的演示分析，我们可以发现，股价尾盘跌停和尾盘跌停大封单的出现具有重要的操盘价值和战略意义，有利于指导投资者在次日做出更为理性的操盘策略。

十、尾盘跌停大封单的“砸盘战术”

和上一节所讲到的“尾盘涨停”一样，在实际的操盘过程中，尾盘跌停也具有非常大的技巧性成分。基于职业操盘领域，我们通常把尾盘跌停这种操盘形式称为“砸盘战术”。砸盘战术的成功因素主要来自以下几点：

（1）大部分中小投资者在最后半小时的交易时段内较易出现松懈的心理特征。

（2）容易制造大阴K线技术特征，形成比较恶劣的弱势技术形态。

（3）为次日股价继续下跌打下基础，并避开投资者的大量跟风买进压力。

尾盘跌停之后，出现跌停大封单容易给场中投资者以措手不及的打击。因此，这种“砸盘战术”经常被主力机构在上升阶段的洗盘过程和底部建仓过程中运用，且经常获得不错的效果。

十一、尾盘跌停大封单与主力的操盘意图

尾盘跌停的动作也是主力在临近收市时所实施的凶狠砸盘的一种主动性抛售的操盘行为。表现在操盘计划方面的三种意图与早盘低开跌停一样，在此不赘述。

十二、跌停大封单的强弱度

通过跌停大封单的规模可以判断主力操盘的决心和股价下跌力度的强弱，以借此做出正确的操盘决策，规避不可预见的风险。以下是通过多年的实践得出的一些经验性判断值，仅供参考：

（1）流通盘5000万股以内，跌停大封单达到8000手以上，股价下跌力度极强。反之，则稍弱。

（2）流通盘5000万股~1亿股，跌停大封单达到15000手以上，股价下跌力度极强。反之，则稍弱。

（3）流通盘1亿股~2亿股，跌停大封单达到20000手以上，股价下跌力度极强。反之，则稍弱。

（4）流通盘2亿股~3亿股，跌停大封单达到30000手以上，股价下跌力度极强。反

之，则稍弱。

（5）流通盘3亿股以上，跌停大封单达到40000手以上，股价下跌力度为极强。反之，则稍弱。

在临盘交易过程中，我们发现，跌停大封单的规模越大，股价的下跌力度就越强。而跌停大封单的规模越小，股价在盘中易受到强大买盘的冲击，后市趋势发生逆转的可能性就越大。

需要说明的是：当股价被主力机构高度控盘后，跌停大封单的规模并不是越大越好，而是适中就行。这一点需要学员在实践中多多体会。

十三、跌停大封单出现时的操盘对策与投资陷阱

当股价跌停发生时，在很多情况下都代表着一个股价趋势已经向极弱的方向转化，因此，其临盘风险往往大于机会。

前面我们提到通过跌停大封单来判断主力的操盘意图，其实，这种判断方式也是临盘操盘对策和风险防范的一个重要体现，具体策略如下：

（1）若股价处在大跌之后的阶段性底部，说明是中长线主力展开杀跌诱空行情，中长线建仓机会即将来临，因而应耐心观望、等待。

（2）若股价处在已经突破压力位后的上升趋势阶段，在短期均线系统金叉向上的情况下，这是短中线主力发起阶段性洗盘调整行情，临盘应在次日于重要支撑位逢低买进。

（3）若股价处在击穿支撑位的下跌初期阶段，在短期均线系统全部死叉向下的情况下，这是中线主力最后疯狂的出货行情，临盘应以观望为宜。

十四、跌停大封单读盘关键点提示

（1）股价跌停时的封停单规模大小与股价对应的阶段趋势。

（2）股价跌停时的大盘环境如何？

（3）股价跌停时的封停单规模与流通盘对应的强弱标准。

（4）股价跌停时的封停单是否不断减少甚至消失？

十五、本节知识要点与思考练习题图解

【思考练习题】

（1）早盘低开跌停大封单有何特点？答案参见图127。

（2）盘中跌停大封单有何特点？答案参见图128。

（3）尾盘跌停大封单有何特点？答案参见图129。

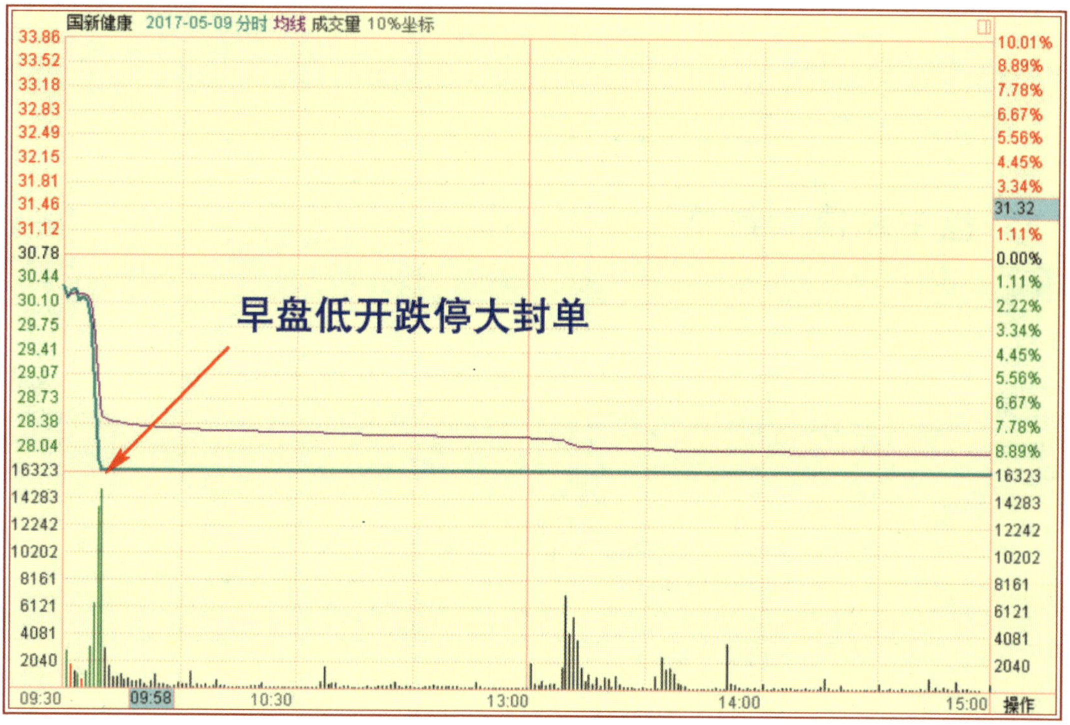

图127 早盘低开跌停大封单

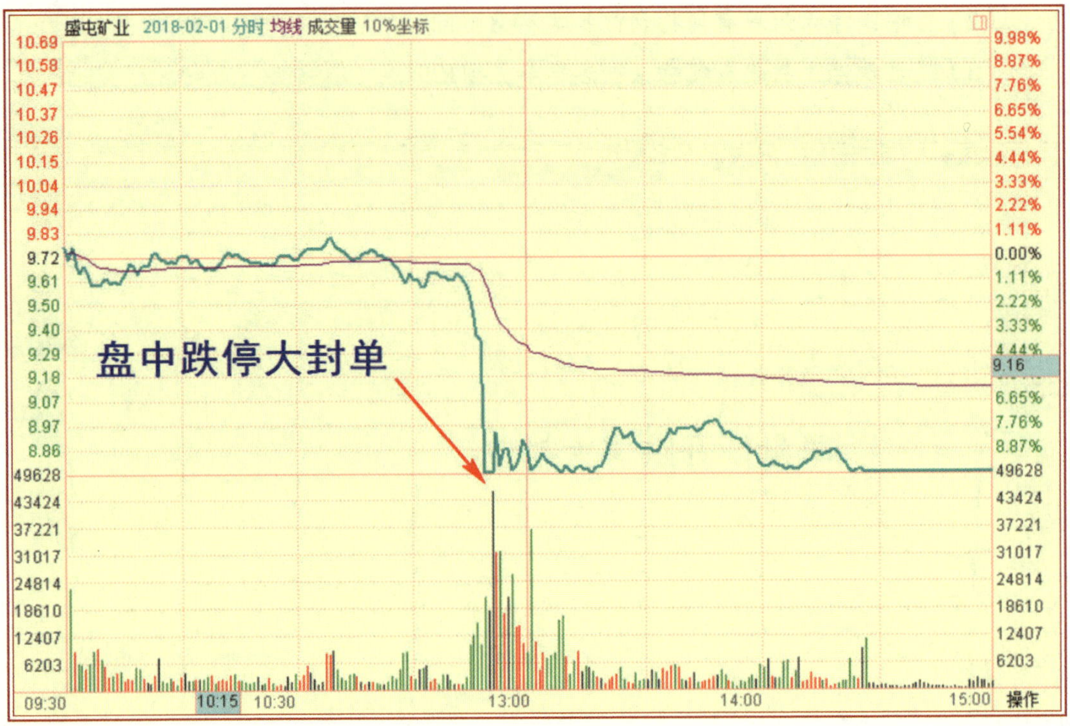

图128　盘中跌停大封单

图129　尾盘跌停大封单

第六章

主力五档买卖盘深度解析

本章学习重点内容

一、学习五档买卖盘，掌握五档买卖盘的基本盘口特征

二、认识五档大单压盘及其基本意义，在实战中反复领会

三、认识五档大单托盘及其基本意义，在实战中反复领会

四、认识五档小单空盘及其基本意义，在实战中反复领会

五、认识五档逼多大单及其基本表现形式，在实战中反复领会

六、认识五档逼空大单及其基本表现形式，在实战中反复领会

七、认识并掌握五档多空对决及其基本意义，在实战中反复领会

第一节
SECTION 1

五档大单压盘

一、五档卖盘的核心内涵

五档卖盘是指在交易软件盘口右侧的五个卖出委托单队列。以通达信证券交易软件为例，右侧上方委托单队列挂出从卖1至卖5这五个卖出委托单，即是五档卖盘。根据传统看盘的习惯，大部分交易软件将右侧上方作为实时交易的买卖盘口动态数据显示区。

在通达信证券交易软件的高速行情版中，还有十档买卖盘的实时交易动态数据，以便投资者及时掌握盘口交易信息的变化。

二、五档卖单压盘的核心内涵

五档卖单压盘是指在五档卖盘位置挂出五个符合大单或特大单标准的委托单队列。五档卖单压盘是一种积极卖出的姿态和信号，表现在盘口的实时交易中，会产生阻止股价上涨或促使股价加速下跌的综合作用。

三、阻截式大卖单的核心内涵

阻截式大卖单是指当股价在盘中节节上涨时，五档卖盘的卖1、卖2、卖3、卖4或卖5位置突然出现一笔大委托单，即是阻截式大卖单。阻截式大卖单也是五档卖单压盘的一种形式，具备拦截、阻止、恐吓、打压等作用，其目的是给上涨中的股价降温，阻止场外中小投资者进一步跟风买进的行为，并暂时打压股价。

四、五档卖盘的经典意义

五档卖盘是空头主力的前沿阵地，是投资者委托卖出筹码的交易数据动态显示区。五档卖盘中实时出现的卖出委托单量的动态变化，可以清楚地反映当时盘中卖出方的交易态度。

（1）当五档卖盘的委托单量小于五档买盘的委托单量时，说明卖出力弱，股价可能上涨。

（2）当五档卖盘的委托单量大于五档买盘的委托单量时，说明卖出力强，股价可能下跌。

（3）当五档卖盘的委托单量等于五档买盘的委托单量时，说明买卖力均衡，股价可能出现僵持状态。

五档卖盘常规意义中的三个力量与股价走势变化仅适用于常规行情，并不能真实反映股价在主力机构控盘状态的操盘意图，因此，在临盘实战中必须配合其他技术手段。

五、五档卖单压盘的表现形式

五档卖单压盘一般较易出现在股价上涨初期突破区、上涨中期洗盘区、上涨后期见顶区、下跌初期突破区等区域。在盘口的表现形式则是：

在五档卖盘的卖1、卖2、卖3、卖4和卖5位置均出现大单和特大单。有时在卖1位置出现上千手特大单，在卖2、卖3位置出现超过500手的大单，在卖4和卖5位置则有超过1000手的特大单。

当卖1位置的特大单被消化后，在卖2位置又迅速出现更大的卖单。有时，当卖1、卖2和卖3位置的卖单被消化之后，新的大卖单又出现在五档卖盘位置。

这种在五档卖盘位置不断以大单、特大单抛压的现象，即是五档卖单压盘。

五档卖单压盘的主要特点是以“压”为主题，目的是阻止股价的上涨，并企图打压股价和盘中的人气，以更有利于主力机构操盘计划的顺利实施。

六、价格空间位置与五档卖单压盘的对应关系

前面提到，五档卖单压盘一般较易出现在股价上涨初期突破区、上涨中期洗盘区、上涨后期见顶区和下跌初期突破区等区域，在这些区域导致五档卖单压盘出现的因素如下：

（1）当股价处在上涨初期的突破区，五档卖单压盘是盘中投资者大单卖出所致。

（2）当股价处在上涨中期的洗盘区，五档卖单压盘是盘中主力通过对敲打压所致。

（3）当股价处在上涨后期的见顶区，五档卖单压盘是盘中主力通过对倒出货所致。

（4）当股价处在下跌初期的突破区，五档卖单压盘是盘中主力最后抛售筹码所致。

七、五档卖单压盘对当日股价走势的影响

（1）当股价在上涨初期的突破区时，五档卖单压盘的出现只能激发更强的买进力量，当天股价红盘报收的概率较大。

（2）当股价在上涨中期的洗盘区时，五档卖单压盘的出现将打击盘面的跟风人气，促使股价趋势向下展开调整，当天股价绿盘报收的概率极大。

（3）当股价在上涨后期的见顶区时，五档卖单压盘的出现将压制股价的上涨势头，在高位套牢跟风者，当天股价出现见顶回落的趋势，并以带长上影线的K线报收的概率极大。

（4）当股价在下跌初期的突破区时，五档卖单压盘将加速股价向下破位的力度和速度，促使股价趋势迅速向下运行，当天股价以大阴K线报收的概率极大。

八、五档卖单压盘出现在不同时间段的市场效果

五档卖单压盘在当天的实时交易过程中，出现在不同的时间段则会收到不同的市场效果。以当天盘面交易的四个小时时间段为例，基本状态如下：

（1）早盘9：30—10：30。这一时间段如出现五档卖单压盘，则当天以阴线报收的概率较大，容易在盘中出现回头波下跌，次日继续下跌的概率较大。同时，对市场投资者的恐慌心理影响也较大。

（2）盘中10：30—11：30、13：00—14：00。这一时间段如出现五档卖单压盘，则当天以阳线报收的概率较大，容易于盘中围绕均价线形成反复震荡的格局，次日继续上涨的概率较大。同时，对市场投资者的跟风买进的积极心理影响也较大。

（3）尾盘14：00—15：00。这一时间段如出现五档卖单压盘，则当天以阴线报收的概率较大，尾盘打压，导致次日继续低开下跌的概率也较大。同时，对市场投资者的恐慌心理影响也较大。

九、阻截式大卖单出现的时机与目的

当股价正在上涨过程中，盘中突然出现阻截式大卖单，这对跟风买进的中小投资者来说无异于当头棒喝。阻截式大卖单不会无来由地出现，它的出现均有极强的目的性，尤其对时机的把握相当重要。

（1）股价在突破重要阻力区之后，盘中上涨时突然遭遇阻截式大卖单，这说明主力即将展开技术性回抽，以确认突破的有效性，同时恐吓盘中筹码抛出，并阻止场外

投资者的跟风买进。

（2）股价在经过一个中级波段的上涨行情之后，盘中上涨时突然遭遇阻截式大卖单，这说明主力即将展开技术性洗盘，以恐吓盘中筹码抛出，同时套牢一部分场外跟风买进的投资者，让他们产生恐惧心理。

（3）股价在盘中上涨行情过程中，突然遭遇阻截式大卖单，随后股价在均价线区域展开横盘整理，这说明主力当天意图阻止场外投资者的跟风买进。

阻截式大卖单均出现在股价上涨过程中，而在股价波段上涨的后期，主力因为出货的需要，不会于盘中挂出阻截式大卖单。

十、五档卖单压盘与主力的操盘计划

五档卖单压盘是一种积极卖出的姿态和信号，表现在盘口的实时交易中，会产生阻止股价上涨或促使股价加速下跌的综合作用。五档卖单压盘的实质是一种典型的主力操纵股价的交易行为。因此，临盘这种委托单队列出现之时，即表明主力的操盘计划已经在积极地向某个单极的趋势运作。

（1）股价在上涨初期的突破区时，五档卖单压盘是主力借助场内抛盘在盘中恐吓场外中小投资者的操盘行为。后市运作趋势以突破性上涨行情为主。

（2）股价在上涨中期的洗盘区时，五档卖单压盘的出现是因为主力通过滚动式操盘实施短线高抛计划，然后再在相对低位买进，同时阻止中小投资者的跟风买进行为。后市运作趋势仍以震荡盘升行情为主。

（3）股价在上涨后期的见顶区时，五档卖单压盘是主力直接在盘中疯狂出货的结果。同时也通过协议价格向其他接盘主力对倒出货。后市运作趋势将以反复震荡盘头行情为主。

（4）股价在下跌初期的突破区时，五档卖单压盘是主力最后集中抛售的结果。后市运作趋势将以反复震荡下跌行情为主。

十一、五档卖单压盘出现时的操盘对策与风险规避

（1）当股价在上涨初期的突破区，五档卖单压盘出现后，可以在盘中以均价线为基准进行低吸买进。

（2）当股价在上涨中期的洗盘区，五档卖单压盘出现后，可以短线逢高卖出，在洗盘至10天均线附近时再逢低买进。

（3）当股价在上涨后期的见顶区，五档卖单压盘出现后，必须在盘中及时卖出，避免降低持仓利润。未买进者，应以观望为主，不得随意跟风买进。

（4）当股价在下跌初期的突破区，五档卖单压盘出现后，必须在盘中卖出所有持仓，更不能随意在低位买进抄底，以免挨套遭受更大的损失。

十二、五档卖单压盘读盘关键点提示

（1）五档卖单压盘出现的时间段和股价阶段位置。

（2）阻截式大卖单出现的时间段和股价阶段位置。

十三、本节知识要点与思考练习题图解

【思考练习题】

（1）五档大单压盘有什么特点？答案参见图130。

（2）阻截式大卖单有什么特点？答案参见图131。

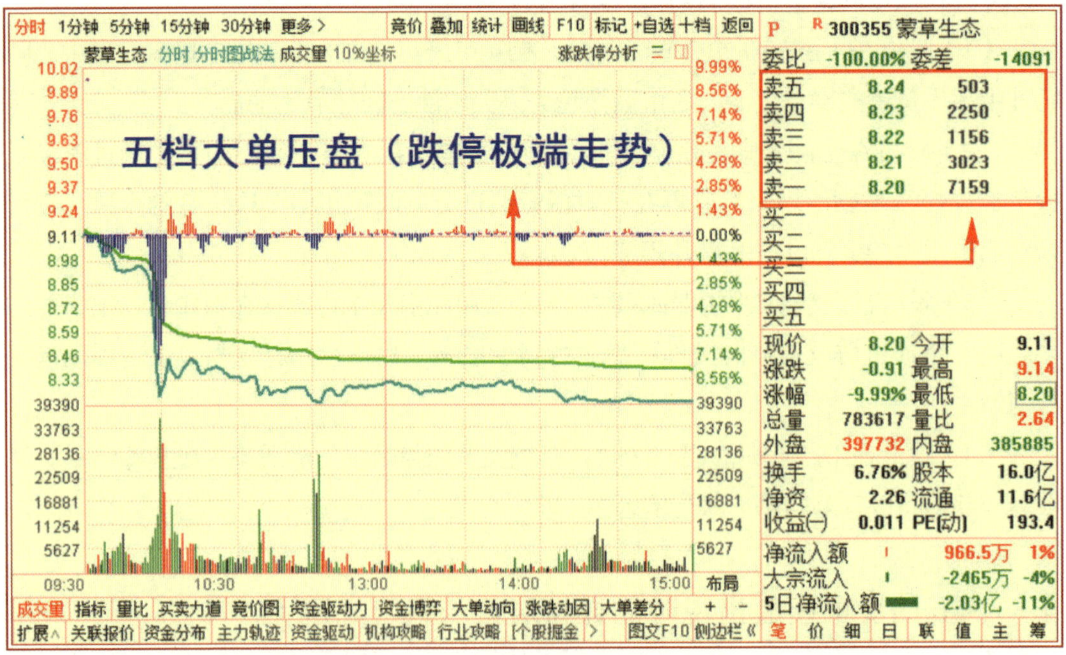

图130　五档大单压盘（跌停极端走势）

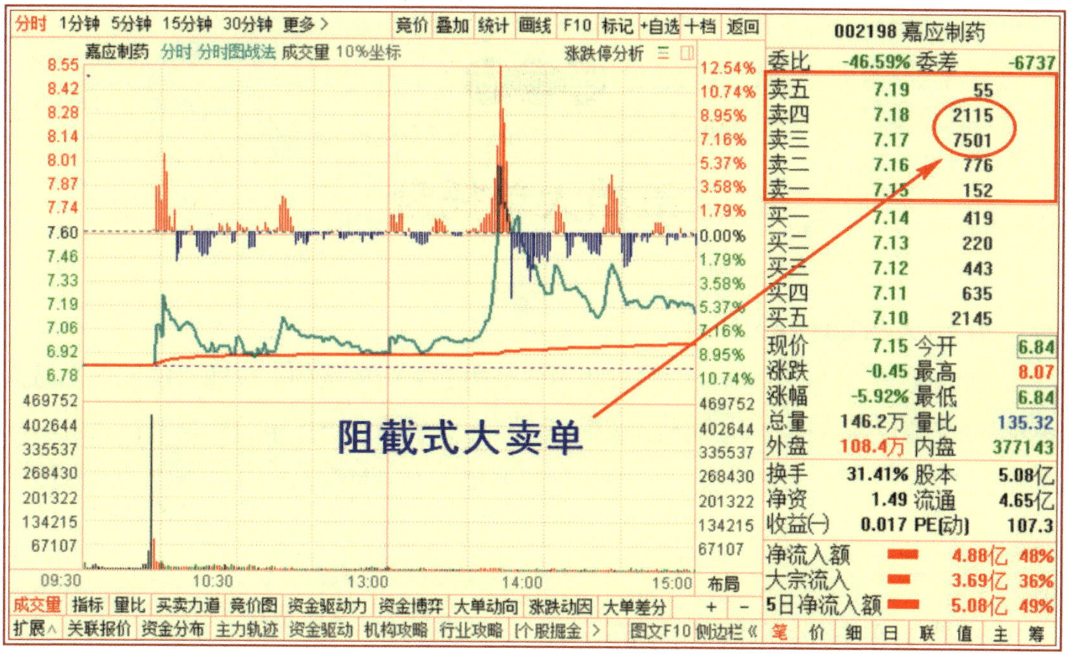
002198 嘉应制药
阻截式大卖单
委比 -46.59% 委差 -6737
卖五 7.19 55
卖四 7.18 2115
卖三 7.17 7501
卖二 7.16 776
卖一 7.15 152
买一 7.14 419
买二 7.13 220
买三 7.12 443
买四 7.11 635
买五 7.10 2145
现价 7.15 今开 6.84
涨跌 -0.45 最高 8.07
涨幅 -5.92% 最低 6.84
总量 146.2万 量比 135.32
外盘 108.4万 内盘 377143
换手 31.41% 股本 5.08亿
净资 1.49 流通 4.65亿
收益(一) 0.017 PE(动) 107.3

图131 阻截式大卖单

第二节

SECTION 2

五档大单托盘

一、五档买盘的核心内涵

五档买盘是指在交易软件盘口右侧的五个买进委托单队列。以通达信证券交易软件为例，右侧上方委托单队列挂出从买1至买5这五个买进委托单，即是五档买盘。根据传统看盘的习惯，大部分交易软件将右侧上方作为实时交易的买卖盘口动态数据显示区。

二、五档买单托盘的核心内涵

五档买单托盘是指在五档买盘位置挂出五个符合大单或特大单标准的委托单队列。五档买单托盘是一种积极买进的姿态和信号，表现在盘口的实时交易中，会产生阻止股价下跌、吸引场外投资者跟风买进人气或促使股价加速上涨的综合作用。

三、拦截式大买单的核心内涵

拦截式大买单是指当股价在盘中向下盘跌时，五档买盘的买1、买2、买3、买4或买5位置突然出现的一笔大委托单，即是拦截式大买单。拦截式大买单也是五档买单托盘的一种形式，具备拦截、阻止、震慑、拉抬等作用，其目的是阻止股价的进一步下跌，缓和场内中小投资者进一步跟风抛售的行为，并暂时稳定股价。

四、五档买盘的经典意义

五档买盘是多头主力的前沿阵地，是投资者委托买进筹码的交易数据动态显示区。五档买盘中实时出现的买进委托单量的动态变化，可以清楚地反映当时盘中买进方的交易态度。

（1）当五档买盘的委托单量小于五档卖盘的委托单量时，说明买进力弱，股价可能下跌。

（2）当五档买盘的委托单量大于五档卖盘的委托单量时，说明买进力强，股价可能上涨。

（3）当五档买盘的委托单量等于五档卖盘的委托单量时，说明买卖力均衡，股价可能出现僵持状态。

与五档卖盘一样，五档买盘的常规意义中的三个力量与股价走势变化仅适用于常规行情，但并不能真实反映股价在主力机构控盘状态的操盘意图，因此，在临盘实战中必须配合其他技术手段。

五、五档买单托盘的临盘表现形式

五档买单托盘一般出现在股价上涨初期突破区和上涨中期洗盘区。在盘口的表现形式则是：

在五档买盘的买1、买2、买3、买4和买5位置均出现大单和特大单。有时在买1位置出现上千手特大单，在买2、买3位置出现超过500手的大单，在买4和买5位置则有超过1000手的特大单。

当买1位置的特大单被消化后，在买2位置又迅速出现更大的买单。有时，当买1、买2和买3位置的买单被消化之后，新的大买单又出现五档买盘位置。

这种在五档买盘位置不断以大单、特大单委托买进的现象，即五档买单托盘。

五档买单托盘的主要特点是以“托”为主题，目的是促使股价持续上涨，并进一步威慑盘中持仓的中小投资者，以更有利于主力机构操盘计划的顺利实施。

特别说明：股价上涨见顶区和股价下跌突破区的盘口也会出现五档买盘的大单现象，但一定不是“托盘”，而是“诱盘”，临盘必须仔细辨别。

六、价格空间位置与五档买单托盘的对应关系

五档买单托盘一般出现在股价上涨初期突破区和上涨中期洗盘区域。除此之外，不会以托盘的形式出现在其他趋势区域。在上涨初期突破区和上涨中期洗盘区导致五档买单托盘出现的因素如下：

（1）当股价在上涨初期的突破区，五档买单托盘是盘中投资者大单买进所致。

（2）当股价在上涨中期的洗盘区，五档买单托盘基本是盘中主力通过对敲引导拉升所致。

七、五档买单托盘对当日股价走势的影响

（1）当股价在上涨初期的突破区时，五档买单托盘的出现能够激发更强的买进力量，当天股价红盘报收的概率极大。

（2）当股价在上涨中期的洗盘区时，五档买单托盘的出现将缓和盘面的抛售压力，促使股价不致出现大幅下跌，当天股价震荡盘升并以红盘报收的概率极大。

八、五档买单托盘出现在不同时间段的市场效果

五档买单托盘在当天的实时交易过程中，出现在不同的时间段则会收到不同的市场效果。以当天盘面交易的四个小时时间段为例，基本状态如下：

（1）早盘9：30—10：30。这一时间段如出现五档买单托盘，则当天以阳线报收的概率较大，容易在盘中出现震荡盘升走势，且次日继续上涨的概率较大。同时，容易恢复市场投资者的持股信心。

（2）盘中10：30—11：30、13：00—14：00。这一时间段如出现五档买单托盘，则当天以阳线报收的概率较大，容易于盘中围绕均价线形成反复震荡的格局，且次日继续上涨的概率较大。同时，对市场投资者的跟风买进的积极心理影响也较大。

（3）尾盘14：00—15：00。这一时间段如出现五档买单托盘，则当天以阳线或大阳线报收的概率较大，尾盘拉升，导致次日继续震荡盘升的概率也较大。同时，容易恢复市场投资者的持股信心。

九、拦截式大买单出现的时机与目的

当股价在震荡盘跌过程中，盘中突然出现拦截式大买单，有助于减缓股价下跌的速度和冲击力，同时，可以稳定盘中投资者的持股信心。拦截式大买单不会无来由地出现，它的出现均有极强的目的性，尤其对时机的把握相当重要。

（1）股价在突破重要阻力区之后，在盘中回调的过程中突然遭遇拦截式大买单，这说明主力已经完成技术性回抽动作，即将展开新一轮拉升。

（2）股价在经过一轮洗盘整理行情之后，盘中在下跌至重要支撑位时突然遭遇拦截式大买单，这说明主力已经完成洗盘动作，即将展开新一轮拉升。

拦截式大买单均出现在股价上升行情的回调过程中，而在股价波段上涨的后期和突破重要支撑位后的下跌趋势阶段，主力因为出货的需要不会于盘中挂出拦截式大买单。

十、五档买单托盘与主力的操盘计划

五档买单托盘是一种积极买进的姿态和信号，表现在盘口的实时交易中，会产生推动股价上涨或减缓股价下跌的综合作用。五档买单托盘的实质是一种典型的主力操纵股价的交易行为。因此，临盘这种委托单队列出现之时，即表明主力的操盘计划已经在积极地向某个单极的趋势运作。

（1）股价在上涨初期的突破区时，五档买单托盘是主力通过托盘在盘中抑制已经持仓的中小投资者跟风卖出造成抛压的操盘行为。后市运作趋势以突破性上涨行情为主。

（2）股价在上涨中期的洗盘区时，五档买单托盘是主力通过滚动式操盘实施短线高抛，然后在相对低位买进的一种操盘手法，同时阻止场内中小投资者的跟风买进行为。后市运作趋势仍以震荡盘升行情为主。

十一、五档买单托盘出现时的操盘对策与风险规避

（1）操盘策略：当股价在上涨初期的突破区，五档买单托盘出现后，可以在盘中实时挂单现价买进。当股价在上涨中期的洗盘区，五档买单托盘出现后，可以短线挂单实时现价买进。

（2）风险规避：当股价在上涨后期的见顶区，五档买单托盘出现后，这是诱多挂单特征，应以观望为主，不得随意跟风买进。当股价在下跌初期的突破区，五档买单托盘出现后，这是诱多挂单特征，应以观望为主，不得随意跟风买进，更不能随意在低位买进抄底，以免挨套遭受更大的损失。

十二、五档买单托盘读盘关键点提示

（1）五档买单托盘出现的时间段和股价阶段位置。

（2）拦截式大买单出现的时间段和股价阶段位置。

十三、本节知识要点与思考练习题图解

【思考练习题】

（1）五档买单托盘有什么特点？答案参见图132。

（2）拦截式大买单有什么特点？答案参见图133。

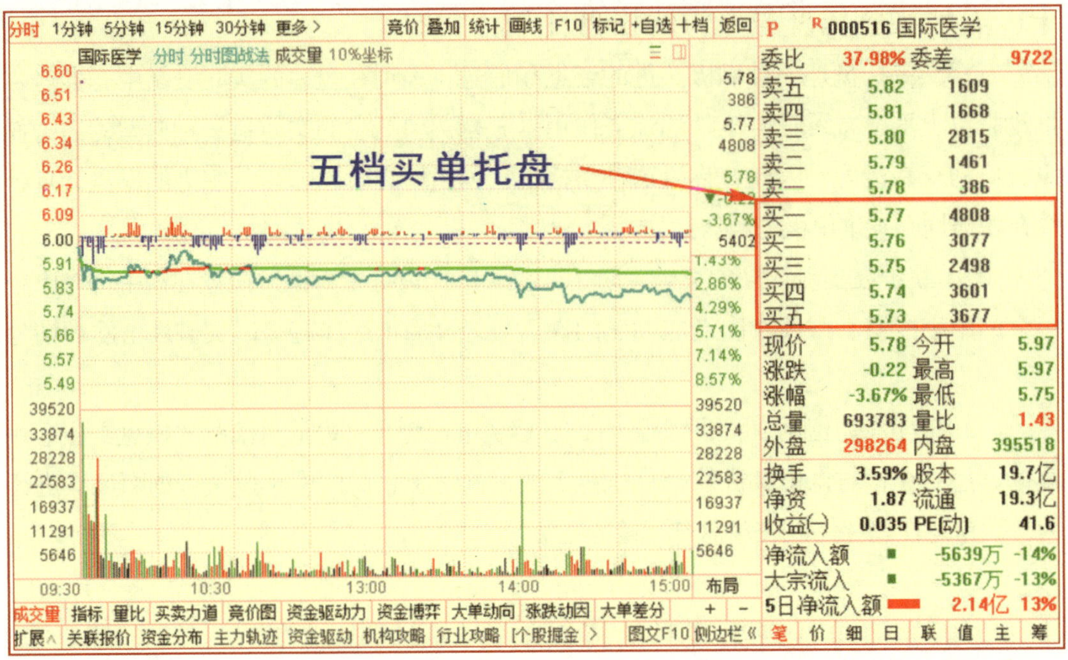

图132　五档买单托盘

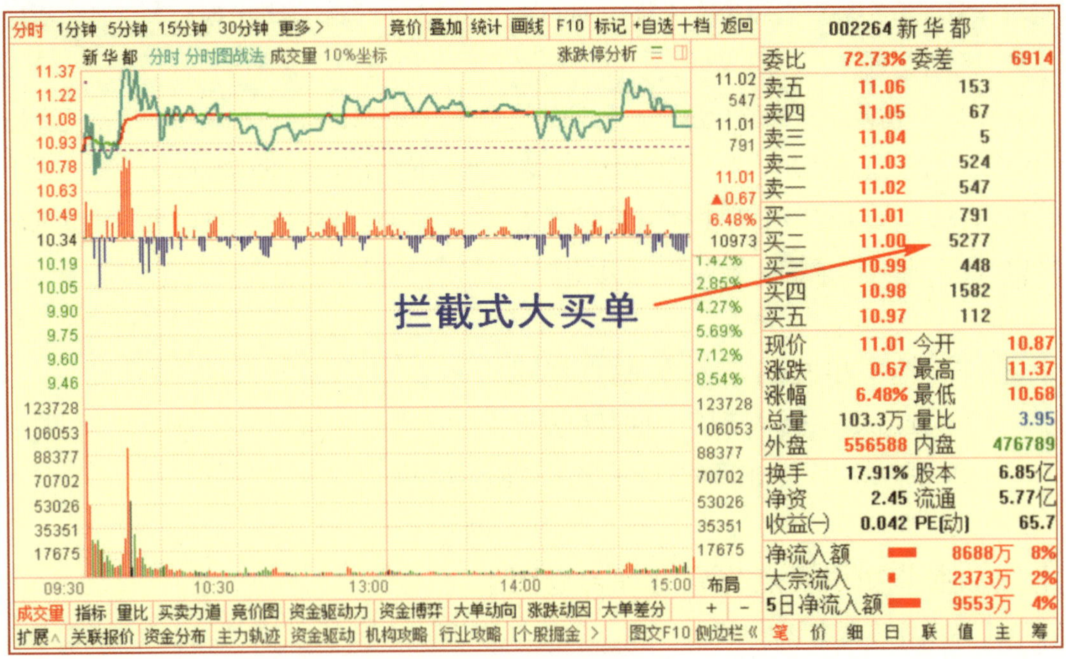

图133　拦截式大买单

第三节

SECTION 3

五档小单空盘

一、五档小单的核心内涵

五档小单是指在交易软件盘口右侧的五档买卖盘委托队列挂出低于100手标准的数量较少的委托交易单。五档小单在临盘实战交易中通常可判断为一种自然交易单。由于实盘交易量规模较小，因此，股价受主力操纵的概率也较小。以通达信证券交易软件为例，右侧下方买盘的委托单队列买1至买5挂出低于100手的买进委托单或从卖盘的委托单队列卖1至卖5位置挂出低于100手的卖出委托单，都是五档小单。

二、空盘

空盘，也叫空档，是指在实盘持续大单买卖交易过程中，于五档卖盘位置突然出现小于100手标准甚至低于50手标准的交易单，或是在五档买盘位置出现小于100手甚至低于50手标准的交易单，这一现象通称为空盘。

空盘是主力操盘手在进行委托交易单量的配置过程中故意出现的交易空档，其目的是留出委托单的空档，以此来观察盘口其他投资者的跟风情况。因此，空盘是主力操盘手有意的操盘行为。

三、五档小单空盘的形成机理

如前所述，五档小单空盘是在五档买卖盘位置突然出现小于100手标准甚至低于50手标准的交易单而形成的，这种突发性形成的现象，是由主力操盘手在进行委托交易单量的配置过程中故意出现的交易空档，其目的是留出委托单的空档，以此来观察盘口其他投资者的跟风情况。

在正常交易状态下，当股价上涨时，抛开主力机构通过较大的成交单量来操纵股价的行为因素，场外中小投资者积极跟风买进的行为也是促使股价上涨的重要动力之一。因此，当主力机构想知道当天场外买进力量的强弱时，可以通过实时交易中的“空盘”手段迅速了解。

四、五档小单空盘的表现形式

五档小单空盘仅出现在股价上涨的行情或股价波段上涨的趋势过程中。股价在下跌阶段较少有五档小单空盘现象出现。其临盘表现特点如下：

（1）五档小单空盘出现之前的盘面交易活跃，有大单和特大单持续发生交易。

（2）五档小单空盘出现时，卖1、卖2、卖3位置出现低于100手标准的小单，而卖4和卖5位置仍有大单排队压阵。

（3）在买1、买2、买3位置出现低于100手标准的小单，而买4和买5位置亦有大单委托排队。

（4）有时，出现在卖1和买1位置的小单甚至低于50手。

（5）五档小单空盘出现的持续时间较短，一般会在1至5分钟以内迅速消失。

五、五档小单空盘与主力的操盘意图

在本节第三点“五档小单空盘的形成机理”中，我们知道，五档小单空盘是主力操盘手在进行委托交易单量的配置过程中故意出现的交易空档，其目的是留出委托单的空档，以此来观察盘口其他投资者的跟风情况。当主力机构想知道当天场外买进力量的强弱时，可以通过实时交易中的“空盘”手段迅速了解。

主力机构的操盘意图可以通过五档小单空盘来进行适当的计划调节。

五档小单空盘出现后，如盘口在60秒钟内迅速有超过100手标准的大单跟进，则说明盘中其他投资者的跟风能力较强，主力后续操盘将可能出现其他诱空性或诱多性动作。

如盘口在3分钟之后才有超过100手标准的大单跟进，则说明盘中其他投资者的跟风能力一般，主力后续操盘将继续按计划展开拉升或继续打压。

如盘口在5分钟之后才有超过100手标准的大单跟进，则说明盘中其他投资者的跟风能力较弱，主力后续操盘将继续按计划展开拉升或继续打压。

在盘中成交清淡时，五档买卖盘的买1至买5和卖1至卖5位置均出现极小的委托单量，不属于空盘技术特征。

六、五档小单空盘出现的时机

五档小单空盘经常出现在股价上涨的过程中，其时机的把握也需要主力机构有恰当火候，通常情况下，股价向上涨势如虹时较易出现空档现象。其特征如下：

（1）盘中股价突破均价线拉升第一波时，经过一轮大单和特大单的密集交易后，五档小单空盘出现，随后股价形成小幅回调。

（2）股价在盘中均价线之上拉升第二波时，经过一轮大单和特大单的密集交易后，五档小单空盘出现，随后股价继续展开拉升。

（3）早盘和午盘，股价展开拉升时，五档小单空盘会在第一波和第二波拉升过程中出现。

七、五档小单空盘的偶然性与必然性

五档小单空盘在所有的技术特征中是一个特殊的现象，它的发生有其偶然性的特点。说它有偶然性，是因为并不是所有的主力机构都会采用这种操盘手法。因而，这种偶然性并不通用于所有的主力操盘品种。

作为一个特殊的交易现象，五档小单空盘又有其必然性的一面。因为，所有的空盘现象均是主力机构操纵股价行为的结果。主力以空盘手法操盘的主要目的是观察盘面其他投资者跟风力量的强弱，并以此来适当对操盘计划进行调节。

当然，在一轮持续大单逼空的上涨行情中，五档小单空盘的操盘手法较少出现。

八、五档小单空盘的操盘对策

（1）五档小单空盘出现在盘中股价突破均价线拉升第一波时，说明随后股价将形成小幅回调，临盘可在回调时跟风买进。

（2）五档小单空盘出现在股价于均价线之上拉升的第二波时，说明股价还将继续展开拉升，临盘应在空档区的卖1位置挂单买进。

九、五档小单空盘读盘关键点提示

（1）五档小单空盘时，股价是否经过一轮密集放量的拉升过程？

（2）五档小单空盘时，股价是否在均价线之上展开放量拉升？

（3）五档小单空盘时，空盘间隔的时间长度是否在3分钟之内迅速消失？

十、本节知识要点与思考练习题图解

【思考练习题】

（1）什么是五档小单空盘？答案参见图134。

（2）如何识别五档小单空盘蕴含的投资机会？答案参见图135。

（3）如何识别五档小单空盘潜在的投资风险？答案参见图136。

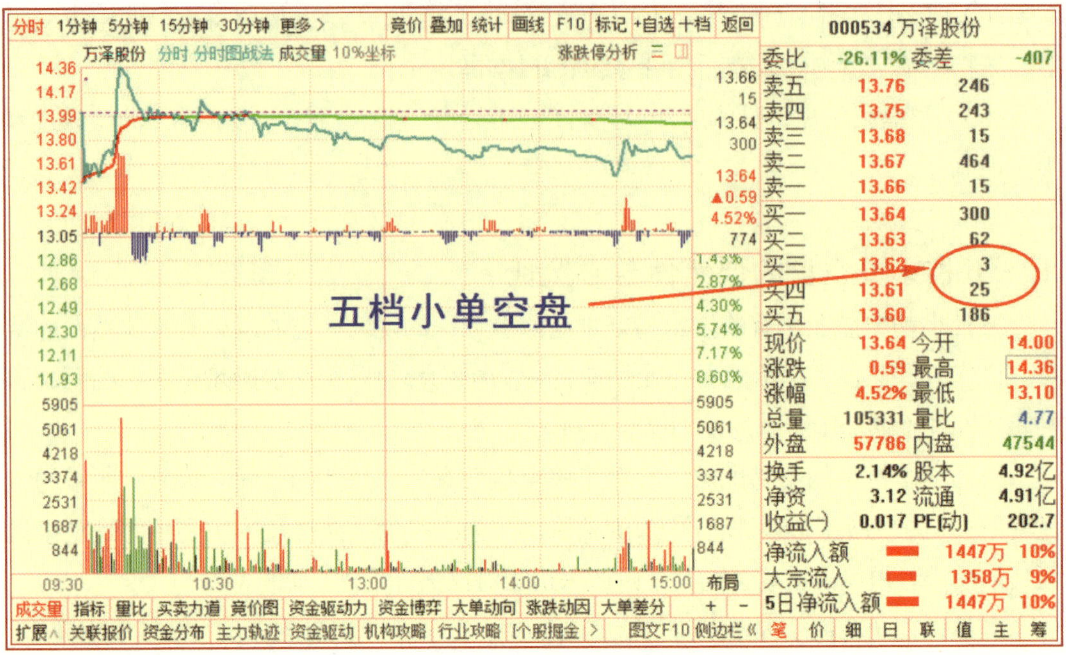

图134　五档小单空盘

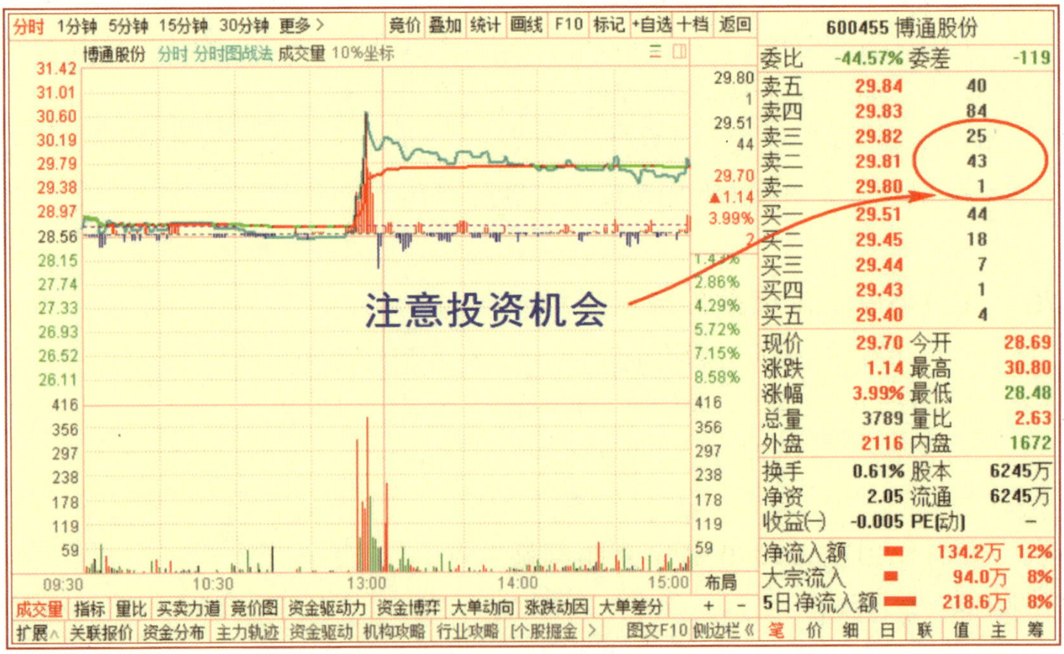

图135　五档小单空盘蕴含的投资机会

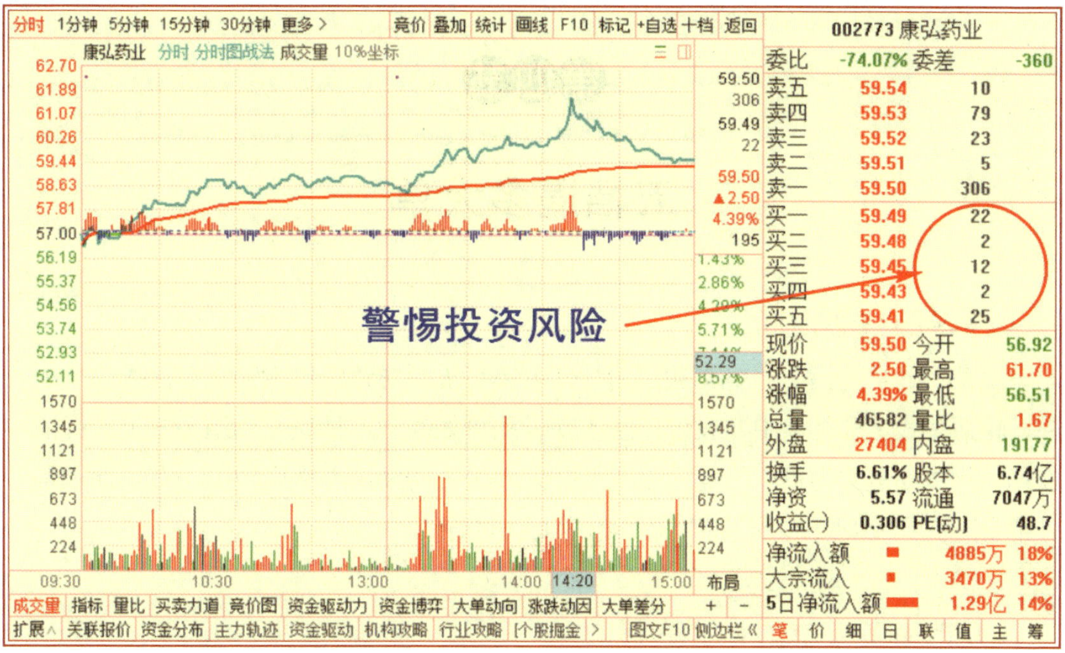

图136　五档小单空盘潜在的投资风险

第四节

SECTION 4

五档逼多大单

一、逼多的核心内涵

逼多，通常是指主力机构通过持续性大单买进而导致股价大幅拉升的操盘行为。在一轮逼多式上涨行情中，股价该跌不跌，涨势如虹。这种疯狂的逼多式上涨行情，在初期和中期是主力机构在盘中以对敲拉升手段推动股价上涨所致，而在后期则是场外中小投资者积极跟风买进导致股价加速上涨的结果。

二、五档逼多大单的核心内涵

五档逼多大单是指在交易软件盘口右侧的五档买盘委托队列中挂出符合大单和特大单数量标准的委托交易单。五档逼多大单在临盘实战交易中通常可判断为一种非自然、非常态的委托交易单。由于实盘交易量规模极大，股价受主力操纵的概率也相当大。

以通达信证券交易软件为例，盘口右侧下方买盘的委托单队列买1至买5位置挂出高于500手甚至超过1000手的买进委托单就是五档逼多大单。

三、五档逼多大单的形成机理

五档逼多大单在临盘实战交易中属于一种非自然、非常态的委托交易单。由于实盘交易量规模极大，股价受主力操纵的概率也相当大。

当股价在突破重要阻力区和展开中期拉升阶段时，主力机构为了使股价迅速脱离持仓成本区，在盘中通过持续积极买进，使股价出现大幅上涨。然而，在五档买盘位置出现的逼多大单是一种障眼法，并非主力的真实操盘手法。

通常情况下，股价的上涨往往是由主力在内部账户之间实施对敲性操作所致。五档逼多大单在大部分情况下并未产生真正的成交，而只是在盘中诱使中小投资者以更高价格抢先买进，这才是五档逼多大单形成的真正成因。其目的是引发中小投资者的积极跟风买进行为，从而通过这种跟风买进所产生的推动力促使股价按预期的上涨趋势目标前进。

四、五档逼多大单的表现形式

（1）五档逼多大单出现前，盘中股价出现放量上涨形态，这一轮上涨是主力对敲拉升的结果。

（2）当股价上升时，五档买盘位置逐步出现大单和特大单标准的委托单。

（3）在买1位置甚至会出现超过1000手的特大委托单。

（4）五档逼多大单出现后，股价上涨速度更快。

（5）当五档卖盘位置的大单不断消失后，卖盘位置的价格会转移至买盘位置，因此，原五档买盘位置的大单也会重新撤销，之后继续向前挂大单推进。

（6）当五档逼多大单位置的单量在推进过程中被消化时，说明股价将出现阶段性回调。

五、五档逼多大单与主力的操盘意图

（1）技术手段。五档逼多大单的出现，是主力机构诱使中小投资者以更高价格、更高成本在盘中抢先买进的一种技术性手段，其目的是引发中小投资者的积极跟风买进行为。

（2）借力打力。五档逼多大单出现后，由引发中小投资者积极跟风买进所产生的推动力促使股价按预期的上涨趋势目标更快速前进。因而，主力机构可以通过借力打力达到四两拨千斤的效果。

（3）制造气氛。五档逼多大单出现时，由于股价在盘中大幅上涨，做多所产生的盈利效应和热烈的买进气氛，极大地吸引了市场的注意力。通过中小投资者的积极参与，容易将现场交易气氛推向高潮，形成良好的市场氛围，为主力后续出货计划打下坚实的市场基础。

六、五档逼多大单的市场意义

（1）五档逼多大单是一种积极的委托买进行为。这种积极的表现形式，直接表明了主力机构的操盘计划、操盘方向和操盘态度。这样的积极挂单委托买进方式，有效地推动了股价上涨趋势的延续和发展。

（2）五档逼多大单也是一种虚假的委托买进行为。这种虚假性在很大程度上诱使更多的中小投资者积极地跟风买进，以达到主力机构的“逼多”目的。

七、五档逼多大单出现时的操盘对策与风险规避

五档逼多大单出现时，通常股价会出现阶段性或波段性的上涨，因此，临盘买进时机的把握就非常重要。在操盘策略和风险回避上，我们可以运用以下方式来进行应对：

（1）股价是否属于最近数周以来第一次放量上涨？如是，则在盘中利用股价回调时挂单买进。

（2）股价是否已经形成三条阳线的上升趋势通道？如是，则在第四条K线利用盘中低点挂单买进。

（3）股价是否已经形成高达30%以上的短线上涨幅度？如是，则暂时等待60分钟技术指标调整到位时在盘中低点挂单买进。

（4）股价是否已经形成高达50%以上的短线上涨幅度？如是，则应观望、回避为宜。股价即将见顶回落。盘中出现的五档逼多大单是主力最后诱多的假象。

八、五档逼多大单读盘关键点提示

（1）五档逼多大单出现时，股价是否属于最近数周以来第一次放量上涨？

（2）五档逼多大单出现时，股价是否继续上涨？

（3）五档逼多大单出现时，是否有特大单不断挂在买1的位置？

（4）当五档卖盘的大单消失后，卖1价格转移至买1位置时，是否同样有逼多式特大单出现？

九、本节知识要点与思考练习题图解

【思考练习题】

（1）什么是五档逼多大单？答案参见图137。

（2）如何识别五档逼多大单潜在的投资风险？答案参见图138。

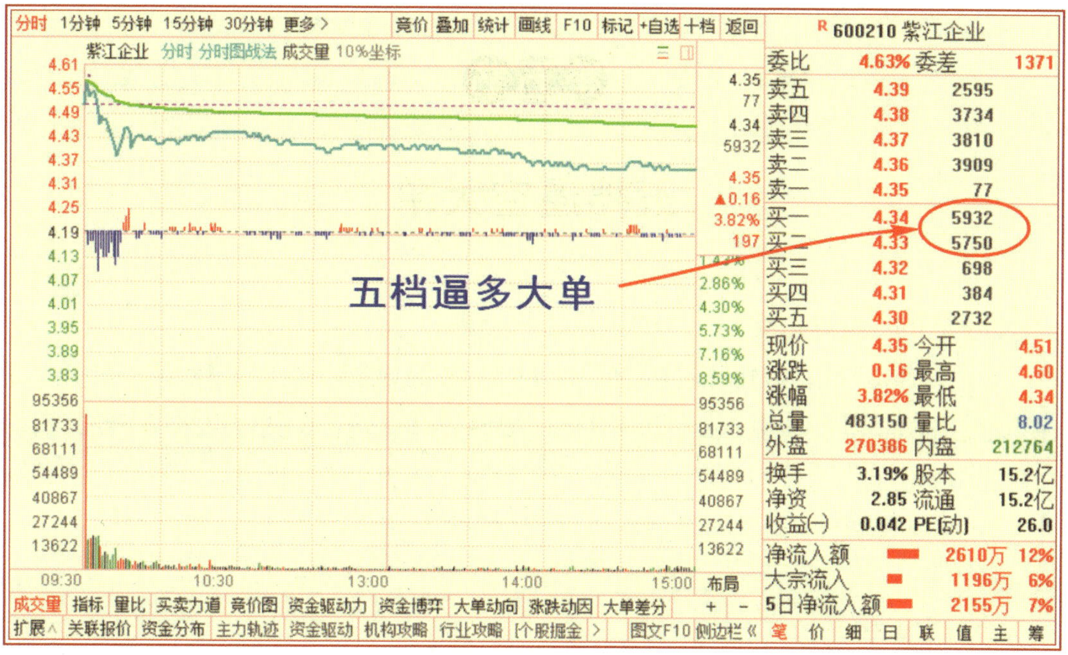

图137　五档逼多大单

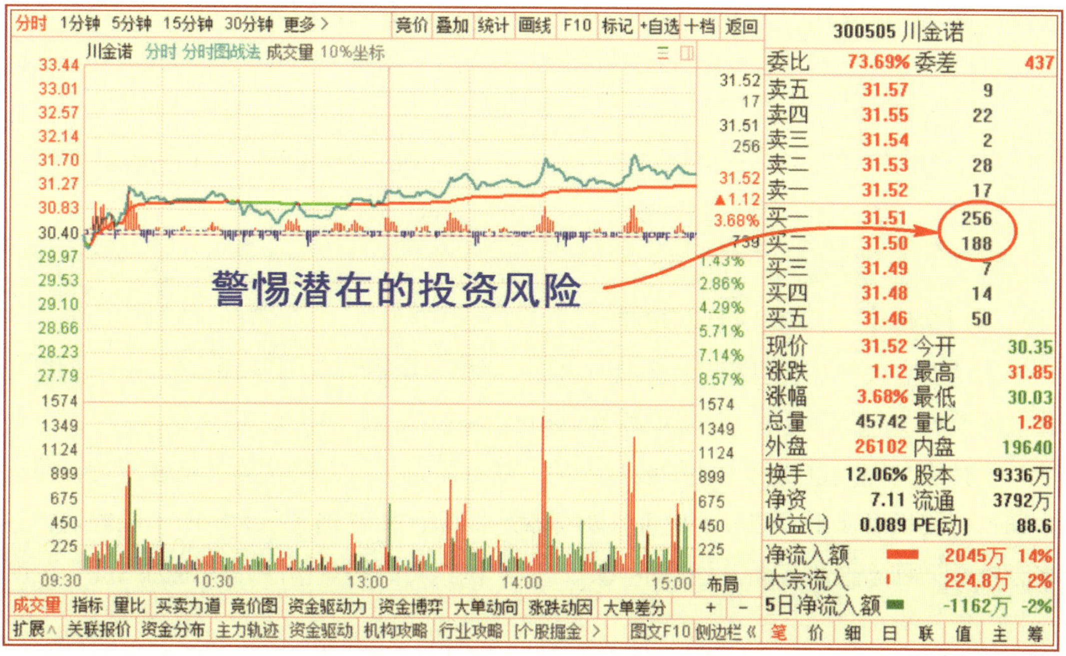

图138　五档逼多大单潜在的投资风险

第五节

SECTION 5

五档逼空大单

一、逼空的核心内涵

逼空，通常是指主力机构通过持续性大单卖出而导致股价大幅下跌的操盘行为。在一轮逼空式下跌行情中，股价该涨不涨，跌跌不休。这种疯狂的逼空式下跌行情，在初期和中期是主力机构在盘中以直接打压手段促使股价下跌所致，而在后期则是场外中小投资者积极跟风卖出导致股价加速下跌的结果。

二、五档逼空大单

五档逼空大单是指在交易软件盘口右侧的五档卖盘委托队列中挂出符合大单和特大单数量标准的委托交易单。和五档逼多大单一样，五档逼空大单在临盘实战交易中也是一种非自然、非常态的委托交易单。由于实盘交易量规模极大，股价受主力操纵的概率也相当大。

以通达信证券交易软件为例，盘口右侧上方卖盘的委托单队列卖1至卖5位置挂出高于500手甚至超过1000手的卖出委托单，都是五档逼空大单。

三、五档逼空大单的形成机理

五档逼空大单在实盘交易中属于一种非自然、非常态的委托交易单。由于实盘交易量规模极大，股价受主力操纵的概率也相当大。

当股价在突破重要阻力区和展开中期下跌阶段时，主力机构为了迅速出货，在盘中通过持续积极卖出，使股价出现大幅下跌。然而，和五档逼多大单所不同的是，逼多大单是一种障眼法，而五档逼空大单却是一种真实的操盘手法，是主力态度十分明确的出货行为。

主力机构通过五档逼空大单在盘中实施疯狂的出货行为，导致中小投资者以更低价格卖出手中持仓，这才是五档逼空大单形成的真正原因。

五档逼空大单是主力机构实施快速出货的一种技术性手段，其目的是迫使中小投资者在更低的价格区间亏损卖出手中持仓。

值得注意的是：在股价阶段性上升的中期，也会出现五档逼空大单，但只是为了洗盘的需要，主力不会出现疯狂地向下单极打压股价的行为。

四、五档逼空大单的表现形式

（1）五档逼空大单出现前，盘中股价出现横盘整理形态。

（2）当股价下跌时，五档卖盘位置逐步出现大单和特大单标准的委托单。

（3）在卖1位置甚至会出现超过1000手的特大委托单。

（4）五档逼空大单出现后，股价下跌速度更快。

（5）当五档买盘位置的大单不断消失后，买盘位置的价格会转移至卖盘位置，因此，原五档卖盘位置的大单也会重新撤销，之后继续不断向前挂大单推进。

（6）当五档逼空大单位置的单量在推进过程中被消化时，则说明股价将出现阶段性止跌反弹。

五、五档逼空大单与主力的操盘意图

（1）技术手段。在一轮波段上升行情中，五档逼空大单的出现，是主力机构在盘中诱使中小投资者以更低成本卖出持仓的一种技术性手段，其目的是通过洗盘提高中小投资者的持仓成本。

（2）直接出货。在一轮阶段性下跌行情中，五档逼空大单的出现，是主力机构在盘中疯狂出货的行为。其目的是通过迅雷不及掩耳的快速出货方式迫使中小投资者在更低的价格区间亏损卖出。

六、五档逼空大单的市场意义

五档逼空大单是一种疯狂的委托卖出行为。这种疯狂的表现形式，直接表明了主力机构的操盘计划、操盘方向和操盘态度。这样的积极挂单委托卖出方式，直接促使股价下跌趋势的加速运行。

七、五档逼空大单出现时的操盘对策与风险规避

五档逼空大单出现时，通常股价会出现阶段性或波段性的下跌，因此，在操盘对策和风险规避上，我们可以运用以下方式来进行应对：

（1）股价是否属于刚刚击穿20日均线的下跌？如是，则在盘中利用股价反弹时挂单卖出。

（2）股价是否已经形成三条阴线的下降趋势通道？如是，则在第四条K线利用盘中反弹挂单卖出。

（3）股价是否属于刚刚回调于10日均线之上的下跌？如是，则应以观望为主。

八、五档逼空大单读盘关键点提示

（1）五档逼空大单出现时，股价所处的趋势特征是否属于上升或下降？

（2）五档逼空大单出现后，股价是否形成较为明显的暴跌走势？

（3）五档逼空大单出现后，五档买盘位置是否出现买进大单？

九、本节知识要点与思考练习题图解

【思考练习题】

（1）什么是五档逼空大单？答案参见图139。

（2）如何识别五档逼空大单蕴含的投资机会？答案参见图140。

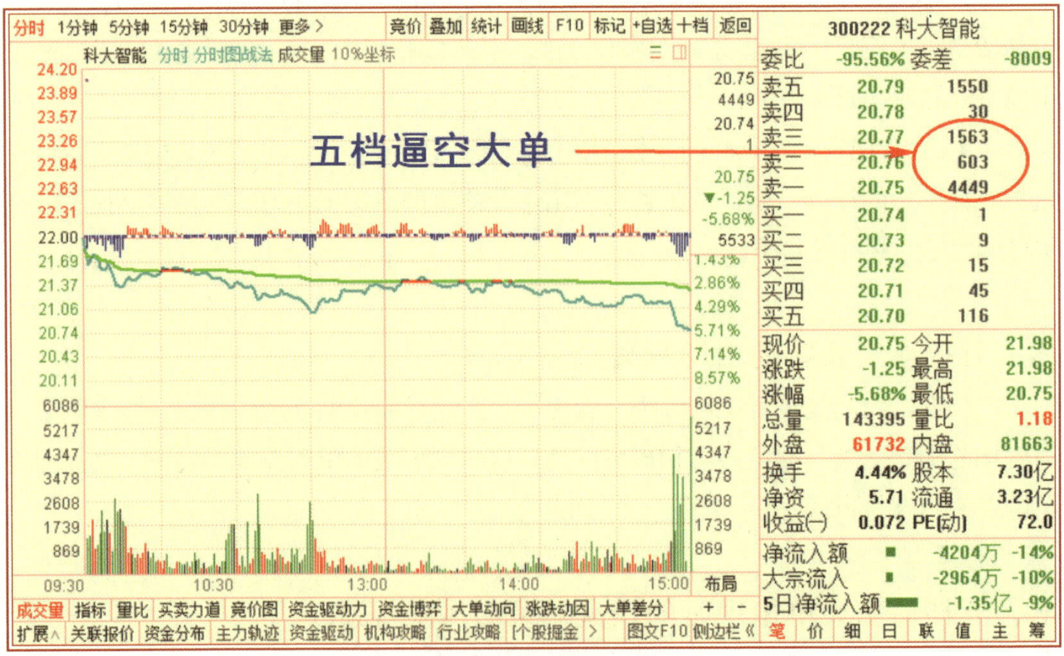

图139　五档逼空大单

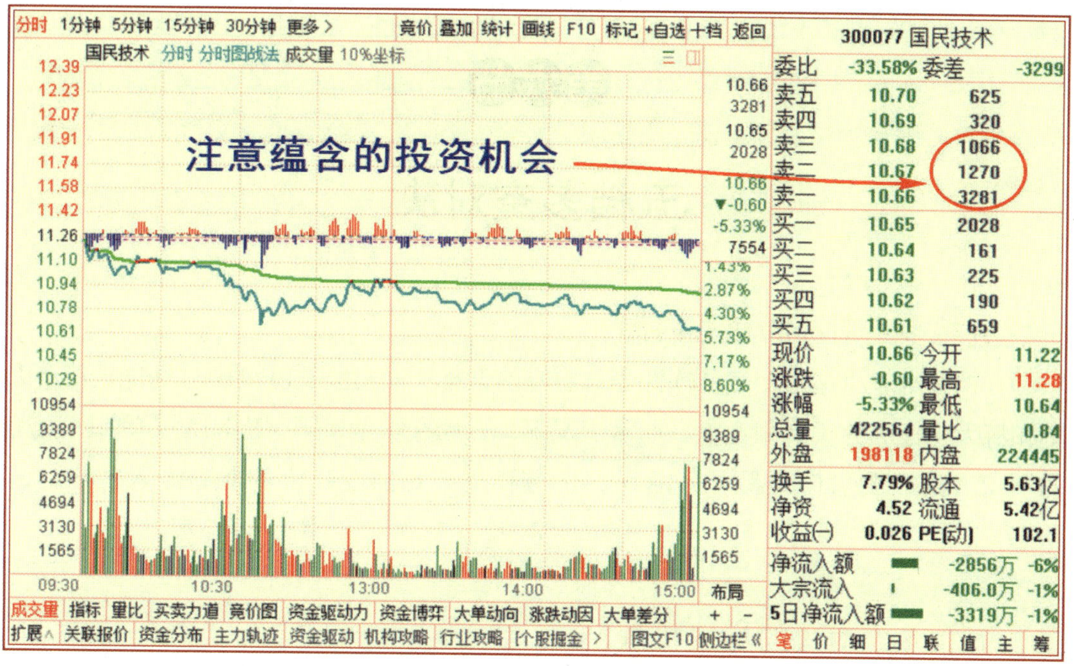

图140　五档逼空大单蕴含的投资机会

第六节

SECTION 6

五档多空对决

一、五档多空对决的核心内涵

五档多空对决是指在交易软件盘口右侧的五档买卖盘委托队列中分别挂出符合大单和特大单标准的买单和卖单。通常情况下，五档买卖盘口同时出现大买单和大卖单的现象，这表明盘口交易十分活跃，多方和空方对当前股价的争夺进入白热化的状态。

二、五档多空对决的形成机理

五档多空对决是买进方与卖出方在盘中实时交易过程中发生激战的结果，由于交战的双方需要在盘口挂出符合大单和特大单标准的买单和卖单，因此这种现象是由主力机构与主力机构、主力与大户之间的积极交易而形成的。其内在因素如下：

（1）卖出一方主力向买进一方主力以协议价格对倒出货。

（2）卖出一方主力向买进一方主力施压，消耗买进主力的资金力量。

（3）卖出一方大户因担心未来股价下跌，而在盘中大单抛货，买进一方主力则积极接纳。

三、五档多空对决的表现形式

（1）股价上涨时，卖出大单不断出现在最新价卖1至卖5位置，买进大单不断跟进在买1至买5位置。

（2）股价下跌时，买进大单不断出现在最新价买1至买5位置，卖出大单则不断跟进在卖1至卖5位置。

（3）盘口交易中，不断出现大单和特大单现量成交。

四、五档多空对决对当日股价走势的影响

（1）当卖1至卖5位置不断更新价格和委托单量，步步后撤时，股价当天走势以上

涨为主，同时也表明买进力量强大。当天股价将以阳K线报收。

（2）同理，当买1至买5位置不断更新价格和委托单量，步步后撤时，股价当天走势以震荡下跌为主，同时也表明卖出力量强大。当天股价将以阴K线报收。

五、五档多空对决与主力的操盘意图

五档多空对决是多空双方在盘中发生激战的盘口现象。在此，基于前述五档多空对决的形成机理，我们可以从以下几个方面来分析和判断主力的操盘意图：

（1）当股价在突破重要阻力区时，短期和中期均线系统金叉向上，盘中出现五档多空对决通常是买进主力与卖出大户之间发生积极交易的结果，主力以做多为主，股价趋势将继续向上盘升。

（2）当股价经过一个大波段的上涨之后，涨幅达40%以上，盘中出现五档多空对决现象，这是盘中主力向另一主力以协议价格对倒出货的结果，主力以出货为主，股价趋势将进入盘头震荡整理阶段。

（3）当股价经过一个大波段的下跌之后，跌幅达40%以上，盘中出现五档多空对决现象，这是买进主力与卖出大户之间发生积极交易的结果，主力以做反弹行情为主，股价趋势将出现强势反弹行情。

六、五档多空对决的偶然性与必然性

五档多空对决现象的发生有其偶然性的因素，也有必然性的结果。其偶然性主要表现在主力的操盘计划和资金运用管理方面。例如：

（1）当主力高度控盘时，股价突破重要阻力区时，较少发生五档多空对决现象。

（2）当主力长线操盘时，在股价经过一个波段拉升后，主力不会轻易以协议价格向另一方对倒出货，因此也较难出现五档多空对决现象。

（3）当主力出货完毕时，股价在经过一个波段下跌后的反弹过程中，也较难出现五档多空对决现象。

但是，五档多空对决有其必然性的一面，其主要原因在于主力机构及其操盘计划，如上所述，可按相反的同理法则分析其必然性：

（1）当主力未完成控盘状态时，股价在突破重要阻力区时必然会遭遇五档多空对决现象。

（2）当主力短线操盘时，在股价经过约40%以上的波段涨幅后，主力经常会以协议价格向另一方主力对倒出货，因而盘口易出现五档多空对决现象。

（3）当主力出货计划未完成时，在股价经过约40%以上的波段下跌后，主力经常会以反弹行情来完成最后的出货，因而盘口易出现五档多空对决现象。

七、五档多空对决出现时的操盘对策与风险规避

（1）当股价在突破重要阻力区时，均线系统金叉向上，盘口出现五档多空对决现象时，临盘策略应以及时现价买进为主。

（2）当股价经过一轮大幅下跌之后，日KDJ指标在低位开始拐头向上，盘口出现五档多空对决现象，则说明股价要反弹，临盘策略应以及时逢低买进为主。

（3）当股价经过一轮大幅上涨之后，日KDJ指标在高位开始拐头向下，盘口出现五档多空对决现象，则说明主力在对倒出货，临盘策略应以观望或卖出为主。

八、五档多空对决读盘关键点提示

（1）五档多空对决发生时，如果股价上涨，盘口卖出委托单是否在逐步减少？

（2）五档多空对决发生时，如果股价下跌，盘口买进委托单是否在逐步减少？

（3）五档多空对决发生时，分析股价所处的趋势位置是上涨、见顶还是下跌、见底。

九、本节知识要点与思考练习题图解

【思考练习题】

（1）什么是五档多空对决？答案参见图141。

（2）如何识别五档多空对决蕴含的投资机会？答案参见图142。

（3）如何识别五档多空对决潜在的投资风险？答案参见图143。

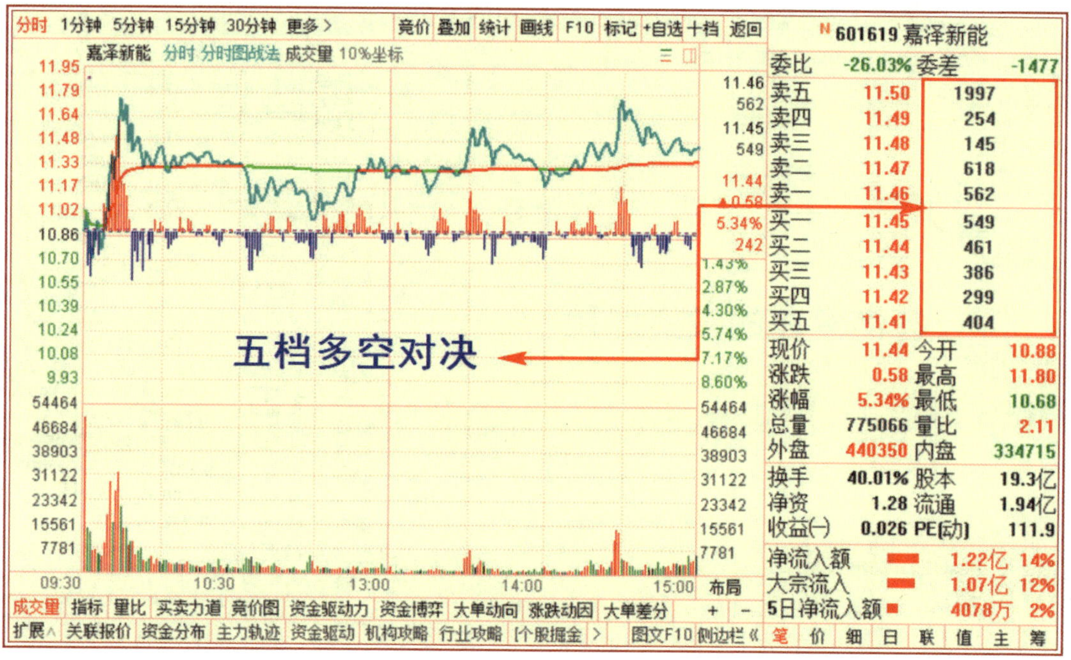

图141　五档多空对决

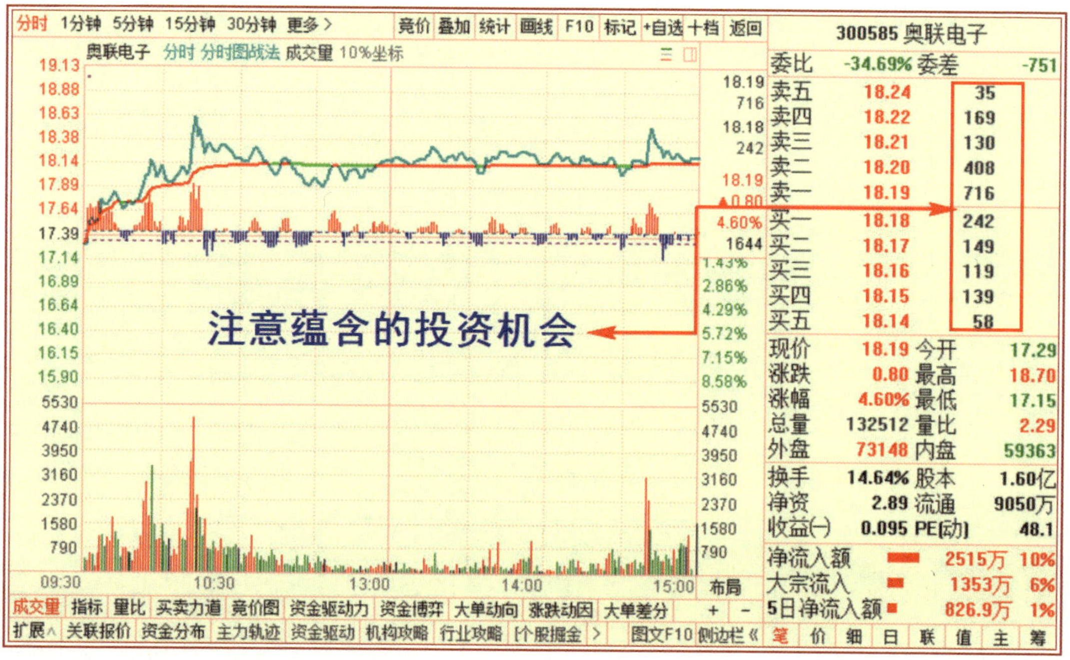

图142　五档多空对决蕴含的投资机会

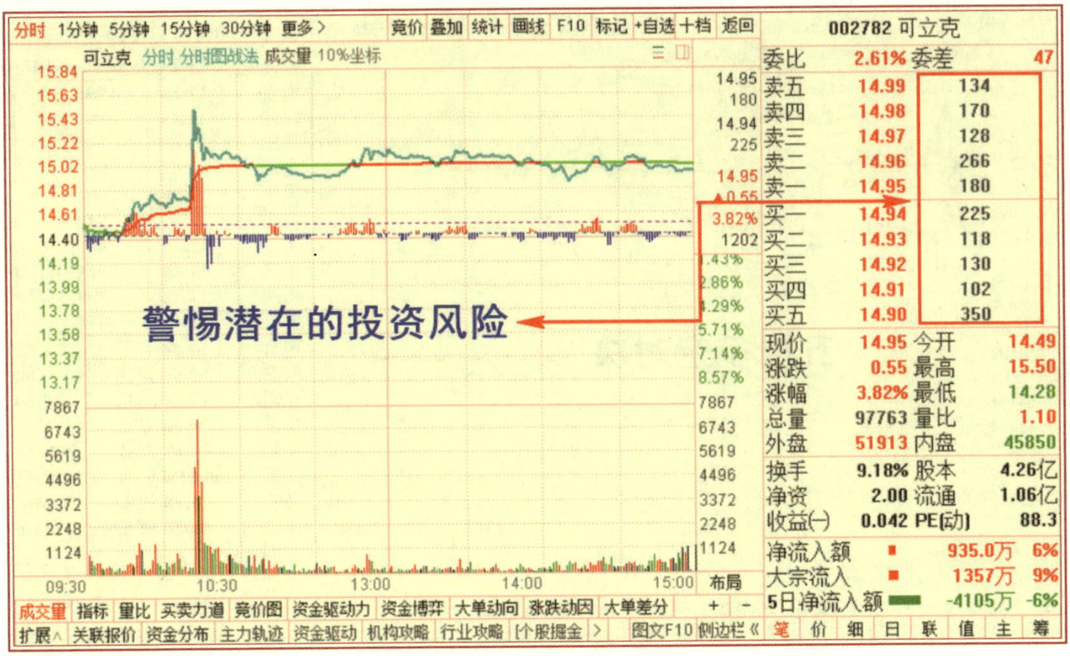

图143　五档多空对决潜在的投资风险

附　录

本章学习重点内容

附录一　中和应泰财务顾问有限公司

附录二　江氏操盘课程体系

附录三　江氏操盘——弟子班

附录一

APPENDIX 1

中和应泰财务顾问有限公司

中和应泰财务顾问有限公司（简称中和应泰），前身为中和信达顾问公司，成立22年来一路发展壮大，立足于并购重组以及破产重整领域，经过公司同仁的共同努力和客户的口口相传，公司在债务重组和资产重组领域建立了一流商誉。

为了满足个人投资者的投资理财需求，公司于2017年3月1日在上海注册成立分公司，开展面向个人投资者的证券投资教育和财富管理咨询业务。目前公司的投教品牌"好人好股"在投资者教育行业内已经拥有一定的知名度。

随着我国金融改革的不断深入，金融创新业务及创新产品的专业性、复杂性及风险性不断提升，用户投资的选择难度不断加大，而传统的教育在投资教育方面极度薄弱。传统的投教方式已越来越难以满足投资者对专业知识日益增长的需求，市场上做投资者教育的企业不少，但多数还是延续传统投资顾问行业"推票"为主的模式，真正做到"合规经营、客户至上、平台化运作"的却寥寥无几。

公司立志帮助亿万投资者树立正确的投资理念，逃离投资失败的痛苦，实现财富的稳定增长。中国证券市场投资理念步入机构化时代，中和应泰立志于推动投资教育市场逐渐回归理性。

发展机遇

投资者教育是一个巨大的增量市场。随着资本市场的发展，亿万中国家庭的财产开始了资本化、证券化的过程，截至2017年底，中国股民数量已经达到1.3亿，每10个人里面就有一位股民。每一个家庭都有资产投资增值的需求，他们的投资需求各不相同，投资经验和知识掌握程度也参差不齐，因此需要个性化的投资建议和服务。而投资者教育在国内才刚刚兴起。

大多数的券商和传统的投资顾问类公司以建立平台为目标整合教育资源，其核心还是在建立平台上，教育的产品更多的还是成为平台上的一个工具，投顾咨询的占比依然很大，平台无法满足投资教育的需求。

我们的投资者教育一开始就是以用户教育为目的整合资源建立平台，所有业务产品最终都是围绕用户的投资学习和财富管理需求来构建的，为用户提供从入门到最终使用的各类产品，更追求对用户需求的极致满足。让客户真正提高财商，除了知道是什么，还知道为什么，真正实现财富的可持续增长。

业务优势

立足上海，面向全国，服务更多个人投资者，打造领先、知名的全方位投资者教育品牌。

“好人好股”业务在经历了智能投顾业务、小额投顾业务等多次业务尝试和转型后，于2018年初开始明确公司的业务发展聚焦于投资者教育业务。通过搭建平台，整合资源，吸引更多优秀名师入驻，通过不到一年的高速发展，已经完成了投资者教育网络平台和教学体系的基础搭建，线上产品内容不断丰富、优化，线下组织了近百场课程活动，获得了用户的广泛好评。

优秀的导师是教育的基础，我们通过设计系统化的课程，利用头部的优秀老师为客户提供经过精选的投教内容，让用户听得懂、学得会、有兴趣。通过线上和线下的结合，以体验互动式的教育形式，真正做到有温度、有深度的教育。

江 海

江氏操盘创始人，中国投资者教育联盟发起人，中国投教第一人，中国职业操盘手培训导师，中和应泰联合创始人，中国管理科学院特约研究员。多家阳光私募的投资总顾问，曾担任复旦大学证券研究所投资者教育基地副主任、复旦大学证券研究所高级研究员，具有丰富的职业操盘手培训经验，数年来为国内私募输送了大批顶级的操盘手。

2014年和2015年，率领培养的投资团队在一拖股份、山鹰纸业、达安基因、万马股份等牛股的投资过程中取得了巨大的收益。

2016年和2017年，率领培养的投资团队在上海凤凰、燕塘乳业、中兴通讯、鲁西化工等牛股的投资过程中取得了显著的收益。

著有“江氏操盘实战金典”系列丛书：《买在起涨：K线组合利器》《趋势为王：波段操作利器》《涨停聚金：短线操作利器》《庄散博弈：盘口识庄利器》《黑马在线：均线实战利器》《价值爆点：牛股挖掘利器》《解密操盘：职业操盘手的交易逻辑和实战策略》，和人民日报出版社出版的珍藏版财经书籍《股市立论与财富革命》。

凯恩斯

中央电视台CCTV2《交易时间》嘉宾，北京电视台《投资者说》特邀嘉宾，微博粉丝190万，新浪博客总浏览量超过10亿次，著有发行量超过10万册的《凯恩斯看盘：双线制胜操作法》《大投资家：牛股基因》等书籍。

边风炜

国泰君安研究总监，最受中国股民欢迎的分析师，为著名财经媒体“第一财经”的长期特约嘉宾，参与《凤凰财经》《大话熊牛》《公司时间》《今日股市》《晓露在线》等多个时段的广播电视节目。

徐文明

2008年新浪财经十大财经博主，2017年腾讯财经大V十强之一。CCTV证券资讯《操盘大讲堂》《投资我主张》特邀嘉宾，其新浪博客点击量高达2.8亿次。销量超50万册的《短线点金》系列丛书作者。

魏宁海

中金在线2013年、2014年全国评比十大博客点击量排名第一。“天地人操作系统”的发明者和创建者，国内多家广播电台股市评论员，位居2012年和2014年中国财经风云榜之投资好导师Top10。

公司使命

帮助投资者树立正确的投资理念，逃离投资亏损的痛苦，实现财富的稳定增长，帮助客户成长，成就同仁梦想，为提升全中国人的财商而努力奋斗。

公司愿景

提高中国人的财商，为每一个中国家庭培养一名合格的财富管理经理。

公司宗旨

为客户提供实战、实效、实用的投资教育培训。

核心理念

为客户创造价值是我们永远的追求。

附录二

APPENDIX 2

江氏操盘课程体系

江氏精品课

1. 趋势天机　3天2晚
2. 短线操盘真经　3天1晚
3. 牛股起涨十大模型　3天1晚
4. 牛股操盘八大秘籍　3天1晚
5. 股市立论与财富革命　3天2晚
6. 操盘学　3天
7. 短庄套利模型　3天2晚
8. 黄金大阳线　2天1晚
9. 黄金分割　2天
10. 涨停套利模型　3天
11. MACD趋势之道　1天
12. 趋势天机精品班　3天2晚

江氏弟子班

1. 黄金K线　3天2晚
2. 形态天机　3天
3. 波浪理论　3天2晚
4. 黄金解套　3天
5. 波段量能天机　3天2晚
6. 盘口定乾坤　3天
7. 波段结构天机　3天
8. 五维六法　3天

9. 交易心理与禅修 7天

嫡传弟子班（包含所有江氏弟子班课程，和6次密训交流会）

1. 道氏理论 10天6晚
2. 高级均线与操盘训练 5天
3. 作量法则 3天
4. 高级盘口 3天
5. 操盘智慧 3天
6. 基本面分析与调研 5天

课程合照（一）

课程合照（二）

附录三

APPENDIX 3

江氏操盘——弟子班

江氏操盘　海纳百川　携手江氏　势不可挡

江氏操盘是江海老师历经18年、数位江氏团队核心成员历经数年打磨而成的一套完整的、成熟的、具有实盘交易价值的A股操盘体系。如今，江氏人遍布全球各地，有数以万计的学员，逾200名弟子。然而，我们坚信，这只是开始！

对于技术，江氏操盘是海纳百川的，它以趋势理论为立足点，诠释了股价运行的核心逻辑，融合了国内经典的投资工具。对于A股，更是专注于它的特征——政策市和主力市，形成了独特的主力资金的跟随系统，足以应对牛熊市的轮回。

对于人，江氏操盘是宽大为怀的，它博大精深的内涵不仅能够解决任何一位交易者在操作上的问题，还能帮我们找回被藏在心底的正知、正念、正行。它的焦点在于投资方法，它的胸襟可以包容众人。它愿意接受每一位臣服于体系、愿意从无知走向卓越的投资人和交易者。好的教育不仅是给予知识，而是使人为人！

江氏弟子班是江氏操盘体系的中坚力量。每一位江氏人都是体系的构筑人，是大家的齐心协力让体系日益完善，是大家的坚定不移才让更多的投资者在证券市场中披荆斩棘。每一位江氏人都是体系的捍卫者，我们把系统作为我们的信仰，把系统的发扬和传承作为我们的使命。

虽然我们每个人都是一个微不足道的个体，但是我们愿意将我们所有的能量汇聚在江氏操盘这套系统上：一群人、一套系统、一个信念、一辈子。